U0482362

本书为2018年度国家自然科学基金项目“西部旅游社区‘家空间’中两性家庭权力变迁：过程与机制”（D010202/41871149）阶段性成果

性别与权力：

旅游情境下西南地区女性的家庭生活

廖婧琳　著

中国社会科学出版社

图书在版编目(CIP)数据

性别与权力：旅游情境下西南地区女性的家庭生活／廖婧琳著．—北京：中国社会科学出版社，2019. 11

ISBN 978-7-5203-5417-2

Ⅰ.①性…　Ⅱ.①廖…　Ⅲ.①女性—家庭生活—研究—西南地区　Ⅳ.①D669.1

中国版本图书馆 CIP 数据核字(2019)第 232720 号

出 版 人　赵剑英
责任编辑　王莎莎
责任校对　王佳玉
责任印制　张雪娇

出　　版　中国社会科学出版社
社　　址　北京鼓楼西大街甲 158 号
邮　　编　100720
网　　址　http://www.csspw.cn
发 行 部　010-84083685
门 市 部　010-84029450
经　　销　新华书店及其他书店

印刷装订　北京市十月印刷有限公司
版　　次　2019 年 11 月第 1 版
印　　次　2019 年 11 月第 1 次印刷

开　　本　710×1000　1/16
印　　张　17
插　　页　2
字　　数　279 千字
定　　价　99.00 元

凡购买中国社会科学出版社图书，如有质量问题请与本社营销中心联系调换
电话：010-84083683

目　录

序 ……………………………………………………………………（1）
前言 ……………………………………………………………………（1）
第一章　研究背景 ……………………………………………………（1）
　一　现实背景 ………………………………………………………（1）
　二　理论背景 ………………………………………………………（9）
　三　研究问题的提出 ………………………………………………（15）
　四　研究价值及意义 ………………………………………………（16）
第二章　概念界定及文献综述 ………………………………………（18）
　一　相关概念界定 …………………………………………………（18）
　二　相关研究及述评 ………………………………………………（38）
　三　研究框架 ………………………………………………………（68）
　四　研究问题 ………………………………………………………（75）
第三章　研究设计 ……………………………………………………（77）
　一　研究范式 ………………………………………………………（77）
　二　研究方法 ………………………………………………………（80）
　三　研究伦理 ………………………………………………………（90）
　四　研究思路及技术路线 …………………………………………（91）
第四章　中国西南旅游社区女性家庭权力变迁：黔东南西江千户苗寨案例 ……………………………………………………………（93）
　一　西江千户苗寨概况 ……………………………………………（93）
　二　西江千户苗寨旅游发展历程 …………………………………（103）
　三　旅游影响下的家庭：从单一性到复杂性 ……………………（107）
　四　旅游影响下的女性家庭生活与权力：自主与自致 …………（117）

五　小结 …………………………………………………………… (142)
第五章　中国西南非旅游社区女性家庭权力：黔东南白碧村案例 …………………………………………………………… (145)
一　白碧村概况 …………………………………………………… (145)
二　非旅游社区的苗族家庭：流动与留守 ………………………… (150)
三　非旅游社区苗族女性家庭权力：依附与他致 ………………… (158)
四　小结 …………………………………………………………… (180)
第六章　中国西南地区女性家庭权力：自致与他致 ……………… (182)
一　西江千户苗寨与白碧村自然社会状况 ………………………… (182)
二　多元与流动：西江千户苗寨与白碧村家庭 …………………… (184)
三　自致与他致：西江千户苗寨与白碧村女性家庭权力 ………… (190)
四　小结 …………………………………………………………… (193)
第七章　理论解释：资源、文化、意识 …………………………… (196)
一　资源与女性家庭权力 ………………………………………… (196)
二　文化规范与女性家庭权力 …………………………………… (202)
三　性别意识与女性家庭权力 …………………………………… (210)
四　小结 …………………………………………………………… (213)
第八章　结论与讨论 ……………………………………………… (219)
一　结论 …………………………………………………………… (219)
二　讨论 …………………………………………………………… (224)
三　研究贡献 ……………………………………………………… (227)
四　研究不足 ……………………………………………………… (228)
参考文献 ………………………………………………………… (229)
附录1　受访者基本信息表 ……………………………………… (252)
附录2　白碧村李氏家谱 ………………………………………… (258)
后记 ……………………………………………………………… (260)

序

婧琳的博士学位论文即将付梓，希望由我来作序。作为导师，感觉摆在面前的不仅是一部沉甸甸的成果，更是她求学路上的种种不懈和坚韧。她进入中山大学攻读博士学位时已 38 岁，这对女性而言是一个尴尬的年纪，它意味着要承担更多的亲情义务、社会责任，要付出更多的时间和精力。她能在兼顾家庭和工作的基础上完成高质量毕业论文并修改成书，对此本人深感欣慰遂欣然为序。

本书可以看作作者作为女性对女性角色和自我实现的个人关照和深度体悟。相较应届的博士生，婧琳在入校时多了一份焦虑和不安。作为母亲，她焦虑于不能陪伴女儿的成长；作为女儿，她愧疚于不能尽孝于高堂；作为妻子，她遗憾于无法支持丈夫的工作；作为大龄学生，她忧心于无法应对繁重的学业。她的焦虑我深深理解，但也知道如果背负太多，学习之路必定更加艰辛。为此，我特意约她长谈，分析学习、生活面临的问题和解决之道，警醒她要学会举重若轻，理性处理家庭、生活与学习的关系。也许是我们间的谈话触到了她的心结，她的泪水释放了压抑已久的焦虑。婧琳心思细腻，也正因如此，她能通过细致的观察及丰富的笔触，让一群鲜活女性形象跃然纸上。调研过程中，我担心她的敏感会让她陷入故事中，经常提醒她要保持一个研究者应有的学术立场及价值判断。可喜的是，婧琳具备很强的领悟力和反思性，这让她能够很好地切换自己的角色并秉持理性判断。也正是这种反思性使她的写作过程充满周折，经过一次次的解构与重构的循环，终于完成了这部女性参与旅游后其家庭生活及性别关系变迁的作品。

两性关系始于鸿蒙，遗问史今。18 世纪，当女权主义先锋之作《女权辩护》面世，人类对于“人权”的理解再次觉醒，有了针砭时弊的洞见。女权主义及随后一次次的女权运动绝不能仅被理解为社会矛盾，而是人类对自身本体和社会发展的叩问。1986 年美国历史学家 Joan Scott 于《美国历史评论》发文，将社会性别作为历史分析中的一个有效范畴，昭示出社会学对人类发展的崭新理解，让沐光而来的智者离柏拉图洞穴之影的真实光源更近了一步。长史浩荡，除弊立新，岂为一日之功，对于逆史而上扎根两性问题的学者，学界充满期待。

两性问题始于对女性被剥削、压迫困境的思考，“女性增权”避无可避。早在 19 世纪的法国，女性主义学者就树立了消除性别歧视、结束对妇女的压迫及争取男女平等的目标。在经历了两性平等、两性平权至两性自省的女性运动之后，近两百年来先贤们前仆后继地努力促成的进步已然显现，但现世普遍存在的两性失衡也同样让人纠结。女性教育权、就业权的获得，固然在一定程度上解放了千百年来的禁锢，推动了女性独立，但男性话语、同工不同酬、性别隔离等问题依然屡见不鲜，迫切需要探究更为彻底的女性增权之路。由此看来，本书选题意义重大。相较于以往通过获取资源为基础的经济增权之路，旅游这一现时代的幸福产业对于两性不平等这一沉重话题从属性上似乎有种轻松意味。这一探索既是基于当下对于以往思想体系的脉络梳理，亦是承继先知面向未来的求问：旅游能否促进女性增权?

诚然，本书并非开山之作，但作者孜孜不倦的探索终有所成。旅游与性别高度关联，学术话题广泛且具备良好理论基础，这对旅游发展领域中的性别研究提出了更高要求。以往旅游对目的地的影响研究，或关注宏观的政治、经济和文化层面，以宏大叙事为基调；或置于微观，以主客互动衍生讨论。以致旅游与性别的话题同样囿于旅游场域或情境，关注女性参与旅游的感知及在职业转换时面临的冲突等。“家庭”这一社会学中两性问题长期根植的基本单位被极大忽略，少有研究关注当地人在参与旅游经营后，回归到日常家庭环境中时两性关系的变化。这种“前台”至“后台”的转化和延伸，必然为旅游与整体社会关系结构的互动提供新的研究视角和研究领地。

后现代社会学和人类学对人性主观意识的重视强调了研究者自身情境对于深化研究的重要性。作者作为一名来自贵州的女性，为深入考察贵州旅游社区，获取鲜活的、长期的观察数据提供了强有力的注脚。以两个在地域上相近，在文化上同源，在生存环境上相似，但生计模式相异的苗族村落——白碧村（农业）与西江千户苗寨（旅游业）作为对比案例，探索旅游参与背景下女性之家庭权力的演化，这破解了长期以来旅游影响研究中如何剥离旅游要素作用力的困境。

事实证明，以往旅游对少数民族地区影响的正负之论远不能囊括人类社会发展的复杂性。本书通过深入的田野调研和长期的观察，揭示了经济的独立及文化的松绑在某种程度上都能促进两性平等意识的发展和女性家庭权力的提升。但是以因经济独立而自我觉醒为基础的自致性家庭权力和以社会规范为诱因而被动获得的他致性权力提升有本质上的差别：前者关乎主动的自我觉醒与反省，能保持长期稳定性；而后者来源于被动的他人授予或代际转化，面临不稳定性和随时再失去的风险。这一基于整体家庭权力结构考察的女性增权路径划分，既为我们呈现了现代社会背景下不同的女性增权方式，更强调了旅游参与对于两性平等的积极意义，这是一种缘于资源、终于意识的增权运动。该努力不仅是作者的一种自省和情怀，更为民族地区旅游发展和两性关系推进提供了一个现代化的出路。

虽然以“家庭”微观视角切入，但是本书的理论探究并未止步于此。正如生产关系和权力关系构成马克思分工理论的基础，家务分工被作为家庭权力分配的重要指标引申出来。以家庭晓社会，以分工见权力。研究发现旅游参与将家庭分工体系席卷至更大的现代社会分工体系中，即使女性参与旅游获得家庭分工的减少，并不一定意味着社会范围内女性权力的提升。在旅游参与过程中，女性家务劳动的减少往往与家外劳动的增加息息相关，旅游社区两性关系的重构仍难逃脱当代社会背景下男权制的藩篱，而这些极易被旅游活动的主客框架和经济指标所隐匿。此间细致入微的观察非入之实例不可得，亦非出之情境便可会，其工作在揭示传统文化规范之坚韧的同时，更做了一次以小见大、由微观至宏观的探索示范，为后续研究的综合视角发展奠定了基础。

将西方理论与中国情景相融合并实现本土化，一直为中国学者所追求。20 世纪，不论是社会建构主义还是人类学深描皆对情境解读极尽强调，女性研究亦如是。中国的女性运动，始于 20 世纪初，成长于中华人民共和国成立之初对发展生产力的需求，与西方妇女解放运动不同，它早期是中国民族解放的附属产物，而后则裹挟于中国经济发展之中，决定其是一种自上而下的安排，而非意识启蒙中由下至上的全民运动。因此，即使教育改革，劳动改造，中国妇女摆脱了“裹小脚，远学堂”的封建旧习，依然难以根除“相夫教子、三从四德”的思想烙印，中国女性增权之路任重道远。然则历史文化情境的不同决定了女性增权之路必然迥异，西方的理论和路径不能照搬于中国，但也不应完全放弃。本书对此做了很好的尝试，以西方研究中常用的资源理论及文化规范模型为出发点，结合中国女性认知与中国女性解放的特点，在中国情境下观察与探讨中国乡村社会两性关系变化，指出了在资源的支持与文化的变动下，意识的唤醒对于中国女性谋求两性平等至关重要。该讨论既是对西方女性增权理论框架和模型的深度延展，更是对中国特色传统文化牵绊女性意识的刻画，对争取全球第三个千禧年有关两性平等和女性增权的目标具有区域性和时代性的意义。

历史变革往往伴随社会阵痛，文化观念的转变并非朝夕可至。在旅游参与对于女性增权路径的探索上，作者有关两性公平、公正的讨论值得我们进一步反思。当现代女性或因资源赋予，或因文化松绑，或因意识觉醒而增权，然传统文化转变却滞后于此，女性所面临的双重社会压力难以缓解。一方面是经济独立和社会责任的自我觉醒，另一方面是生儿育女、持家俭孝的普世要求。被割裂在传统文化与现代理念夹缝中的当代女性应如何求存，摇摆于父权制和新时代两性关系转变下的家庭结构又将面临怎样的挑战，是作者对当下社会现实的连连追问，亦是留给后来学者们的拳拳思考。

全球化、现代化席卷之势已不可挡，人类发展必将面向更远的未来。两性差别非生而有之，人类生理差别虽不可否认，然社会性别差异确是需要直面的社会现实。如法国女性主义思想家西蒙娜·德·波伏娃所指“女性是人为建构的”，其间的社会蕴含远超于当下之义，对于现实可以称得上是一种勇敢的反向思维。我想本书在此想要传达的真义亦是如此，两性关系的思考作为一种社会洞见的视角、一种思维结构的变革、一种价值观念的考问，是对社会变革、社会矛盾和社会关系的思辨和追问，社会图景正是在此不断的辩证求索中得以丰富。女性的平等与解放充满了复杂性，两性并非天平的两端，绝对的平等亦为不公，当下两性关系早已不仅是追求平等，而是指向一种新的社会正义，一种建立在性别生理差异基础之上的公平对待。以一个独立的个体姿态，保持思维上的反省性和辩证性，审视社会性别不公正及由此引申的各类社会问题，当是每一位女性主义学者、社会学者乃至学界的跨时代责任。

是为序。

孙九霞

2019 年仲夏于康乐园

前　言

“如果女性是一直存在的，如果她们仍将永远存在，不知道这一研究是否就是她们所期望的——她们在这个世界上将占据什么位置，她们的位置又该是什么。”① 这些话是三十年前 Swain 在 1995 年《旅游研究纪事》社会性别专刊上的卷首语。是的，当我们在研究两性问题时，我们往往会不自觉地将目光聚焦于妇女身上，以示这一问题的重要性，却忽略了女性只是这世界中的一半，女性研究只有在与男性的互动中才能体现出其研究的价值与意义。

为什么做性别研究，一直是困扰自己并试图不断追问自己的问题。是为了自己一路走来的艰辛与坎坷，还是为了自己曾所闻所见，并与之同喜共悲的那一群为了生活、家庭而不断变革自己的女性？当我再次踏上西江千户苗寨，让我惊讶的不仅是旅游开发后错落有致的吊脚楼、空气中弥漫的商业气息、不时飘过的嘹亮歌声以及清澈的河水，还有当地人与 10 年前所展现的不一样的状态。偶尔看见几个男人牵着小孩在街上行走，一副无所事事与无奈的表情，路边小摊旁女人脸上洋溢着热情而又陌生的笑容，老太太在路边悠闲地绣着花。每天清晨，女人们或是将装满食物、货物的小车推到主街上，迎接来自四面八方的游客，或是打开门店，站在柜台边与过往的熟人热情地打着招呼。男人们则在家中抽着烟，等着将孩子送到幼儿园，或是等着一会儿出去看看是否有合适的事可做……而回想 10 年前，清晨，挑了水，喂了猪的妇女，早早把孩子捆在背上，跟着男人一起上坡，开始一天的劳作，男人精神饱满，自信满满。这样的画面对比，不禁激起了我的好奇，现在的乡村生活究竟发生了什么样的变化？隔

① Swain, M. B., “Gender in Tourism”, *Annals of Tourism Research*, Vol. 22, No. 2, 1995.

山相望，白碧村的情形却和西江不大一样，村子里几乎没有年轻人的身影，老人与孩子形成这里孤独的风景。每天清晨这里一片寂静，偶尔传来几声狗叫与鸡鸣，意味着一天的开始。女人们先到自己的菜地里摘些新鲜的蔬菜，然后回来喂猪、做早饭（早餐＋中餐），在11点前后吃完饭就独自上坡，脸上写满了焦虑与匆忙，一般要到下午5点左右回来。相邻的两村，为何却有着不一样的画面？现在的乡村家庭究竟变成了什么样？同样的民族，同样的乡村，为什么有的女人看着祥和而幸福，有的却充满了焦虑，是因为旅游吗？

带着这样的疑惑，我走进了西江千户苗寨与白碧村，两个在地域上相邻，民族相同，宗族同源的村寨，想了解是什么改变了这些曾经有着相同命运但现在却看似不大相同的女性？西江千户苗寨作为一个受大众热捧的民族旅游地，在旅游发展后，参与到旅游中的女性发生了什么样的变化？这些变化是否会影响她们的家庭生活？曾经将婚姻家庭作为自己人生最重要目标与生活重心的女性，会如何应对这突如其来的改变，这些又将怎样影响她们在家庭中的权力与地位？农村家庭作为基本的社会组织，其变迁不仅会直接改变微观的社会组织结构，在宏观层面上也会影响到社会生活中的两性，所以对这一问题的探讨，其意义将超出家庭的范围。

第一章　研究背景

一　现实背景

（一）中国两性平等引世界讨论，女性家庭权力成核心

女性的生存与发展是衡量社会进步的天然尺度，将妇女融入国家的社会、经济、政治生活，一直是20世纪的全球性议题。联合国1996年在其《人类发展报告》中指出：妇女性别压迫是全球问题产生的重要原因，女性与男性事实上的不平等是可持续发展的重要前提性障碍。20世纪60年代，当女权运动在西方国家如火如荼地开展时，西方女权主义者认为中国妇女已经获得很高地位，而对中国充满向往。

一方面，中国妇女获得广泛社会参与。1922年中共在《关于妇女运动的决议》中指出："妇女解放要与劳动解放相伴而行，只有无产阶级获得政权，妇女们才能得到真正解放。"[①] 这一政策的指导思想一直持续到中华人民共和国成立。50年代中国的妇女政策发生转变，广大妇女在国家动员下逐渐走出家庭，投入轰轰烈烈的社会主义建设中，从"家庭人"变为"社会人"。中国妇女广泛的社会参与被视为中国妇女解放的重要成就[②]，而中华人民共和国成立初期面临的劳动力不足与严峻经济形势之间的矛盾被认为是这一解放获得的主要原因。这一时期中国妇女在政治上获得了与男性同样的选举权与被选举权，在经济上获得男女同工同酬权益，这是西方女权主义者经过几十年甚至上百年斗争才获得，有的甚至是至今

---

① 杨会清、吴晓敏：《土地革命时期江西苏区妇女生活变革研究》，《求实》2004年第2期。

② 鲍晓兰主编：《西方女性主义研究评介》，生活·读书·新知三联书店1995年版，第259页。

尚未获得的权益。[①] 由此，“中国成了女性主义者向往的解放圣地”[②]。

另一方面，中国妇女生存状况复杂。从晚清开始，中国妇女的解放运动都是与国家和民族的命运相互交织的，[③] 并且从来都不是自发的，而是中国革命的附属产物。一直以来，中共妇女政策的侧重点主要集中于政治、经济、军事等方面，对于提高妇女文化修养、教育普及、现代文明意识的培养等则明显欠缺。[④] 1926 年毛泽东在《湖南农民运动考察报告》中指出“中国女子受政权、族权、神权、夫权四种权力的压迫”[⑤]。制约中国妇女解放和发展的因素，既有结构性条件（阶级）因素，也有妇女自身群体制约因素。1955 年又提出“在生产中，必须实行男女同工同酬”[⑥]，并在 1956 年通过并颁布的《高级农业生产合作社示范章程》中规定，妇女与男子有平等入社的机会，无条件地实行男女同工同酬。然而，实际生活中，男女同工不同酬现象却依然存在。尤其在农村地区，妇女即使和男人干同样的农活，每天也只能拿到 4 个工分或 6 个工分，而男人只要出工就能拿到 10 个工分，女性的收入不能超过男性。[⑦] 在政治参与方面，农村妇女在村民自治管理中处于弱势。尽管《中华人民共和国村民委员会组织法》规定，“村民委员会成员中，妇女应当有适当名额”[⑧]，但由于缺乏刚性政策保障及其他原因，村民自治组织中女性比例仍然很低。在教育培训方面，妇女获得技能培训的机会与其现实需要存在一定差距。妇女解放强调更多的是妇女对集体、国家的义务，而不是权利，妇女主体意识是在集体、社会劳动参与过程中建立起来的，因此男女平等更多的是

① 孙雪梅：《对男女就业不平等现象的思考》，《长沙铁道学院学报》（社会科学版）2008 年第 3 期。

② 鲍晓兰主编：《西方女性主义研究评介》，生活 · 读书 · 新知三联书店 1995 年版，第 259 页。

③ 王绯：《世纪一瞥：女性游戏小说艺术小史》，《艺术广角》2004 年第 1 期。

④ 陈文联：《民主革命时期中共妇女政策演变的历史考察》，《湖南涉外经济学院学报》2011 年第 3 期。

⑤ 《毛泽东选集》第 1 卷，人民出版社 1991 年版，第 12—44 页。

⑥ 《毛泽东文集》第 6 卷，人民出版社 1999 年版，第 453 页。

⑦ 金一虹：《女性叙事与记忆》，九州出版社 2007 年版，第 172 页。

⑧ 肖百灵：《对村民自治中妇女参与问题的探讨——以湖南“农村妇女参与村级治理”项目实施为例》，《湖南社会科学》2006 年第 6 期。

义务平等和贡献平等。[1] 全国妇联作为一个影响力巨大的妇女组织，对自己的定位并不是“代表广大妇女的利益”，而是“配合党的中心工作，组织发动妇女的助手角色”[2]。这决定了中国妇女解放是一场自上而下的运动，实质上只是以国家名义延续了以往“男性主导女性命运”的模式，导致中国妇女依赖思想严重，主体意识不强。中华人民共和国成立后，大规模的实践证明，这种解放并不足以改变传统社会性别分工，大部分走上社会的妇女依然在家庭中承担着传统女性的重负，双重负担成了社会主义国家妇女面临的突出问题。[3] 同西方女权主义者孤军奋战争取的解放相比较，缺乏主体意识的解放使中国妇女解放的现实意义大打折扣。

在过去的20世纪里，通过国家政权的干预，中国妇女获得了某些益处，取得了某些进步，从中华人民共和国成立初期的性别隔离到集体经济时代的去性别化，再到90年代以后重现的性别行业分化。[4] 妇女的社会化和经济独立逐渐实现，在很大程度上摧毁了中国农村地区根深蒂固的家庭父权制。[5] 但是中国的妇女解放，尤其是在乡村，远比我们想象的要复杂得多，它与乡村社会之间呈现出多重互动、上下交错的复杂关系。中国不是妇女解放的圣地，而是世界关怀两性平等的重要场所，我们必须更仔细地审视中国农村家庭这个基本场域，审视农村妇女所处的环境变迁，才能更深刻地理解中国乃至世界的妇女解放和两性平等进程。

（二）社会变革推动农村家庭结构及妇女家庭角色变化

中国是农业大国，“三农”问题始终是关系国计民生的根本性问

① Jiping Zuo, Yanjie Bian, “Beyond Resources and Patriarchy: Marital Construction of Family Decisiong - Making Power in Post - Mao Urban China”, *Journal of Comparative Family Studies*, Vol. 36, No. 4, 2005.

② 金一虹：《妇联组织：在挑战与回应之间》，载荒林《中国：与女性主义亲密接触》，九州出版社2004年版，第94—105页。

③ 王涛：《“社会劳动”与“妇女解放”——50年代中国社会主义运动中的妇女政策评析》，载《中国国际共运史学会2009年年会暨学术讨论会论文集》，第333—341页。

④ 金一虹：《“铁姑娘”再思考——中国文化大革命期间的社会性别与劳动》，《社会学研究》2006年第1期。

⑤ ［日］秋山洋子：《女性主义分析与父权制概念》，《妇女研究论丛》1995年第1期。

题，也是关乎国家稳定的核心命题，更是农村社会发展的根源所在。[①] 中华人民共和国成立后，对农村的土地改革、社会主义改造、人民公社化运动、家庭联产承包责任制等一系列变革都给中国农村带来巨大的影响，推动着农村社会的变动和发展。家庭联产承包责任制作为农村一项基本经济制度固定下来，在政治、经济、文化等领域对农村家庭产生了重要影响。

在政治领域，早期的“国家改造社会”“土地改革”“社会主义工商业改造”“人民公社化”等措施，弱化了建立在血缘、地缘基础上的乡村共同体。国家在实行国有化、建立计划经济体制时变得无所不在。社会成为一个虚拟、抽象的符号，国家与社会两者间的关系呈现出“强国家—弱社会”模式。在此国家模式及制度框架下，政治、经济和社会三个系统高度重叠。国家不仅成为生产资料的垄断者，也成为生活资料的发放者、权力和威望的配置者。家庭在这样的制度框架下宛如一个个同质原子，鲜有差异。但随着家庭联产承包责任制的确立，中国农村社会发生了深刻变革。通过对“三农问题”的一系列改革，国家对农村经济发展的控制力量不断减弱，社会组织力量发生变化。农村家庭在新的国家与社会关系背景下，开始出现分化，其相关职能得到凸显。家庭不再是单一同质化的生产单位，而拥有了更多自主性与社会功能。

在经济领域，农民通过家庭联产承包责任制获得土地经营权与收益权，并在之后一系列农村改革中被赋予比较完整的农业经营权。农民的经济活动不再是为了完成计划或指示，而是为了给自己获取更多的经济收入。农村在改革开放初期取得了巨大的经济成效。但 90 年代后，随着农村人口的增长，农业过密化及内卷化弊端的凸显，中国城乡差距进一步扩大，发展水平极端不平衡。农民还未很好感受到产量增长的喜悦就又开始跌入了市场经济的旋涡，打工与从事农业在收入上的明显差距，激发了大量农民外出务工的潮流，随之而来的是大量农村土地的荒芜和农村的凋敝。乡镇企业的兴起及青年一代的外出务工，使农民能参与到社会大分工体系之中，工资性收入在家庭纯收入中所占比重逐步提高，年轻一代比长

① 张厚安、徐勇：《中国农村政治制度稳定与发展》，武汉出版社 1995 年版，第 12 页。

辈们掌握了更多的象征资本（文化资本、社会资本和经济资本），[①] 推动着家庭内部权力变迁和重构。在快速变化的市场经济及全球消费主义影响下，长辈在家庭权力结构中地位日渐式微：身份上，他们从昔日“家长”变成现在的“被照料者”。一些父母和年轻的夫妻一起控制家庭资源，创造了一个更复杂的性别权力系统。[②] 随着传统社会等级制度的终结，长辈无法从新的社会制度中承继原有的“传统权威”，逐步从家庭权力结构中的顶峰向下滑落；在家庭事务上，长辈的决策权和管理权逐步弱化。[③] 由于晚辈比长辈拥有更多的象征资本，家庭经济及生活中重大事务的决策越来越多地需要参考晚辈的意见。[④]

在社会领域，改革使个人的权利与自主性有所提高，社会阶层的多元化改变了原先的阶级结构。传统以家庭为中心、按血缘关系划分的“差序格局”向现代社会分层结构转变，封闭半封闭社会向流动开放的社会转变。[⑤] 以血缘关系为基础的社会等级和社会结构被边缘化，农民的私人生活领域受到重大影响。通过婚姻家庭搭建的农村社会关系网络及熟人社会，伴随着人们流动性的增强，变得松动而脆弱。农村家庭开始逃离地方的监督与控制，为父权制的衰落打开了一条缝隙。

伴随农村家庭结构的变迁，作为家庭半边天的妇女角色也随之改变。在中国现有的城乡二元结构及制度阻滞之下，大量农村男性劳动力外出，但家庭却很难整体迁移，造成农村家庭离散化，并在无奈之中构造出一个跨越城乡两域的弹性家庭生产与生活模式。[⑥] 在城乡二元分割的体制下，土地是农村人最后的保障，他们必须为今后生活留

① ［法］皮埃尔·布迪厄：《实践与反思：反思社会学导引》，李猛、李康译，中央编译出版社 1998 年版，第 161 页。

② Jiping Zuo，“Marital Construction of Family Power Among Male - Out - Migrant Couples in a Chinese Village”，*Journal of Family Issues*，No. 29，2008.

③ 亢林贵：《从父权到平权——中国家庭中权力变迁问题探讨》，《山西青年管理干部学院学报》2011 年第 1 期。

④ 刘金海：《社会化小农的历史进程：中国的经验》，《华中师范大学学报》（人文社会科学版）2007 年第 4 期。

⑤ 潘鸿雁：《农村分离的核心家庭与社区支持》，《甘肃社会科学》2005 年第 4 期。

⑥ 金一虹：《离散中的弥合——农村流动家庭研究》，《江苏社会科学》2009 年第 2 期。

条退路。所以，妇女必须“守土”，留下来耕种土地并承担起以往属于男性的农活，劳动负担加重，身体超负荷运转。此外，妇女还要承受巨大的心理压力。对丈夫外出安全性的担心及对家庭未来命运不确定性的担忧，让她们在心理上忍耐着极大的寂寞与折磨。21世纪以来，随着农村夫妇共同外出比例的上升，流动家庭的新居制，无论主观还是客观上都动摇了基于“从夫居”之上的父权制家庭根基，这一居住模式为个体主义萌发提供了基础。[①] 年轻一代女性的外出不仅建构了一个新兴的“打工妹”群体，也成了年轻女性争取自由，对抗性别歧视与压迫，证明自身价值的重要途径。20世纪以来发生在中国农村的变革，有力地冲击了乡村社会原有的家庭格局及传统的两性关系。[②] 妇女从中华人民共和国成立前的“足不出户”到社会主义劳动者，从唯唯诺诺到敢于反抗，从家庭的依附者成为扶养者，女性家庭地位的提升必须放置于中国农村发展变革的历史情境中才能得以进一步揭示和讨论。

（三）旅游改变民族社区女性家庭角色转换

在中国，民族地区由于地理区位的劣势，长期被排除在国家工业化进程之外，却也因此保留了更加完整的人文生态环境。20世纪90年代中期，在经历了自然山水、风景名胜的旅游热潮之后，旅游者将目光转向了人文旅游，民族旅游正是在这样的背景下得到蓬勃发展。因其相对较低的投资和管理要求、较高的潜在回报与“离土不离乡”的就业方式被学者们称为第三或第四世界的“经济驱动器”“乡村发展的一种适宜方式”。[③] 旅游作为文化体验和文化实践的一种重要形式，给目的地家庭带来一系列变化。

旅游改变了目的地的家庭功能。在传统农业社会，生产活动通常会在家里或家附近进行，所有家庭成员凡具备劳动能力者，都会参与农事

---

① 金一虹：《流动的父权：流动农民家庭的变迁》，《中国社会科学》2010年第4期。

② ［加拿大］朱爱岚：《中国北方村落的社会性别与权力》，胡玉坤译，江苏人民出版社2010年版，第39—46页。

③ Ling R. S., Wu B, Park J., “Women's Role in Sustaining Villages and Rural Tourism in China”, *Annals of Tourism Research*, Vol. 43, No. 10, 2013.

或从事手工业，家庭是生产和生活的统一体。[①] 但随着时间的推移及工业化进程的推进，家庭和工作场所之间的分离越来越明显。[②] 尤其是改革开放后，随着中国经济的发展及工业对劳动力的需求，农村大量青壮年劳力外出，物质生产功能从家庭中分离出去由社会承担，家庭不再是一个独立的生产单位，而成为主要满足生活功能的场所。[③④] 旅游发展后，生产活动再次回到家中及家的附近，家庭的生产与生活在空间上再次重叠，但内容已经不同于以往。旅游使就业离土不离家的特点，使年轻一代既可以照顾老人及孩子，又可以兼顾挣钱与养家之事，单凭此，旅游社区青壮年劳动力的留乡率及返乡率均高于一般的靠传统农业支撑的社区。家庭似乎又回到了传统农业社会形态，既是生产单位又是生活单位，家庭资源的配置既要满足家庭作为生产组织从事生产经营活动与发展家庭经济的需要，又要满足作为初级群体的家庭成员一切生活方面的需要。它一方面要求人们要根据经济效益最大化的逻辑行事，另一方面要根据家庭所承担的生活功能逻辑行事。因而家庭对资源的配置既是经济的，又是社会的。

旅游同样也改变了目的地家庭生产与生活方式。在传统农业社会中，以年为周期的农业生产活动，受季节与气候的支配，生产环节较为固定，生产周期较长，在时间安排上具有较大弹性，造就了传统乡村散、慢、淡的生活方式。现代时间观念在农业生产方式未变的情形下很难取代古老的时间观念。[⑤] 旅游发展后，旅游活动因其强烈的季节性及不同于传统农业生产时间、空间及内容的生产方式，改变了传统社区居民的时间观念。在旅游旺季，络绎不绝的游客会使社区居民劳动强度大增，生活节奏加快，散淡的生活方式被忙碌取代。[⑥] 同时以农为主的生产方式也被与旅游相关的生

---

① 杨菊华、李路路：《代际互动与家庭凝聚力》，《社会学研究》2009 年第 3 期。

② ［英］安东尼·吉登斯：《社会学（第四版）》，赵旭东等译，北京大学出版社 2003 年版，第 493 页。

③ 阎云翔：《家庭政治中的金钱与道义：北方农村分家模式的人类学分析》，《社会学研究》1998 年第 6 期。

④ 许敏敏：《走出私人领域——从农村妇女在家庭工厂中的作用看妇女地位》，《社会学研究》2002 年第 1 期。

⑤ ［法］孟德拉斯：《农民的终结》，李培林译，社会科学文献出版社 2005 年版，第 60 页。

⑥ 张继涛：《乡村旅游社区的社会变迁》，博士学位论文，华中师范大学，2009 年，第 1—2 页。

产方式取代。[①][②] 大量游客及外来经营者的涌入，引发了社区居民对不同生活方式的模仿与反思。

旅游改变了目的地女性的家庭角色。在传统农业社会中，大多民族社区都是亲密的社群，宗族是社区管理中的有效组织，“男主外，女主内”是家庭角色分工的主要方式，男性长辈是家庭中权力的支配者。改革开放后，农村家庭的角色分化尽管已经出现，但由于女性对男性的经济依赖依然存在，所以其分工方式依旧是“男主外，女主内”。老年男性的权力式微，向年轻一代转移趋势明显，但男性在家庭中的权力并未受到动摇。旅游发展后，女性特有的亲和力及传统性别角色分工[③]让女性在旅游这样一个直接与人打交道的行业中，很容易找到适合自己的位置。世界旅游组织公布的“2010 年旅游中的妇女全球报告”指出：“女性在旅游部门的就业比例是其他部门的 2 倍，在旅游部门就业的女性人数也明显多于男性。”[④] 丰富的职业类型使社区居民的角色发生变化。女性广泛参与到餐馆经营、服务、景区环卫、导游等职业中，改变了其在家庭中被扶养的角色。在旅游中获得的收入不仅改变了她们原有的经济地位和社会地位，也改变了她们对自我角色的认知。这种角色转换进而引起了家庭婚姻状况及人际关系的变化。

旅游改变了目的地家庭间的社会互动方式。在传统农业社区，村民间的合作大多是基于血缘关系展开的，亲属是很多事务的合作者及家庭的依靠，家庭/家族成员之间的互助成为社会支持系统的重要组成部分。就像费孝通先生所描述的：“亲密社群的团结性就依赖于各分子间都相互拖欠着未了的人情，亲密社群中既无法不互欠人情，也最怕‘算账’，‘算账’‘清算’等于绝交之谓，因为如果相互不欠人情，也就无需往来了。”[⑤] 旅游发展后，产业的分化使原先单纯的社会关系变得错综复杂。家庭或家族内部成员之间的社会互动因市场化而物化，经营中的雇佣关系，按劳分配

---

① 王稚林、张汝立：《农村家庭功能与家庭形式——昌五社区研究》，《社会学研究》1995 年第 1 期。

② 卢彦红、徐升艳、吴忠军：《女性参与民族旅游发展的障碍因素分析——以贵州岜沙景区为例》，《民族论坛》2008 年第 9 期。

③ Garcia – Ramon M. D. , Canoves G. , Valdovinos N. , “Farm Tourism, Gender and the Environment in Spain”, *Annals of Tourism Research*, Vol. 22, 1995.

④ http: //ethics. unwto. org/en/content/global report women tourism 2015. 12. 16.

⑤ 费孝通：《乡土中国 生育制度》，北京大学出版社 1998 年版，第 73 页。

的利益分配模式，在亲戚、熟人间，也不得不“亲兄弟明算账”。旅游打破原先血缘间单一的合作与互助方式，社区居民间的交往由传统的血缘、地缘关系为主迅速向业缘关系发展，并有削弱血缘与地缘关联的趋势。同时，大量外来经营者与游客涌入，原先的熟人社会变成了半熟人社会，原有的社会结构与人际关系被打破。

旅游的出现改变了社区以农为主的生产方式，传统产业结构被打破，生活方式随之发生改变。在旅游社区中，居民的生活节奏、时间观念和日常生活的互动发生变化。通过参与旅游，当地人尤其是女性从中获得经济收益，改变了他们的社会身份以及社会分层地位，女性的家庭角色发生转变，然而其所承担的家庭劳务比例仍远高于被认为拥有了更高家庭权力的城市职业女性,① 因此，民族旅游地区女性家庭权力的真实境况成为摆在我们面前的现实问题。

二 理论背景

（一）两性平等是大多数国家悬而未决的问题

两性平等作为人类一直以来追求的目标，也是众多研究者所关心的话题。对此，学界经历了由静态的本质主义和宏观的社会历史建构主义，向动态、微观的女性家庭权力视角的转变。

两性不平等起源备受关注而充满争论。米切尔在《妇女：最漫长的革命》中提出，生产、生育、性生活、子女教育等是两性不平等的根源,② 这种生理归因被批评为静态的本质主义。建立在马克思的阶级论基础之上的家庭分析，将基于生理差异的劳务分工作为两性不平等的起因，同样被女性主义学者批判为一种静态思维。③ 他们认为这种跨文化、历史的本质主义将人类所处的时代、社会、民族群体的特征普遍化了。

---

① 於嘉：《性别观念、现代化与女性的家务劳动时间》，《社会》2014 年第 2 期。

② ［英］朱丽叶·米切尔：《妇女：最漫长的革命》，载李银河主编《妇女：最漫长的革命》，中国妇女出版社 2007 年版，第 1 页。

③ ［美］凯瑟琳·A. 麦金龙：《对马克思和恩格斯的女性主义评论》，载［美］佩吉·麦克拉肯主编，艾晓明、柯倩婷副主编《女权主义理论读本》，广西师范大学出版社 2007 年版，第 13—22 页。

以弗雷泽为代表的后现代女性主义者主张跳出生理的单因论，更多关注历史的、文化的和社会的原因。恩格斯在马克思的阶级论思想上既有继承又有发展，他从两性分工的历史中寻找两性不平等的原因。在其著作《家庭、私有制和国家的起源》中，他通过探讨不同时期家庭形态和两性关系的历史演变指出，“一定历史时代和一定地区居住的人们在其生活的社会制度下，受着两种生产关系的制约，一方面受劳动发展阶段的制约，另一方面受家庭发展阶段的制约”①。进而，恩格斯探讨了女性如何从母系社会中与男子至少平等的地位变成今日附属地位的历史过程。他认为，在“原始社会分工是自然的，只存在于两性之间，但这种情形被第一次社会大分工改变”②。家庭作为使男子拥有财产权合理化、永久化的机构的存在，是导致女性地位变化的主要原因。③ 波伏娃、威蒂格和卢宾则从社会建构的角度认为社会性别是社会强加的两性区分④，两性不平等是社会建构的结果⑤。但这种宏观的追因并未能具体解释不同社会情境中两性关系的微观差异和动态变化。由于两性的角色是不断转换和更替的，之前静态或宏观的分析必然会带来偏差。因此，女性主义学者认为我们应当更多地在具体的、历史的、有文化特色的动态背景中去研究微观男女权力关系的现状和形成，并将视线转向了家庭。有研究者更进一步指出，能够解释目前中国农村性别权力关系的是以家庭为单位的劳动分工、婚姻和财产继承等问题。⑥ 劳动分工、婚姻等是伴随人类文明的一个古老而普遍的社会现象，它不仅是个体的生命历程，还是社会的初始建构，它作为最基本的社会关系，是为维持正常的社会生活所做出的关于男女匹配的制度化安排，因而分工制度、婚姻制度集中体现了两性关系。关注以婚姻为纽带的家庭权力关系成为研究两性问题的关键场域。

① ［德］恩格斯：《家庭、私有制和国家的起源》，人民出版社 1972 年版，第 1—30 页。

② 同上。

③ 同上。

④ ［美］卢宾：《女人交易：性的“政治经济学”初探》，载［美］佩吉·麦克拉肯主编，艾晓明、柯倩婷副主编《女权主义理论读本》，广西师范大学出版社 2007 年版，第 52—53 页。

⑤ ［法］威蒂格：《女人不是天生的》，载［美］佩吉·麦克拉肯主编，艾晓明、柯倩婷副主编《女权主义理论读本》，广西师范大学出版社 2007 年版，第 197 页。

⑥ ［英］朱丽叶·米切尔：《妇女：最漫长的革命》，载李银河主编《妇女：最漫长的革命》，中国妇女出版社 2007 年版，第 1—20 页。

“在某种程度上，即使最幸福的家庭也可以被看作是一种权力制度。”①因为，无论何时，每个家庭成员都在鼓动其他成员去做某件事或者不做某件事，而这往往会违背其他人的意愿。只要有两个以上的人，就会有权力关系的存在，所以，权力关系是家庭关系的一部分。② 其中，女性的家庭权力尤其引人关注，占人口一半的女性无论是从国家发展还是社会稳定的角度来看都不应该被忽略，两性之间的平等与和谐既是现代社会发展的前提，也是衡量社会正义不可或缺的内容与考量社会进步的重要尺度。研究少数民族女性，是洞察一个民族文化绝佳的视角。在女性主义的研究中，形成了长期以西方的经验代替世界女性的普遍认知，以静态、宏观的研究理论和研究对象超越了历史、地域与阶层，而民族、宗教等则被有意抽象化。女性本身是具体的、生动的、千差万别的，每一类女性都是在特定时空下的特定对象，有着特定的境遇与诉求，因此转向以动态、微观的家庭女性权力视角来研究女性权力的长期弱势和变化被认为是探索两性平等的突破口。③④⑤⑥⑦

（二）农村社会变革的经济导向忽略了对家庭、两性的关注

中国农村女性的家庭权力与地位问题在学术界一直是个颇受争议的问题。“由于一系列改革是以提高经济增长率的狭隘经济目的为压倒性取向的，官方或研究者主要关注于经济发展而忽略了农村社会转变进程中家庭及两性所受到的冲击。”⑧

改革初期，中国一系列改革的行动纲领是人民日益增长的物质文化

① ［美］威廉·J. 古德：《家庭》，魏章玲译，社会科学文献出版社1986年版，第13页。

② 亢林贵：《从父权到平权——中国家庭中权力变迁问题探讨》，《山西青年管理干部学院学报》2011年第1期。

③ 利翠珊：《夫妻互动历程之探讨：以台北地区年轻夫妻为例的一项初探性研究》，《本土心理学研究》1995年第4期。

④ 伊庆春、陈玉华：《华人妇女家庭地位》，社会科学文献出版社2006年版，第5页。

⑤ 陈玉华、伊庆春、吕玉瑕：《妇女家庭地位之研究：以家庭决策模式为例》，《台湾社会学刊》2000年第24期。

⑥ 陈丽文：《两性平权在家庭：婚姻与家庭涉入的省思》，《女学学志：妇女与性别研究》2002年第14期。

⑦ 林雅容：《经济变动中女性养家者的夫妻权力：以东石渔村为例》，《台大社工学刊》2006年第11期。

⑧ ［加拿大］朱爱岚：《中国北方村落的社会性别与权力》，胡玉坤译，江苏人民出版社2010年版，第1—2页。

需求与落后的生产力之间的矛盾。农村一系列变革也主要集中于生产制度，以达到解放生产力与提高生产力的目的。“所有这些政策的嬗变在整个乡村社会造成了广泛的后果，而没有哪个结果可以被看成是社会性别中立的。每一个政策变化和改革在目的取向上一直被官方表现为政治经济领域的变迁，而没有论及社会性别或妇女的特殊权益。”① 学术界广泛的讨论也大多只着眼于农村社会政治经济事实和社会形态变迁。认为在农村集体化和国家化的过程中，传统家长制被颠覆，小农个体在经济上、社会单位和社会行动者意义上获得解放。② 尤其是 20 世纪 90 年代后，乡镇企业的兴起及大批农村劳动力的外出，使农民能参与到社会分工体系之中，农村社会组织和家庭生产模式在快速变化的市场经济及全球消费主义的影响之下，改变了其原有的形态。③ 农村家庭中的权力结构发生变化，家庭权力结构更趋复杂，家庭中的两性向着一种平权的趋势迈进。④ 但对于这种平权究竟是如何实现的，多数研究浅尝辄止。

而这一时期关于中国妇女研究的大量文献也着眼于其他问题。如强调农村妇女参加农业集体生产对经济发展和对自身发展的积极影响⑤；通过社会性别分析方法探讨中国女性的主观能动性与女性意识的复原⑥，批判学术界对于工业积累和经济发展的压倒性倾向，以及国家、集体和公共领域始终高于家庭、个人和私人领域的一套价值体系等。⑦ 这与事实上的农村妇女家庭权力的重要性以及其在农村社会变革过程中的丰富动态变化性存在巨大的落差和矛盾，值得关注两性平等关系和中国农村社会的学者们反思。

---

① ［加拿大］朱爱岚：《中国北方村落的社会性别与权力》，胡玉坤译，江苏人民出版社 2010 年版，第 1—2 页。

② 刘成斌：《农民经商与市场分化》，《社会学研究》2011 年第 5 期。

③ 许敏敏：《走出私人领域——从农村妇女在家庭工厂中的作用看妇女地位》，《社会学研究》2002 年第 1 期。

④ Jiping Zuo, “Marital Construction of Family Power among Male - Out - Migrant Couples in a Chinese Village”, *Journal of Family Issues*, No. 29, 2008.

⑤ 笑冬：《一个基本的看法：妇女与农村工业化》，《社会学研究》1999 年第 5 期。

⑥ 周颜玲：《有关妇女、性和社会性别的话语》，载王政、杜芳琴主编《社会性别研究选译》，生活·读书·新知三联书店 1998 年版，第 379—392 页。

⑦ 笑冬：《一个基本的看法：妇女与农村工业化》，《社会学研究》1999 年第 5 期。

20 世纪 90 年代以来，旅游业快速发展，农村地区受到巨大冲击，尽管旅游影响研究成果丰硕，但大多数主要是从经济、文化、环境等方面探讨旅游对目的地的影响。[①] 旅游社会影响在经济导向下，更多关注的是社区居民的参与方式与对居民旅游的感知，社区居民的经济收益是否受损等方面，缺乏对旅游影响后当地人家庭生活的变化研究。[②] 尽管旅游研究者也关注到性别问题[③]，但从性别视角对旅游社区家庭权力关系进行研究的却极为欠缺。

（三）收入改善与民族女性家庭地位变化的悖论

旅游业与性别之间的关系研究始于 20 世纪 70 年代。此前，国际上的旅游研究基本上是把人作为一个完整的社会群体进行研究。80 年代后，性别研究的触角深入到旅游研究中，并在 1994 年的世界妇女大会后掀起了一波热潮。无论是在发展中国家还是发达国家，妇女广泛从事旅游业的各项工作，尤其是在中国许多民族地区，妇女参加旅游就业的趋势尤其明显。[④⑤⑥⑦⑧⑨]

旅游参与直接为妇女们带来了经济独立及家庭地位的上升，引发了经济决定论视角下的女性家庭角色讨论。研究者指出，通过参与旅游，女性

---

① 王子新、王玉成、邢慧斌：《旅游影响研究进展》，《旅游学刊》2005 年第 2 期。

② 姜辽、苏勤、杜宗斌：《21 世纪以来旅游社会文化影响研究的回顾与反思》，《旅游学刊》2013 年第 12 期。

③ Kinnaird, V. Hall, D., "Understanding Tourism Processes: a Gender - aware Framework", *Tourism Management*, Vol. 17, No. 2, 1996.

④ 王兰：《民族旅游对少数民族妇女的影响》，《经济师》2006 年第 3 期。

⑤ 冯淑华、沙润：《乡村旅游中农村妇女就业与发展研究——以江西婺源为例》，《妇女研究论丛》2007 年第 1 期。

⑥ 张瑾：《民族旅游发展对少数民族妇女影响的人类学探讨——以贵州肇兴侗寨为例》，《桂林旅游高等专科学校学报》2008 年第 4 期。

⑦ 稂丽萍：《民族旅游时空中的少数民族女性社会角色的嬗变——以山江苗族女性为例》，《贵州民族学院学报》2008 年第 1 期。

⑧ 唐雪琼、朱竑：《旅游发展对云南世居父权制少数民族妇女社会性别观念的影响——基于撒尼、傣和哈尼三民族案例的比较研究》，《人文地理》2010 年第 1 期。

⑨ 赵巧艳：《布迪厄实践理论视角下民族旅游与社会性别的互动——以龙胜金坑红瑶为例》，《人文地理》2011 年第 6 期。

获得了分享资源的机会[①]，就业机会增加、经济上获得独立，[②] 主体意识增强[③]，很多地区改变了家庭管理模式、夫妻分工和婚嫁习俗，[④] 实现了家庭角色的重构，传统的家庭妇女角色发生变化，家庭中的性别关系变得紧张，[⑤] 经济独立及家庭地位的上升预示着两性在家庭中的地位更加平等[⑥]。

也有研究者指出，尽管在旅游中获得收入，但女性却因此加重了其家务负担，所以其从属地位未变。[⑦] 家务劳动，作为社会、家庭和个人生产得以维系的关键，一直以来被视为女性的责任而使得女性在劳动力市场处于弱势，而被排斥在社会生产之外，[⑧] 形成对男性的经济从属和家庭中的被压迫[⑨]。女性主义学者将家务作为家庭压迫的主要面向进行讨论，并指出这种经济从属成为男性在家庭中拥有权力的基础，[⑩] 家务劳动对理解性别不平等具有重要作用[⑪]。Shelton 及 Daphne 等更进一步指出家务劳动分

---

① Swain M. B. , Margaret, "Women and Ethnic Tourism: A Way to Persist and an Avenue to Change", Valene Smith, ed. , In *Hosts and Guests: The Anthropology of Tourism*, Pennsylvania: University of Pennsylvania Press, 1990, pp. 71 – 81.

② Little J. K. , Kinnaird V. , Hall D. , "Tourism: A Gender Analysis", *Economic Geography*, Vol. 72, No. 1, 1996.

③ 钟洁：《中国民族旅游与少数民族女性问题研究进展》，《妇女研究论丛》2010 年第 2 期。

④ Kousis M. , "Tourism and the Family in a Rural Cretan Community", *Annals of Tourism Research*, Vol. 16, No. 3, 1989.

⑤ Nilsson P. A. , "Staying on Farms: An Ideological Background", *Annals of Tourism Research*, Vol. 29, No. 1, 2002.

⑥ Alison Lever, "Spanish Tourism Migrants: the Case of Lloret de Mar", *Annals of Tourism Research*, Vol. 15, No. 4, 1987.

⑦ Swain M. B. , "Women Producers of Ethnic Arts", *Annals of Tourism Research*, Vol. 20, No. 1, 1993.

⑧ Noonan M. C. , "The Impact of Domestic Work on Men's and Women's Wages", *Journal of Marriage and the Family*, Vol. 63, No. 4, 2004.

⑨ ［德］奥古斯特·贝贝尔：《妇女与社会主义》，葛斯、朱霞译，中央编译出版社 1995 年版，第 14 页。

⑩ 张志尧：《双薪家庭中阶级与夫妻权力关系之探讨》，《应用心理研究》2003 年第 17 期。

⑪ Hook. J. L. , "Gender Inequality in the Welfare State: Sex Segregation in Housework, 1965 – 2003", *American Journal of Sociology*, Vol. 115, No. 5, 2010.

工并非只是单纯的性别差异，而是家庭内不平等关系的重要体现，[①] 具有深刻的权力内涵[②]。所以女性要想获得解放，必须在家庭外获得平等的职业机会及从家务劳动中解放出来。因此，在旅游研究中，研究者常透过旅游业带来的家庭分工变化分析女性在家庭中的地位调适。

将经济收入作为资源的相对资源论和家务分工理论在研究中均得到了支持。然而，为何得出女性家庭权力变化的两种看似矛盾的结论？深入比较发现：这些研究既未对参与旅游后两性家务分工发生了哪些变化进行说明，也未对引起家务分工变化的因素进行综合分析，更未对女性家庭权力进行直接的讨论。因此，当地少数民族家庭在旅游发展后，女性家庭权力如何变化？是否推进了两性平等进程？这才是需要深究的根本问题。

三　研究问题的提出

20 世纪以来，生产力的提高、都市的迅速膨胀、交通的快速发展、战争与社会变革的发生，都对传统家庭造成了巨大的震动和影响，世界各国的家庭都面临着传统与现代、变与不变、怎样变的考验，并急需对其做出科学的解释。妇女、家庭关系以及作为社会制度一部分的家庭本身，在现代化重要力量之一的旅游影响下，作为家庭变化的重要方面，伴随着旅游对传统乡村生活的改变而发生变化，妇女变化尤甚。但问题在于这些卷入旅游业的家庭究竟发生了什么样的变化？这些变化在家庭的日常生活中将如何体现，是通过什么样的机制实现的？旅游在这一过程中起了什么样的作用？这些变化反映了家庭中怎样的权力关系及两性关系？透过这样的变化能否实现少数民族两性的平等？正是在这样一个民族旅游迅速发展，旅游地家庭与两性问题丛生而理论研究相对不足的双重背景下，本书选择了西南地区苗族女性家庭权力这一主题进行研究。

以往研究大多是将旅游对当地家庭或女性的影响放在宏观的社会文化影响中进行讨论，缺乏对微观过程的分析。而基于宏观层面的分析得出

---

① 刘爱玉、佟新、付伟：《双薪家庭的家务性别分工：经济依赖、性别观念或情感表达》，《社会》2015 年第 2 期。

② 张晋芬、李奕慧：《“女人的家事”“男人的家事”：家事分工性别话的持续与解释》，《人文及社会科学集刊》2006 年第 2 期。

“旅游使女性获得地位上升及家庭权力提升”这类直观性结论，显然缺乏更深刻的理论依据和面向复杂内涵的事实分析基础。

从微观社会学来看，研究微观人际互动有利于促进对社会现象的理解。社会互动的结果导致了社会现象的出现，而对社会现象的大量见解，可以通过理解其得以生产和延续的基本互动过程来达到，[①] 由于女性的家庭权力最终是通过家庭中的微观互动实现的，因此，对微观过程的研究将是理解这一问题的关键。

所以本书要研究的问题是：旅游发展对少数民族女性家庭权力会产生什么样的影响？

四　研究价值及意义

（一）理论意义

本书从社会性别视角入手，将家庭权力分析置于旅游发展的背景之下，考察旅游参与对民族社区家庭中两性权力关系变迁的影响。本书通过对家庭中两性日常生活互动过程与结果的审视，揭示家庭中两性权力关系博弈的微观过程，丰富与发展了家庭社会学的研究。

旅游对目的地的影响一直颇受关注，但以往研究或关注宏观的政治、经济和文化层面，以宏大叙事为基调；或将讨论置于微观，以主客互动为重点，极少注意到旅游作为偏远地区现代化最强劲的力量之一，已经对当地家庭产生了巨大影响，尤其是在参与旅游后，家庭中两性关系的变化。故本书以家庭日常生活事件为依托，将家庭放置于旅游发展的大背景下，通过对文化上同源、地域上相隔较近、生存环境相似，并在宗族上同根的两个村寨进行对比，以透视旅游对两性家庭权力的影响，探究家庭中两性权力运作的策略与内在逻辑，以丰富旅游对旅游目的地影响的研究。

（二）实践意义

女性的生存与发展状态是衡量社会进步的天然尺度，家庭是每个人生

---

① ［美］乔纳森·H. 特纳：《社会学理论的结构》，邱泽奇译，华夏出版社 2006 年版，第 11 页。

活的重要组成部分和将人们的社会行为与社会结构统辖起来的特殊场所。对于家庭中权力以及权力关系变化的考察，对女性发展具有重要的意义。本书以不同产业影响下的苗族家庭对比为切入点，分析西南地区苗族家庭分别在旅游产业为主和传统农业与外出务工为主的情形下，其女性家庭权力所发生的变化，从而回应西方相对资源理论、文化规范理论以及女性主义关于两性平等相关问题的讨论。本书力图站在更综合、更系统的角度探讨女性不平等地位的形成原因。通过分析资源、文化规范及社会结构等如何形塑两性角色及两性间的权力等问题，深入挖掘西南地区苗族社会中的性别权力特征和博弈过程，以期能为少数民族女性的平等提供一条新的现实道路，并为后续少数民族社会文化与女性发展的研究提供实证性的参考。

第二章　概念界定及文献综述

一　相关概念界定

（一）家庭

对家庭进行定义，首先可能遇到的问题是我们如何界定其成员范围，在中西方的文化语境中，甚至在同一语境的不同时期，这个范围是很不相同的。在中国，家庭是一个具有很强伸缩性的概念，它可指一个家族，也可指由父母、子女组成的小家庭。在《康熙字典》所录《说文》中对“家”的解释为“豕居之圈”，而“庭”则指“厅堂”，主要从居住角度解释。在古代西方，“家庭”表示为父权统治和支配下的包括妻子、子女和一定数量的奴隶在内的一个群体或组织。[①] 近代对“家庭”的理解大体可分为两个派别，一派注重家庭的生物学属性，认为家庭是建立在生物及心理基础之上的，代际关系是根本；另一派则强调家庭的社会属性，认为家庭受某些社会方面的限制，把婚姻看作是一切社会组织的基础。[②] 社会学家多主张从家庭的社会属性来理解家庭，认为并不存在一种对于任何历史时期、任何地方都是正确的单一的家庭定义，其含义是与文化环境相关联的。[③] 迄今，在西方形成了功能主义、马克思主义及女性主义三种主要的家庭观。下面分述之，并在其后谈谈中国语境下的家庭观。

---

① ［法］安德烈·比尔基埃：《家庭史：现代文化的冲击》，袁树仁等译，生活·读书·新知三联书店 1998 年版，第 13 页。

② 邓伟志、徐新：《家庭社会学导论》，上海大学出版社 2006 年版，第 30—38 页。

③ ［英］艾略特·F. R.：《家庭：变革还是继续》，何世念等译，中国人民大学出版社 1992 年版，第 4—15 页。

1. 功能主义家庭观

建立在“社会是一个由相互关联和相互依赖的部分（或要素）所组成的系统，构成社会系统的部分有一个彼此相互适应以使社会在总体上处于一个均衡或平衡状态的内组合的趋向”[①] 这一观点之上的功能主义，对家庭的分析主要集中在家庭与其他社会制度之间的关系上。它试图证实社会中任何要素的变化都会影响家庭的状况，从而识别家庭所能执行的职能。所以，功能主义者倾向于把核心家庭和妇女的理家养育行为看成履行社会生存所必需的职责，并形成对家庭的几种理解。

以人类学家马林洛夫斯基、默多克为代表的功能主义者认为家庭是一种普遍性制度。他们认为家庭之所以被发现存在于每一个人类社会之中，是因为它履行着某一项维系社会生活的基本功能。[②] 瑞思进一步指出，对新生儿“抚育性的社会化”是每一个社会功能性的前提，而且每一个“小型亲属群体”是履行这项功能的结构性的前提条件。[③] 威廉·J. 古德在对美国中产阶级家庭进行研究后称，家庭至少有两个不同性别的成年人居住在一起；他们之间存在着某种劳动分工，进行许多经济交换与社会交换，共享许多事物；成年人与子女之间是亲子关系，父母对孩子承担抚育、保护与合作的义务，父母对子女有某种权威，他们相依为命；孩子间是兄弟姐妹关系，相互保护，相互帮助，共同承担义务。[④]

功能主义对“现代”家庭的探讨，以社会的整体概念作为其出发点，以都市工业社会作为参照系统，把家庭视为基本的社会需要服务的机构和生产社会成员以及被普遍遵守的社会准则的组织。

2. 马克思主义家庭观

马克思关于社会生活领域的观念是建立在人为了生存必须生产物质资料的观察之上的。马克思主义者认为生产力和生产关系构成了社会制度的

---

① ［英］艾略特·F. R.：《家庭：变革还是继续》，何世念等译，中国人民大学出版社 1992 年版，第 4—15 页。

② Haj – Yahia M. M.，“A Partriarchal Perspective of Beliefs About Wife Beating Among Palestinaian Men from West Bank and the Gaza Strip”，*Journal of Family Issues*，Vol. 19. No. 5，1998.

③ Reiss，Ira，“The University of the Family：A Conceptual Analysis”，*Journal of Marriage and the Family*，No. 27，1965.

④ ［美］威廉·J. 古德：《家庭》，魏章玲译，社会科学文献出版社 1986 年版，第 25 页。

所有其他方面的基础，强调统治阶级的利益对家庭结构和功能的影响。但家庭研究者普遍认为，马克思对家庭问题的论述与他的基本观点并不完全一致，并且是零碎不全的。① 就像 McDonough 和 Harrison 指出的："马克思似乎把家庭视为一个繁衍人类的自然制度，并将它放在生产关系之外。也因此他把家庭作为一个边缘领域来看待，把家庭研究作为社会生活分析中的边际兴趣来对待。"②

马克思主义以其阶级分析为出发点，将资本主义看作参照系统，把家庭看成是由资本主义的规则所构成的，为资本主义再生产劳动力，以及再生产资本主义的社会准则和社会关系的组织。该理念突出阶级冲突与阶级剥削，认为私有财产的出现和发展是产生一夫一妻制婚姻和现代核心家庭的决定性因素。

3. 女性主义家庭观

女性主义以妇女社会生活作为其理论出发点，宣称妇女从属于男子是社会的现实，并试图从妇女的从属地位出发来描述和解释社会生活。他们或根据妇女在生产关系中的地位声称是资本主义导致了妇女对男子的从属，或从社会的关系都是建立在男性统治基础上来解释妇女的从属性。认为家庭是女性遭受不平等支配的地方，是一个男性占用女性及其他家庭成员劳动并形成女性被支配地位的地方。③ 女性在家庭中的角色导致她们对男性经济的依赖并处于被丈夫及父亲支配的地位。家庭社会化的过程让子女内化了父权制思想，加上广泛存在的家庭意识形态促进了该状况的形成。④⑤ 因此，现代社会是一个家长式的社会，家庭通过家长规则而形成。

---

① ［英］艾略特·F. R.：《家庭：变革还是继续》，何世念等译，中国人民大学出版社 1992 年版，第 12 页。

② McDonough, R., Harrison, R., "Patriarchy and Relations of Production", In Annette Kuhn and Ann Marie Wolpe eds., *Feminism and Materialism*, London: Routledge and Kegan Paul, 1978, pp. 11 – 41.

③ 杨婉莹、林珮婷：《当"男女有别"变成"男女不平等"——性别角色认知与政治效能感》，《女学杂志：妇女与性别研究》2011 年第 29 期。

④ ［英］阿伯特·P.、瓦拉斯、C. 泰勒：《女性主义社会学》，郑玉清译，巨流图书股份有限公司 2008 年版，第 8 页。

⑤ 罗蔚、赵勤：《马克思主义女性主义的伦理批判：唯物史观的视角》，《广东教育学院学报》2005 年第 1 期。

更确切地说，两性分工被看成是为保障男子私人家务服务的，家庭被看成为使女孩和男孩社会化而为他们设定性别角色，从而再生产这种家长式的制度的场所[①]，是一种专制的社会建构[②]。

女性主义理论以两性分裂的概念作为其出发点，以父权制社会为参照系统，把家庭看成是一个压迫妇女的机构和家长行使权力的基本场所，是一套权力关系，[③] 在爱情和养育观念背后隐藏着冲突和压抑。所以，他们将家庭视为一个再生产家长式的社会秩序的组织，认为家庭的公共意义是在社会生活中不断地对这种建构的意义进行加工。

功能主义者、马克思主义者及女性主义者，对家庭的探讨有不同的出发点，集中于社会领域的不同方面，对家庭和其他社会制度之间的关系也提出了不同的解释。但在某些方面又是相近的，他们都把社会制度看成相互联系的体系，把家庭看成与其他的社会制度相一致并在一定程度上适应这些社会制度的场所；家庭都被认为在生物再生产和社会再生产中起了关键作用。

但有研究者认为，功能主义关于现代家庭的描述是建立在地理流动和阶级流动的假设之上并与现代工业社会相适应的家庭模式与结构。在中国，这一情形却不大实用，因为即使现在，在中国乡村社会中，流动受到户籍等因素的限制，很难用西方的理念来解释，中国语境下的家庭有着更多的含义。

4. 中国语境下的家庭观

在中国传统文化中，家庭概念出现较晚，常与“家”“家户”通用，它伸缩性极强，[④] 每一个做中国家庭研究的人都注意到家的概念在中国具有很大的模糊性和不确定性。[⑤]

早在 20 世纪 30 年代，中国著名学者费孝通先生在其力作《乡土中国　生育制度》中就从社会学的角度指出，在中国乡土社会中，家并没有严格的团体界限，只是社群里的分子依需要，沿亲属差序向外扩大。中

---

① ［英］艾略特·F. R.：《家庭：变革还是继续》，何世念等译，中国人民大学出版社 1992 年版，第 4—15 页。

② ［加］大卫·切尔：《家庭生活的社会学》，彭铟旎译，中华书局 2005 年版，第 15 页。

③ ［英］艾略特·F. R.：《家庭：变革还是继续》，何世念等译，中国人民大学出版社 1992 年版，第 4—15 页。

④ 麻国庆：《家与中国社会结构》，文物出版社 1999 年版，第 18 页。

⑤ Wolf M.，“Marriage，Family，and the State in Contemporary China”，*Pacific Affairs*，Vol. 57，No. 2，1984.

国传统家庭是一个连续性的事业社群，它的主轴在父子之间、婆媳之间，夫妇是配轴，这两轴都因为事业的需要而排斥了普通的感情。[①] 同时它还具有氏族性，以亲属的伦常组合成为社群，以经营各种事业。[②] Cohen 指出，中国的家庭本质上就是一个经济合作单位，其成员之间具有血缘、婚姻或者收养的关系，并且还有共同的预算和共有财产。[③] Cohen 对中国家庭“经济合作单位”的理解被很多学者所接受。所以，传统的中国家庭概念具有可伸缩性，是一个事业单位，也是一个经济合作单位。

在一些研究者看来，通过国与家的同构，中国的家将君臣、夫妇、父子之间规定为一种依附关系，并将家当作自我价值确认的来源，以及社会认同上的一个自始至终的依据及道德价值追求的平台。[④] 它以“父户”关系为核心，视父子关系为社会关系的基础，以父权为中心权力结构，重视家庭的整体利益，重视亲属关系，将个体利益放在大家庭利益之后，老人权威凌驾于年轻的家庭成员之上。家将中国文化结构丰富的内涵蕴含其中，规定着受这种结构制约的中国文化主体的主要行为模式。[⑤] 在中国传统文化中，家庭是将中国人道德意识、伦常关系、客观规范以及仪式制度整合到一个一以贯之的系统中的场域，[⑥] 是一个家长行使权力的场所，是一套权力关系并具有重要的工具性意义，[⑦] 是一个经济单位，是典型的父权制[⑧]。

在中国农村非官方的意义上，中国的家庭与户几乎是重合的，作为一种日常生活的关键性社会组织单位及共有资产的中心单位，[⑨] 它是农村经

---

① 费孝通：《乡土中国 生育制度》，北京大学出版社 1998 年版，第 41 页。

② 同上书，第 39 页。

③ Cohen M. L.，“Family Management and Family Division in Contemporary Rural China”，*The China Quarterly*，Vol. 130，No. 7，1992.

④ 陈午晴：《试论“家”对于中国人的精神价值》，《人民论坛》2014 年第 34 期。

⑤ 李军：《“家”的寓言》，作家出版社 1996 年版，第 16 页。

⑥ 陈赟：《“去家化”与“再家化”：当代中国人精神生活的内在张力》，《探索与争鸣》2015 年第 1 期。

⑦ 陈午晴：《试论“家”对于中国人的精神价值》，《人民论坛》2014 年第 34 期。

⑧ 沈奕斐：《个体化与家庭结构关系的重构——以上海为例》，博士学位论文，复旦大学，2010 年，第 12 页。

⑨ ［美］孔迈隆：《中国北方的宗族组织》，载马春华《家庭与性别研究评论》，中国社会科学文献出版社 2013 年版，第 57—85 页。

济生产与再生产的基本单位[①]，也是每个人生活中最隐私化的各个方面的核心所在[②]。家庭在中国农村地方的政治经济中具有不可或缺的地位[③]，这也是本书将家庭作为研究对象的重要原因。

除却上述定义，还有学者从结构对家庭进行了界定，认为家庭是由一组家庭内的位置角色及它们之间的互动模式所组成的，它强调家庭的组成成员和活动内容。费孝通认为家庭结构就是指“一个家庭里的成员和他们之间的关系”[④]，并将其解释为“父母子所形成的团体”。但有学者认为，相对于过去而言，现代家庭的界定与其所处的社会文化环境密切相关，它包含了人们对家庭的思考，也包含了对日常生活的理解，在界定时更应该强调家庭的功能而不是家庭的结构。[⑤] 也有研究者认为：“在家庭定义不断发生变化的情形下，有一些基本的核心是不变的，那就是家庭是一种相对资源、照顾、责任和义务的共享，什么是家庭和家庭是干什么的有着本质联系。”[⑥]

本书无意囿于概念的纷争，但如何根据研究目的在中国语境下对家庭进行界定却是无法回避的。本书认为：家庭是由建立在血缘和姻亲关系之上承担一些社会角色，有一定的群体规范，具有稳定性和持续性的人组成的；是将道德意识、伦常关系、客观规范以及仪式制度整合到一个一以贯之的系统中的场域，是一个家长行使权力的场所，是一套权力关系，也是一种社会制度与社会建构。虽然在中国社会中家庭不是一个界限分明的社会单位[⑦]，但其结构基本是明确的。在本书中所涉及的家庭，结合案例实际主要由丈夫、妻子、孩子及父母所组成。

---

① ［加拿大］朱爱岚：《中国北方村落的社会性别与权力》，胡玉坤译，江苏人民出版社2010年版，第90页。

② 同上书，第195页。

③ ［美］孔迈隆：《中国北方的宗族组织》，载马春华《家庭与性别研究评论》，社会科学文献出版社2013版，第57—85页。

④ 费孝通：《三论中国家庭结构的变动》，《北京大学学报》（哲学社会科学版）1986年第3期。

⑤ Nicholas B.，“The Evolving Canadian Definition of Family：Towards a Pluralistic and Functional Approsch”，*International Journal of Law*，*Police and the Family*，Vol. 8，No. 3，1994.

⑥ ［加］大卫·切尔：《家庭生活的社会学》，彭铟旎译，中华书局2005年版，第10页。

⑦ 杨善华、沈崇麟：《城乡家庭市场经济与非农化背景下的家庭变迁》，浙江人民出版社2000年版，第105页。

（二）权力及家庭权力

1. 权力

权力作为西方政治哲学与社会科学中的一个核心概念，西方知识界对其争论从未停歇。尤其在20世纪50年代后，随着赖特·米尔斯的《权力精英》和亨特的《社区权力结构：决策者研究》等书的出版，更是引发了西方学界对权力的讨论，并逐渐形成权力的能力说、资源说、关系说、结构说、三维权力观及福柯的权力观等主要的权力理论。本书将主要介绍以马克斯·韦伯为代表的权力能力说、以帕森斯为代表的权力资源说、卢克斯的三维权力观及福柯的权力观，以大致明晰该定义的发展脉络并在此基础上界定本书对权力的理解。

权力能力说。建立在能力之上的权力观，是西方最古老且影响最大的一种界定。在西方思想史上，亚里士多德、洛克、卢梭、韦伯等人都是该理论的典型代表，其中尤以韦伯影响较大。在韦伯看来，权力是“一个行动者在一种社会关系中，即使遇到反抗，也能够贯彻他自己意志和意图的可能性”①。其意指权力是一种在社会交往中行为者把自己的意志强加在其他行为者之上的可能性，这种贯彻或强加意志的基础是广泛的，既可以是说服、规劝、操纵，也可以是武力或者欺骗。② 在该定义中，行动是指向他人的或者是一种单向的，权力发生时隐含着冲突等意蕴。但帕森斯并不完全同意韦伯这一观点，他认为，在韦伯的定义中有两个问题：首先，这一定义包含了冲突与对抗的假设。这一定义预设了权力的实施就是一个（或一群）行动者为了实现自己的利益而迫使另一个（或一群）行动者牺牲自己利益的行为；其次，韦伯把权力的相互作用和相互联系属性转换为某个行动者单方面的一种属性。③ 故帕森斯从资源的角度对权力进行了另一种界说。

权力资源说。在西方，较早从资源角度对权力进行定义的是霍布斯，

① ［德］韦伯：《经济与社会》（上卷），林荣远译，商务印书馆1997年版，第87页。

② 张其学：《对几种典型权力观的评析——兼论马克思主义的权力观》，《广州大学学报》2008年第8期。

③ Parsons T.，“On the Concept of Political Power”，*Proceedings of the American Philosophical Society*，Vol. 107，No. 3，1963.

他认为，无论由于什么原因，行动者拥有对其对象产生作用所需要的条件，就是拥有权力。帕森斯从结构功能的角度出发，认为权力是一种保证集体组织系统中的各个单位履行已规定任务的普遍化能力，① 一种类似经济资源那样的、可无限扩张的资源，能够用来交换、积累、分配和积聚，并通过不同的方式使其增值。他将权力诠释为"一种社会位置及其占据者的属性，即结构的属性，它来源于一种结构—功能模式，是个人凭借其在产生权力的组织中所处的位置而获得的。身处一定的位置，也就意味着占有一定的资源"。持这种观点的人一般把权力视作一种存在于社会关系之中的、由一定社会主体所享有的、对其他人或组织具有支配性力量的社会资源，一种可以为权力主体带来好处，可以帮助权力主体实现自己的意志或愿望，可以使权力握有者对其他人或组织发生影响的特别重要的资源。谁拥有资源，谁就拥有权力，拥有资源的权力主体可以主动通过支配其他人或组织实现自己的价值。

但有研究者指出，韦伯在其定义中设定了冲突因素，仅在一方得益另一方受损的意义上看待权力，对互惠权力关系性可能视而不见。② 同时，由于把权力看作一种能力，从而把某种特殊关系的特征转变为一种普遍的顺从，混淆了形式与实质。③ 而帕森斯以一致性和合法性来给权力下定义，忽视了权力的有限的流动性，以及权力与特权依赖方式的不可分割的关系，他的定义否认了研究权力关系的学者一致想要解决的问题的存在。他们指出无论是韦伯主义还是帕森斯主义，都没有解决权力定义的主要问题。

三维权力观。当西方社会的精英主义与多元主义正在激烈辩争时，年仅 33 岁的卢克斯在总结批判西方 20 多年权力相关争论的基础上创造性地提出了他最负盛名的"三维权力观"，④ 由于该观点是在达尔"一维权力观"和巴卡拉克"二元权力观"的基础上提出，所以在此将简单介绍二

---

① Parsons T.，"On the Concept of Political Power"，*Proceedings of the American Philosophical Society*，Vol. 107，No. 3，1963.

② 李元书、李宏宇：《试论权力的实质、渊源和特性》，《学习与探索》2001 年第 6 期。

③ ［英］史蒂文·卢克斯：《权力——一种激进的观点》，彭斌译，江苏人民出版社 2008 年版，第 66 页。

④ 彭斌：《卢克斯的三维权力观》，《读书》2015 年第 4 期。

者，以更清楚地了解“三维权力观”的来龙去脉。

1957 年达尔在其论文《权力的概念》中将权力描述成：A 拥有支配 B 的权力在某种程度上就是 A 能够使 B 去做某些 B 否则不会去做的事情。[①] 在这个定义中，达尔秉承行为主义政治学的研究策略，将权力的实际运作界定为权力的核心，[②] 并强调潜在的权力与实际权力之间，权力的拥有与运用之间存在差异。在确认权力的过程中，集中于可观察的行为使其将研究决策制定作为他们的主要任务。所以，卢克斯指出，达尔的权力概念是行为主义的，只有在“对一系列的具体决策进行审慎的考察之后，权力才能被分析”[③]。波尔斯比更进一步地分析说，确认“谁在决策制定中占据主导地位”看起来似乎是“确定在社会生活中哪些个人或者团体拥有‘更多’权力的最好方式”，因为行动者之间的直接冲突呈现出一种他们影响结果的能力最接近于实证性评价标准的状况。[④] 然而，细心的研究者也发现，一维权力观很重要的检验标准就是冲突，如果没有冲突，权力的运用就不可能被清晰地揭示出来，这种冲突是各种偏好之间的冲突。权力仅仅意味着某种具有显著结果的原因，结果与决策制定上的成功被等同起来。想要成为有权力的人就要赢得胜利，也就是要在冲突的状况中战胜他人。

巴卡拉克与巴拉兹明显不同意达尔的观点，达尔及其追随者将注意力集中在决策上，忽略了权力的第二种面相，“没有考虑到权力可能并且经常通过将决策制定在各种相对安全的议题上来运用的事实”[⑤]。因此，令人满意的权力研究，不能忽略非决策，而非决策是“将那些企图改变现存利益和特权分配秩序的要求，或者扼杀在其公开表达之前，使其保持潜

① Petrzelka P., Bell M., “Rationality and Solidarities: The Social Organization of Common Property Resources in the Imdrhas Valley of Morocco”, *Human Organization*, Vol. 59, No. 3, 2000.

② Dahl R. A., “Power as the Control of Behavior”, in Steven Lukes eds., *Power*, New York: New York University Press, 1986, pp. 51 - 52.

③ ［英］史蒂文·卢克斯：《权力——一种激进的观点》，彭斌译，江苏人民出版社 2008 年版，第 4 页。

④ 谷志军、晏妮：《当代西方权力理论主要论争述评》，《云南民族大学学报》（哲学社会科学版）2012 年第 4 期。

⑤ 丁延龄：《权力的第四种面向——福柯权力观探讨》，《湖南师范大学社会科学学报》2013 年第 1 期。

在状态；或者是在它们能够进入相关决策领域之前将其扼杀；或者上述努力失败后，在决策实施阶段成功地破坏这些要求"[①]。可见，二维权力观的决策是"在各种可以选择的行为模式中的一项选择"；不决策是"一种导致了抑制或阻碍某种针对决策制定者的价值或利益的潜在的或明显的挑战的决策"[②]。

卢克斯认为一维权力观运用了行为主义的方法，主要考察行动者在关键议题决策制定上是否存在公开的冲突及其最后的输赢状况，重点在于对具体的、可以观察到的行为进行研究。[③] 二维权力观虽然具有更宽泛的利益观，但它仍然是一种关于主观利益的观念而不是关于客观利益的观念，且二维权力观仍假定不决策是决策的一种形式。因此，它和一维权力观一样有一个重要特征：将权力与实际的、可观察到的冲突联系起来，并强调不决策的权力仅仅存在于那些被拒绝以各种议题的形式进入政治过程的愤恨之中。卢克斯指出，无论是一元权力观还是二元权力观都将权力与实际的可观察到的冲突联系起来，这正是韦伯所强调的某人不顾他人反对而实现其意志观点的反映。这种坚持将冲突作为权力要素的主张，他认为是不恰当的，因为建立在操纵与权威的理性基础上的一致同意，可能会不涉及诸如此类的冲突。况且，通常最有效和最隐蔽的权力运用开始就会预先防止诸如此类的冲突产生。在总结上述理论的基础上，卢克斯提出了他的三维权力观（见表2－1）。

表2－1　　三种权力观之间的不同特征

	一维权力观	二维权力观	三维权力观
代表人物	达尔（Dahl）；波尔斯比（Polsby）；沃尔芬格（Wolfinger）	巴卡拉克和巴拉兹（Bachrach & Baratz）	卢克斯（Lukes）

① Keiser R., Lincoln P., Bachrach M. S., *Power and Poverty: Theory and Practice*, New York: Oxford University Press, 1970: 43－44.

② ［英］史蒂文·卢克斯：《权力——一种激进的观点》，彭斌译，江苏人民出版社2008年版，第10页。

③ 同上书，第4页。

续表

	一维权力观	二维权力观	三维权力观
立场	以行为为中心	对于以行为为中心的权力观有保留的批评	对于以行为为中心的权力观的批评
利益观（先决条件）	自由主义的利益观	改良主义的利益观	激进主义的利益观
要点	（1）行为 （2）决策制定 （3）各项关键的议题 （4）可以观察到的（明显）冲突 （5）（主观的）利益，被看作通过政治参与揭示出来的政策偏好	（1）决策制定和不决策 （2）各项议题与潜在议题 （3）可以观察到的（明显的或者隐蔽的）冲突 （4）（主观的）利益，被看作各种政治偏好或者愤恨	（1）决策制定和对于政治议程的控制（并不必然通过各种决策的方式） （2）各项议题与潜在议题 （3）可以观察到的（明显的或者隐蔽的）冲突 （4）主观的利益和真正的利益①

在卢克斯看来，一种更符合社会生活的权力定义，是要在社会关系的分析中构想权力的内容（或是界定权力概念），是根据行动者导致各种重要结果的能力来界定，特别是根据促进他们自己的利益和/或影响他人的利益来界定，不论行动者是主动还是被动，其目的都在于“在各种现象的背后探究那些隐藏的和最不明显的权力形式”②。从根本上讲，权力存在三种情景，“实际的”“道德的”和“评价的”。任何权力的运用意味着某种反事实，拥有权力的手段并不等同于成为有权力的人。某些行动者会使他人将自身处于被支配地位看作是有益的，或者使他人相信没有其他可供选择的方案，因而在价值理念、心理认知与行为模式等方面接受既定

① 翁时秀：《权力关系对古镇旅游地的社会影响研究——以江南古镇群和楠溪江古村落群为例》，博士学位论文，中山大学，2011年，第46页。

② ［英］史蒂文·卢克斯：《权力——一种激进的观点》，彭斌译，江苏人民出版社2008年版，第80页。

的安排。所以，第三张面孔的权力会使他人形成内在的约束，侵蚀、扭曲或贬抑他人的自我意识与自信心，使他人不能表达甚至没有意识到其真正的利益所在。同样第三张面孔也强调不决策本身就是一项决策，权力可能被各种集体所运用。因而卢克斯认为，当权力最不容易被观察到的时候它是最有效的。

福柯的权力观。在福柯看来，传统的政治理论并没有很好地理解与把握权力。无论是建立在社会契约论基础上的“法权模式”，还是认为权力在本质上是实现阶级经济利益的一种工具的“经济学模式”，都将权力视为某种可以被主体明确占有的确切的社会存在。[①] 在本质上都只是一种权力的经济还原论，都只是将权力归结为经济。[②] 他以一个完全不同于西方政治哲学的视角考察与说明权力。

首先，他认为权力是一种关系，具有不确定性，它不是某人可以占有的物，它纯粹是一种关系，是一种结构性的活动。它“从未确定位置，从不在某些人手中，从不像财产或财富那样被据为己有，权力运转着”[③]。其次，权力是一种相互交错的网络。权力以网络的形式运作，在这个网上，个人不仅流动着，而且他们总是既处于服从的地位又运用权力。[④] 再次，权力是非中心化的。福柯主张在权力最地区性的、最局部的形式和制度中，抓住它并对它进行研究。[⑤] 最后，权力是无主体的，主体是在被奴役和支配中建立起来的。在《认知的意志》中，福柯总结道：权力关系内在于经济过程、认知关系和性关系中；权力具有禁止的一面，还有生产性的一面，这集中体现在权力与知识的关系中；权力是自下而上以局部的、零星的方式发展起来的，权力关系的原则和普遍基础不是统治者与被统治者之间整体的二元对立。权力有一系列的对象和目标，带有明显的意向性，但不能把权力的结果归结为人为操作的后果。[⑥] 权力的运作，体现

---

① 丁延龄：《权力的第四种面向——福柯权力观探讨》，《湖南师范大学社会科学学报》2013 年第 1 期。

② 陈炳辉：《福柯的权力观》，《厦门大学学报（哲学社会科学版）》2002 年第 4 期。

③ 同上。

④ 同上。

⑤ 同上。

⑥ 黄华：《权力，身体与自我：福柯与女性主义文学批评》，北京大学出版社 2005 年版，第 52—59 页。

为各种策略在有限层面上的运作，它们互相联结、相互激发和推广，它们彼此支持、互为条件，勾勒出整体的机制。福柯的权力观是多形态的，渗透于整个的社会生活中，是作为关系出现的策略，不仅涉及社会的微观层面，还具有一种微小的实践特质，与反抗密不可分。虽然卢克斯认为福柯的权力观“与社会实体具有相同范围，太过激进，具有浓厚的修辞学色彩”[①]，但他本人的权力观也并非完美。

尽管学界对权力的构想有颇多争议，但大多的研究者还是认同权力是一种能力。所以，本书认为，权力是一种能力，是行动者在某种社会关系中，即使遇到反抗，也有能够贯彻他自己意志和意图的能力；它内在于经济过程、认知关系和两性关系中，它带有明显的意向性，表示的是一种不对称的关系，是根据行动者自己的利益和/或影响他人的利益来界定；它是动态而不是静态的；在本质上它也是多维的，包含了社会结构间相互的影响及结果。它存在于“实际的”“道德的”和“评价的”情景中。在评估权力时，人们所能引起的具有重要意义的后果的范围越大，其所拥有的权力就越大，其中，价值与利益判断是必不可少的。

2. 家庭权力

“家庭权力”一词，在国外一直与“夫妻权力”“家庭权力结构”“家庭决策”“家庭权威”“家庭影响”[②] 等词混用并表达基本相同的意思，但“家庭权力结构”一词应用更广。这一概念首先是由 Blood 及 Wolfe 在 1960 年提出，意指：“在家庭中，个人即使遭受对方反对也能行使自己意愿的能力。”[③] 尽管有研究者指出该定义存在诸多问题，但因为一直无可替代性的定义出现而一直被沿用，这种状况直到 Cromwell 和 Olson 勾勒出家庭权力的三层结构才得以改变。[④]

① ［英］史蒂文·卢克斯：《权力——一种激进的观点》，彭斌译，江苏人民出版社 2008 年版，第 86 页。

② Safilios - Rothschild C.，“The Study of Family Power Structure：A Review 1960 - 1969”，*Journal of Marriage and the Family*，Vol. 32，No. 4，1970.

③ ［美］埃什尔曼：《家庭导论》，潘允康等译，中国社会科学出版社 1991 年版，第 448—449 页。

④ Cromwell R. E.，D. Klein，and S. Wieting，“Family Power：A Multitrait - multimethod Analysis” in R. Cromwell and D. Olson eds.，*Power in Families*，New York：John Wiley and Sons，1975，pp. 151 - 181.

Safilios - Rothschild 认为，学界早期对家庭权力研究的混乱，是因为既缺乏一个明晰的概念且其研究方法又一直朝着复杂的方向前进。[①] 自 Blood and Wolfe 所编著的《丈夫与妻子：动态的婚姻生活》出版后，美国在 20 世纪 60 年代至 90 年代掀起了一股研究家庭权力的热潮，但大多的研究都是在其定义指导下的实证研究，很少有新的定义产生。[②③④⑤⑥] 1970 年 Safilios - Rothschild 对美国 1960—1969 年的家庭研究进行了回顾，并在开篇指出，因为缺乏一个清晰概念，家庭权力研究受到了诸多限制与诟病。虽有研究试图跳出 Blood 等依据韦伯权力定义所给出的家庭权力定义，但终因在实际操作中无法测量而放弃。作者虽清晰地指出这一点，但她也未给出一个明晰的概念，只是含糊其辞地用“关于权力的定义……根据其他研究……”等一系列的省略语带过。

进入 80 年代，McDonald 指出前期研究大多只能算是对家庭权力结构的研究，家庭决策只是家庭权力的一个方面。[⑦] 家庭权力的界定应该与社会权力保持一致，是一个多维且动态的关系概念。在总结 Cromwell and Olson、Rollins and Bahr、Scanzoni 等人研究的基础上，McDonald 对家庭权力进行了界定。他认为家庭权力是一种达到愿望目标或结果的能力，可以改变其他人的行为；是一个系统而不是归于个人；是动态的而不是静态的，可以互为因果；是一种感知和一种行为现象；经常卷入非对称的关系，通过个人权力在“感兴趣的领域”也许可以补偿其他人在另一个

① Safilios - Rothschild C. , “The Study of Family Power Structure: A Review 1960—1969”, *Journal of Marriage and the Family*, Vol. 32, No. 4, 1970.

② Kenkel W. F. , “Influence Differentiation in Family Decision - making”, *Sociology and Social Research*, Vol. 42, No. 1, 1957.

③ Wilkening E. A. , Morrison D. E. , “A Comparison of Husband and Wife Responses Concerning Who Makes Farm and Home Decisions”, *Marriage and Family Living*, Vol. 25, No. 3, 1963.

④ Michel A. , “Comparative Data Concerning the Interaction in French and American families”, *Journal of Marriage and the Family*, Vol. 29, No. 2 1967.

⑤ Safilios - Rothschild C. , “A Comparison of Power Structure and Marital Satisfaction in Urban Greek and French Families”, *Journal of Marriage and the Family*, Vol. 29, No. 2, 1967.

⑥ Buric O. , & Zecevic A. , “Family Authority, Marital Satisfaction, and The Social Network in Yugoslvaia”, *Journal of Marriage and the Family*, Vol. 29, No. 2, 1967.

⑦ McDonald G. W. , “Family Power: The Assessment of a Decade of Theory and Re - search, 1970 - 1979”, *Journal of Marriage and Family*, Vol. 42, No. 4, 1980.

“感兴趣的领域”，这样权力关系也许可以得到平衡或是对称；最后，它在属性上是多维的，包括社会结构、相互作用和结果，它与家庭成员的价值与利益相关。同时，他还指出除了决策的结果之外，家庭纷争与冲突的处理过程及家务分工也不应被排斥在外。家庭权力的考察应该包含三大要素，一是资源是权力的基础，二是控制纷争或协调纷争为权力的过程，三是决策及家务分配的方式为权力的结果。[①][②] 作者试图通过这样的界定来改进以往家庭权力研究把家庭的决策结果作为权力测量指标的单一性。[③] 在家庭成员的界定上，有研究者认为：不只是夫妻，还应将孩子、父母、兄弟姊妹及亲戚等都纳入家庭成员中[④][⑤]，考察这些人在家庭中的互动与博弈（见图2-1）。

Kranichfeld并不同意这样定义家庭权力及其过程，他认为，家庭权力已经被男性化并且排他性地从一种宏观视角界定，在这种视角里家庭被作为男人和女人为了权力及利益而互动与博弈的语境，而不是一个他们身处其中的领域。[⑥] 但在实际生活中，妇女通过对孩子的看护与照顾已经深深地嵌入家庭之中，形成了深层的联系，家庭在本质上是属于女人的，所以，女人是家中最有权力的人。[⑦] 然而，他在对家庭权力进行界定时，并没有新的见地，将影响与强制两个概念作为家庭权力的核心并界定家庭权力为“一种个人改变家庭中其他成员行为（包括想法和情感）的能力；卷入了成员间不对称的关系；家庭权力反映了家庭系统的属性，而不是归

---

① McDonald G. W.，“Family Power：The Assessment of a Decade of Theory and Research 1970-1979”，*Journal of Marriage and Family*，Vol. 42，No. 4，1980.

② Straus C. M. A. A.，“/Final Say/ Measures of Marital Power：Theoretical Critique and Empirical Findings from Five Studies in the United States and India”，*Journal of Comparative Family Studies*，Vol. 15，No. 3，1984.

③ Mirowsky J.，“Depression and Marital Power：An Equity Model”，*American Journal of Sociology*，Vol. 91，No. 3，1985.

④ Collins，B. E.，Raven B. H.，“Group Structure：Attraction，Coalitions，Communication and Power”，In Gardner，L. and Aronson E. eds.，*The Handbook of Social Psychology*，*Reading*，Massachusetts：Addison-wesley Press，1969.

⑤ 胡幼慧、周雅容：《代际的交换与意涵：台湾老年妇女的家务变迁研究》，《台湾社会学刊》1996年第20期。

⑥ Kranichfeld M. L.，“Rethinking Family Power”，*Journal of Family Issues*，Vol. 8，No. 1，1987.

⑦ Ibid..

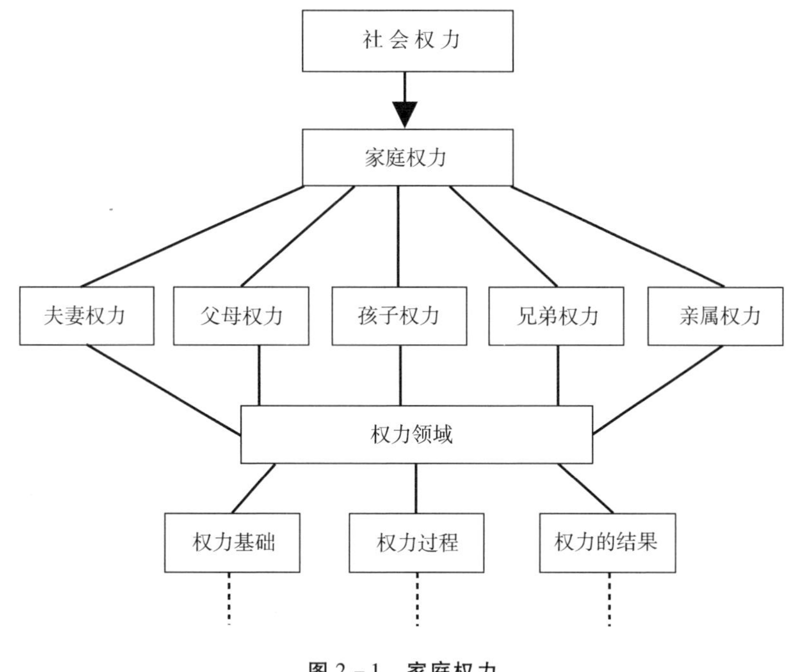

图 2－1　家庭权力

注：转引自 McDonald，1980。

因于有权力的成员"①。

埃弗克·考姆特则认为婚姻中存在着明显的权力、潜在的权力和无形的权力。他指出，在夫妻关系发生变化和冲突前，潜在的权力往往起着重要作用；如果某种需要和愿望可能出现的消极反应被预期或者害怕它会损害婚姻关系，而放弃试图进行、发生的变化或阻止冲突发生时，就显示出潜在的权力。② 由于社会或心理机制在价值上暗含的等级影响，使丈夫能从社会的文化评价中受益，使女人依附于男人，增强了丈夫在婚姻中的权力，这是无形的权力。Alesina 也曾试图另辟蹊径，重新界定家庭权力，但或因测量困难，或因无法超越前人，而没有获得学界青睐。③

在国内，研究者虽对 Blood 和 Wolfe 的家庭权力定义在描述方式上进

① Kranichfeld M. L.，"Rethinking Family Power"，*Journal of Family Issues*，Vol. 8，No. 1，1987.

② 孙淑清：《妇女婚姻生活中的三维权力》，《人口与经济》1994 年第 4 期。

③ Alesina A.，Giuliano P.，"The Power of the Family"，*Journal of Economic Growth*，Vol. 15，No. 2，2010.

行了一些修改，但其核心内容不变。如刘启明将其定义为“控制和改变他人的行为以及实现自己意愿的能力”[①]，杨子慧、沙吉才认为家庭权力作为家庭地位的一个方面，在微观层次上它们的含义是相近的，妇女家庭地位主要表现在对资源的拥有和控制程度，以及自主权和对家庭重大事务的发言权两个方面。[②]“在家庭中，个人即使遭受对方反对也能行使自己意愿的能力”[③④⑤]仍是该定义的核心。结合上述定义，笔者认为 McDonald 对家庭权力的界定太过晦涩且难以操作，因此，结合本书对权力的界定提出：家庭权力是在家庭中个人即使遭受对方反对也能达到愿望目标或结果的能力；它通过一系列的事件、策略在互动过程中被形塑，是一种能被感知的现象，经常卷入不对称的关系。它在属性上是多维的，它与家庭成员的价值与利益相关。

（三）社会性别

社会性别（gender）是当代女性主义理论的核心概念及学术讨论的中心内容[⑥]，指的是在社会文化中形成的男女有别的期望特点以及行为方式的综合体现。它由美国人类学家盖尔·卢宾提出，并将其与男女之间的生理“性别”（sex）相区别。[⑦] 最早，它以男女不平等的劳动分工为起点，向男性和女性之间的不平等关系及所有造成女性附属性和屈居次要地位的权力结构、法律和习俗提出挑战，认为女性也应享有人的完整权利。盖尔·卢宾指出，社会性别应关注性别与社会的互动关系，冲破本位主义女性视角的局限，在思维上超越男女两性对立的模式，它不单是研究人类中

---

① 刘启明：《中国妇女家庭地位研究的理论框架及指标建构》，《中国人口科学》1994 年第 6 期。

② 杨子慧、沙吉才：《早恋早婚早育回升原因及对策研究》，《人口研究》1990 年第 5 期。

③ 徐安琪、叶文振：《婚姻质量：婚姻稳定的主要预测指标》，《上海社会科学院学术季刊》2002 年第4 期。

④ 单艺斌：《女性社会地位评价方法研究》，九州出版社 2004 年版，第 11—19 页。

⑤ 唐雪琼、和亚珺、黄和兰：《旅游发展对少数民族妇女家庭地位变迁的影响研究——基于云南石林五棵树村和月湖村的对比分析》，《云南地理环境研究》2011 年第 5 期。

⑥ 王政：《“女性意识”“社会性别意识”辨异》，《妇女研究论丛》1997 年第 1 期。

⑦ ［美］琼·斯科特：《性别：历史分析的一个有效范畴》，载李银河主编《妇女：最漫长的革命》，生活·读书·新知三联书店 2007 年版，第 135 页。

的某一性别，而是放眼整个人类社会制度，寻求男女两性关系形成的根源。她认为社会性别制度并不隶属于经济制度，而是与经济制度密切相关的，有自身运作机制的一种人类社会制度。

在卢宾的启发下，女权主义学者们从各个方面探究了社会性别制度在各种社会文化及各个历史时期的形态和演变过程，社会性别制度与其他制度（如家庭、政治、经济）之间的关系，并分别提出他们对“社会性别”的解释。琼·斯科特所做的总结因颇具见地而广受学界认可。斯科特认为社会性别是西方学界一个重要的分析范畴[①]，它是以性别差异为基础的社会关系的成分，是区分权力关系的基本方式。作为社会关系的一个成分，社会性别涉及四个相互关联的因素：文化象征的多种表现；规范化的解释及对象征的阐释；政治学概念和对社会体制、社会组织的指涉；在历史文化的影响下具体形成的主体身份。[②] 作为社会关系的社会性别的形成涉及社会文化各个方面，是强加于某一男性或女性身上的社会范畴，它提供了一种区分男女两性不同行为及社会角色的方法，表明社会造就了男女不同的角色分工。而社会性别作为表达权力的一个基本途径，则表明社会性别是权力形成的源头和主要途径，是维护权力永久存在的方式，[③] 是同权力的观念和权力的构成牵连在一起，形成一组参照物，构成社会生活细致的象征性的表现。斯科特认为，对社会性别的考察必须是历史的、具体的，不能脱离女性生存的社会、经济、政治、文化环境及女性所处的家庭、家族、社会关系，否则我们无法阐释和揭示置女性于从属地位的历史过程以及权力运作逻辑。[④]

美国女性主义哲学家哈丁对此进行了进一步的补充与论证，她指出尽管不同文化对男女两性应具有何种气质有不同理解与要求，但都试图通过性别概念建立起来的符号体系梳理混乱的自然和社会关系，赋予它们不同

① 王政：《国外学者对中国妇女和社会性别研究的现状》，《山西师大学报》（社会科学版）1997 第 4 期。

② ［美］琼·斯科特：《性别：历史分析的一个有效范畴》，载李银河主编《妇女：最漫长的革命》，生活·读书·新知三联书店 2007 年版，第 134 页。

③ 同上书，第 125 页。

④ Scott J. W. , *Gender and the Politics of History*, New York: Golumbia University Press, 1988, p. 42.

的意义。[①] 因此，社会性别还是一种社会结构和符号体系。[②] 而现实中话语的非中性及性别化了的表达，则反映了社会性别还是一种话语。[③]

综上，社会性别是社会与权力关系的产物，是一种话语和社会结构及符号体系。它既可以作为一种制度来认识，也可以作为一种社会关系来了解，它只有用于特定条件下的具体分析才有意义。

社会性别是伴随西方女性主义运动的深入而产生，在分析男女地位不平等的过程中而形成的。社会性别作为分析范畴经历了强调“性别差异”“地位”和“角色”“人际关系”，到“社会性别化过程”等[④]不同时期与不同方式的发展阶段。分析的内容也从生物决定、社会制度到人际关系体系，乃至最后社会性别关系体系被当作一个动态的系统来理解和研究；分析的层次既有微观的个人和家庭关系分析，又有宏观的社会结构分析；分析的深度也从分析男女地位不平等的本质论起因，向两性关系中的社会结构及社会关系分析迈进。[⑤] 但无论研究内容与方法如何改变，家庭、地位及女性角色等一直是该领域研究的焦点。

此外，社会性别理论作为考察两性地位和公平的诸多理论之一[⑥]，其关注的核心虽然是妇女，但它并非孤立地将妇女作为讨论对象，把男性作为对立面，而是指向性别文化、性别制度和性别结构，并将两性放在社会角色和权力结构中来分析。这样的分析既可看到男女两性之间不平等的权利关系，也可观察男女两性受到的不同限制和制约。[⑦] 所以谭琳、陈卫民认为，社会性别以一种全新的眼光审视现存的知识体系，对性别不平等进行全方位多角度的分析，指出那些看似自然的制度安排及所谓“真理”

---

① ［美］桑德拉·哈丁：《什么是女权主义认识论》，［美］佩吉、麦克拉肯主编，艾晓明、柯倩婷副主编《女权主义理论读本》，广西师范大学出版社 2007 年版，第 503—539 页。

② 肖巍：《“社会性别”概念研究新倾向》，《中国妇女报》2013 年 10 月 8 日第 B01 版。

③ 同上。

④ 周颜玲：《有关妇女、性和社会性别的话语》，载王政、杜芳琴主编《社会性别研究选译》，生活·读书·新知三联书店 1998 年版，第 379—392 页。

⑤ ［美］琼·斯科特：《性别：历史分析的一个有效范畴》，载李银河主编《妇女：最漫长的革命》，生活·读书·新知三联书店 2007 年版，第 125 页。

⑥ 潘锦棠：《我看“社会性别理论”及其流行》，《中国妇女报》2002 年 12 月 2 日。

⑦ 慧英：《我国社会性别研究的发展及其意义》，《妇女研究论丛》1999 年第 1 期。

其实是人为的结果。① 社会性别理论对家庭中的性别分工、性别化的家庭生活、家庭中的角色整合与冲突以及家庭与社会的联系等进行研究，将个体置于性别关系及社会结构变迁的动态过程中来考察，不再把人作为单一的、抽象意义上的男性或女性。② 该研究视角比以往传统女性研究中专注于与男性之间的横向静态比较视角更加可取。该视角反对将家庭与社会分离，反对把家庭看成孤立的机构和所谓的“私领域”，主张将家庭置于宏观的社会结构和文化中去研究，意味着性别作为考察社会运行和权力关系法则的一个基本社会变量得到了认可，作为研究日常生活世界的一个知识变量和方法论视角得到了认可。③

“社会性别”一词自20世纪90年代在中国召开的第四届世界妇女大会开始出现在中国的学术研究中。经过多年的发展，社会性别（gender）理论为越来越多的国内学者所熟知，相关研究也越来越多，但总体存在“有关妇女家庭状况调查研究多，理论阐释少；对问题的描述多，系统分析少；关于性别的意识形态呼吁多，把女性主义研究放到一个广泛的社会系统中研究少；在分析中对文化规范注重得多，与制度因素相关的理论解释少”④ 等现象。相关研究基本停留在学习国外理论与经验和对社会性别与其他范畴的关系层面上，没有建构出较完整的理论体系。⑤ 但将社会性别作为一种分析范畴已成为很多学者的共识。

基于上述论述，本书将社会性别作为分析视角，一方面不再把妇女作为一个孤立的实体，男性与女性也不再是抽象意义上的男性或女性，而是处在包括性别关系的复杂社会关系结构中的行动者。另一方面也认为人不是束缚于性别关系和社会结构网络中的被动客体，而是随着社会变迁不断做出调整的主体。以此避免女性研究中以性别关系替代一切关系，以性别变量掩盖一切变量的“唯性别论”倾向，同时也注重了对

① 谭琳、陈卫民：《女性与家庭》，天津人民出版社2001年版，第25—30页。

② 金一虹：《父权的式微：江南农村现代化进程中的性别研究》，四川人民出版社2000年版，第7—9页。

③ 吴小英：《探寻性别关系和性别研究的潜规则》，《社会学研究》2005年第3期。

④ 林卡、唐琳：《论女性主义研究的方法论意义》，《妇女研究论丛》2007年第1期。

⑤ 王金玲：《性别文化及其先进性别文化的构建》，《浙江学刊》2003年第4期。

性别关系动态变迁过程本身的重视，超越了传统研究的两性静态比较之范式。

二 相关研究及述评

（一）中国家庭研究

对中国家庭的研究，主要沿两条脉络进行，一种将其作为制度家庭，另一种则是将其作为生活家庭。[①]

1. 制度家庭研究

由于中国“家与国、社会”的特殊关系，早期研究者大多秉持“家国同构”理念，[②] 所以他们认为只要解剖了中国的家族，就能了解中国社会是如何建构起来的。这一思想在诸多的作品中得到充分体现。如明恩溥的《中国乡村生活》、葛学溥的《华南的乡村生活——家族主义社会学》、许烺光的《祖荫下：中国文化与人格》、费孝通的《江村经济：中国农民的生活》和林耀华的《金翼：中国家族制度的社会学研究》等。

明恩溥依据其经验和观察指出在中国，家庭是社会的基本单元，也是一种高度复杂的组织。[③] 葛学溥不仅对“家族主义”进行了界定，同时指出村落中的其他制度都是建构在家族主义基础之上的。[④] 许烺光用“一体化”表述了父子关系，并将其看成支配传统中国整个亲属结构的根本。并进一步指出在这样的传统家庭制度中，夫妻关系是受到贬抑的，男女两性在家庭中是不平等的。[⑤] 其关于中国传统亲属关系的主轴是父子关系也成了中国家庭研究中一个主要论断，与葛学溥（Kulp）的家族主义有着

① 李霞：《娘家与婆家：华北农村妇女的生活空间与后台权力》，社会科学文献出版社2010年版，第8—10页。

② 麻国庆：《社会结合和文化传统——费孝通社会人类学思想述评》，《广西民族学院学报》（哲学社会科学版）2005年第3期。

③ ［美］明恩溥：《中国乡村生活》，陈午晴、唐军译，中华书局2006年版，第311页。

④ ［美］丹尼尔·哈里森·葛学溥：《华南的乡村生活——家族主义社会学》，周大鸣译，知识产权出版社2012年版，第82页。

⑤ 许烺光：《祖荫下：中国文化与人格》，王芃、徐隆德译，南天书局有限公司2001年版，第94—95页。

异曲同工之妙。费孝通在其里程碑式的作品《江村经济：中国农民的生活》以及后来的《乡土中国》中认为，在中国的“家”中，父与子的关系比夫与妻的更为重要，中国家系的传承是父系的，所以中国传统意识形态是强调家族主义而压制个人的，个人存在的首要任务是传宗接代。[①] 同样，林耀华从家族、宗族的文化功能角度展现了个人与生活共同体的复杂关系[②]，指出了导致一个家族兴起与衰落的主要原因是人际关系的平衡与破坏。这一时期的家庭和家族研究均以乡村社会为背景。

与此不同，杨懋春用系统论的方法将家庭看成是村庄经济生活与社会生活的基础。在谈到家庭成员间的关系时，杨懋春认为中国夫妻的关系模式不是固定的，是随着生命周期发生变化的。[③] 而孙庆忠则称，杨庆堃在其《共产主义革命时期的中国家庭》一书中，用结构功能主义的框架分析了中国社会制度的变迁、家庭经济结构及中国传统家庭制度的变化，指出家庭的变化是由多种不规则的力量引导，家庭功能的变化立基于其他制度的变化，而共产主义革命加快了家庭制度的变迁。[④] 在其书中，杨庆堃认为家庭制度的变化是从城市中上家庭扩展到底层，从城市中心扩展到农村。[⑤]

与上述学者家国同构的观点不同，弗里德曼试图通过对广东和福建的研究证明：在中国，国家与家族是并行的，并构造出从宗族组织看中国社会建构过程的理论模型，其研究最终以失败告终。[⑥] 但在其研究的影响下，20 世纪 80 年代后，一批学者来到中国继续对中国的家庭进行研究，研究方向朝着多样化发展。弗里德曼的学生 Bake 通过田野调查考察分析了儒教伦理、孝道与传统中国亲属体系。他指出，在中国，世代、年龄与性别是家庭结构、继嗣与宗族组织的基本法则，在这样的基本法则下，妇女是没有地位的，其存在只是为了家族繁衍和对家庭的劳动力贡献。因

① 费孝通：《江村经济：中国农民的生活》，商务印书馆 2005 年版，第 2 页。

② 李培林：《现代性与中国经验》，《社会》2008 年第 3 期。

③ 杨懋春：《一个中国村庄：山东台头》，张雄等译，江苏人民出版社 2001 年版，第 227—229 页。

④ 孙庆忠：《杨庆堃的社会学研究及对中国社会学发展的贡献》，《河北学刊》2012 年第 6 期。

⑤ 同上。

⑥ 王铭铭：《村落视野中的文化与权力：闽台三村五论》，生活·读书·新知三联书店 1997 年版，第 84—85 页。

此，中国的亲属体系是一个男性支配的亲属体系，只有男性才是家族和宗族的成员。

当大多数学者转向文化形式主义分析，从日常生活和社会过程中抽象规则时，沃尔夫却在女权运动的影响下，摒弃以往以男性为中心的亲属制度研究，而以妇女为中心，提出了其著名的“子宫家庭”概念，[①] 不仅重新勾勒了亲属制度的形态，也证明了亲属制度是个极度社会性别化了的领域。[②]

20 世纪 90 年代后，随着西方社会学和人类学理论的日趋成熟，中国家庭研究呈现多元化的发展趋势。阎云翔一改结构功能主义研究中只见结构不见人的研究传统，将家庭与亲属制度当作特定的政治经济环境中行动者社会再生产的实践对象。在他的研究中，国家不仅推动了私人化家庭的出现，也推动了私人生活的变革，平行的夫妻关系已经取代垂直的父子关系在家庭关系中的位置。[③] 麻国庆则通过家的继替来揭示中国社会的纵式结构，在动态中寻求家、分家、宗族、村落及社会组织和社会变迁的联系，以及它们与整体社会和大传统的关系。[④] 周大鸣指出，在变迁过程中，村落文化的发展是持续的、不可分割的。他认为，婚姻的稳定性和变异性与文化的传承和变迁是结合在一起的，核心家庭的增多是分家的结果，而“轮伙头”或其他抚养父母的方式将这些分散的核心家庭连接起来。[⑤]

对中国家庭进行制度研究的著作丰富而多样，在此仅选取了与研究主题相关且对中国家庭研究有重大影响的著述进行综述，大致得到以下结论。

在家庭性质上，中国家庭是一个事业经营群体及财产继承单位。家庭

---

① Wolf M., *Women and the Family in Rural Taiwan*, California: Stanford University Press, 1979, pp. 32 – 42.

② 贺萧、王政：《中国历史：社会性别分析的一个有用的范畴》，《社会科学》2008 年第 12 期。

③ ［美］阎云翔：《私人生活的变革：一个中国村庄里的爱情、家庭与亲密关系 1949—1999》，龚小夏译，上海书店出版社 2006 年版，第 261 页。

④ 麻国庆：《家与中国社会结构》，文物出版社 1999 年版，第 18 页。

⑤ 周大鸣：《凤凰村的变迁：〈华南的乡村生活〉追踪研究》，社会科学文献出版社 2006 年版，第 175—187 页。

发展的根本动因是家庭成员间的分工与合作。在家庭角色与内部关系上，中国传统意识形态是强调家族主义而压制个人的，个人存在的首要任务是传宗接代。夫妻关系是受到贬抑的，男女两性在家庭中是不平等的。在家庭关系与家族关系上，中国的家庭是一个由男性支配的亲属体系联系起来的继嗣单位，中国家系的传承是父系的，只有男性才是家族和宗族的成员。在家庭与社会的关系上，中国的社会结构是以家为基础一层层构建出来的。制度家庭的研究大多在于揭示家庭这一社会机构的奥秘，所以往往忽略人们的日常生活。

2. 生活家庭研究

在众多的研究中，有部分学者另辟蹊径于日常生活中去理解家庭。但这一类研究并不多见，主要包括沃尔夫对中国台湾家庭的研究，李银河对后村的研究，朱爱岚和李霞对华北农村的研究。

美国人类学者玛格丽特·沃尔夫根据其在中国台湾的调查指出，妇女婚后在夫家适应的策略是通过自己的情感连接在父系宗族制度框架下建立与经营自己的小家庭，她将这一家庭称为“子宫家庭”。[①] 朱爱岚在沃尔夫的基础上，更加关注已婚女性对自己小家庭的建立，她通过对山东三个村落的调查指出，妇女在与娘家的关系中具有很强的能动性，她没有像沃尔夫那样在亲属制度中对妇女的能动性进行讨论，而是将其置于国家正式制度与实践的层面进行讨论。[②] 日本学者植野弘子基于中国台湾南部汉族婚姻关系的调查，指出以往关于亲属制度的研究，均是以“单向性”和男性中心为前提，忽略了家庭中的其他关系。[③] 20 世纪 90 年代后，一批中国研究者也开始关注生活家庭。李银河及李霞就是其中的代表。李银河通过对后村女性的研究指出，通过女性的经营，姻亲关系可能会在某种情况下凸显出来。[④] 李霞以“娘家与婆家”作为一对分析框架，指出已婚妇

① Wolf M., *Women and the Family in Rural Taiwan*, California: Stanford University Press, 1979, pp. 32-42.

② ［加拿大］朱爱岚：《中国北方村落的社会性别与权力》，胡玉坤译，江苏人民出版社 2010 年版，第 188—202 页。

③ ［日］植野弘子、乔天碧：《妻子的父亲和母亲的兄弟——关于台湾汉人社会姻亲关系的分析》，《民间文化论坛》1995 年第 3 期。

④ 李银河：《后村的女人们》，内蒙古大学出版社 2009 年版，第 309—329 页。

女以此框架为线索，拓展与经营自己的小家庭，并指出即使在制度性的父系结构中，妇女也能在其中构建起自己的亲属关系网络。[①] 在这些研究中，家庭作为实践的主体，生活空间是家庭成员间情感、策略、行动与权力释放的场所，并与制度家庭相区别。

在家庭性质方面，生活家庭是一个生活单位，日常生活实践是其主要内容。家庭中的成员关系、日常事务及成员间的需求是家庭形态发展的重要因素。[②] 在家庭与家族的关系上，生活家庭与父系家庭在某种程度上是相对独立的，正是因为疏离了父系家庭才为生活家庭的建立提供了可能性。生活家庭是通过母子与夫妻间的情感连接建立。在家庭角色与内部关系上，亲子关系与夫妻关系同样被重视。夫妻关系更多地体现为生活合作，而亲子关系更多地体现为生养抚育，它是以情感基础而不是以制度性的权力和权威为核心的。妻子与母亲在生活家庭中是能动的主体，并非制度家庭中的受害者和被动的边缘群体。

（二）家庭社会学中的家庭权力研究

研究家庭权力首先遇到的问题无疑是“怎样界定家庭权力，怎样测量家庭权力，家庭权力的现状及解释”等问题。关于家庭权力的界定，前已述及，在此不再赘述。下文仅就家庭权力的测量、家庭权力的影响因素及理论解释进行回顾。因为国内研究者多将家庭权力作为表征家庭地位的重要指针，故现有对家庭权力的研究多与家庭地位、夫妻权力相联系，甚至等同，故下文综述时将家庭地位研究部分纳入其中。

1. 家庭权力的测量及结果

自 Blood 和 Wolfe 1960 年以家庭事务的决策权测量家庭权力以来，决策结果就成为测量家庭权力的有效方法并影响了后来的诸多研究。[③] 在此基础

---

① 李霞：《娘家与婆家：华北农村妇女的生活空间与后台权力》，社会科学文献出版社 2010 年版，第 8—10 页。

② 同上。

③ McDonald G. W. , “Decade Review: Family Power: The Assessment of a Decade of Theory and Research, 1970—1979”, *Journal of Marriage and Family*, Vol. 42, No. 4, 1980.

上，不少研究者提出家庭中重大事务的决策权才是家庭权力的体现；[①②③]也有研究者主张选取受访者客观认同的指标[④]，或受访者的主观认同[⑤⑥]、家庭重大事务、日常事务等多项指标进行分析[⑦⑧]，而左际平指出个人自主权更能反映夫妻家庭权力[⑨⑩]。下文就对这些测量指标做一简要介绍。

（1）“日常事务决定说”。该方法以“在家庭中谁更有实权、家庭中的经济支配权掌握在谁手中、家庭中的分工”等项目的决策结果进行测量。徐安琪、章黎明等通过此法测量上海夫妻家庭权力时发现，妇女在家庭中更有实权，因为她们在家庭“经常性”事务中出任主角。[⑪⑫]

（2）“重大家庭事务决策说”。有研究者认为，日常经济支配权并不能佐证妇女在家庭中的权力或地位，重大家庭事务的决定权才是家庭实权的象征。于是学者选取了“购买高档商品或大型生产工具、家中从事何种生产、投资或贷款、住房的选择或盖房”等重大事务作为对家庭权力的测量指标，并将此作为对家庭资源的控制和在家庭中权威地位的表征。[⑬] 重大事务表征得到众多学者认可，但在具体指标上，却有不同看法，如有学者认

① Hill, R., “Modern Systems Theory and the Family: A Confrontation”, *Social Science Information*, Vol. 10. No.5, 1971.

② 张永：《当代中国妇女家庭地位的现实与评估》，《妇女研究论丛》1994 年第 2 期。

③ Wayne, Hill, John, “Approach for Assessing Marital Decision - making Processes”, *Journal of Marriage and Family*, Vol. 44, No.4, 1982.

④ 伊庆春、蔡瑶玲：《台湾地区夫妻权力分析，以家庭决策为例》，载伊庆春、朱瑞玲主编《台湾社会现象的分析——家庭、人口、政策与阶层》，台北“中研院三民主义研究所”1989 年版，第 115—151 页。

⑤ 徐安琪：《中外妇女家庭地位的比较——中国城市家庭“阴盛阳衰”的深层剖析》，《社会》1992 年第 1 期。

⑥ 郑丹丹、杨善华：《夫妻关系“定势”与权力策略》，《社会学研究》2003 年第 4 期。

⑦ 沙吉才：《当代中国妇女家庭地位研究》，天津人民出版社 1995 年版，第 1—23 页。

⑧ 沈崇麟、杨善华主编：《当代中国城市家庭研究》，中国社会科学出版社 1995 年版，第 397 页。

⑨ 左际平：《从多元视角分析中国城市的夫妻不平等》，《妇女研究论丛》2002 年第 1 期。

⑩ 左际平：《从婚姻历程看中国传统社会中家庭男权的复杂性》，《妇女研究论丛》2012 年第 3 期。

⑪ 徐安琪：《中外妇女家庭地位的比较——中国城市家庭“阴盛阳衰”的深层剖析》，《社会》1992 年第 1 期。

⑫ 章黎明主编：《上海妇女社会地位调查》，中国妇女出版 1994 年版，第 141—147 页。

⑬ 陶春芳、蒋永萍主编：《中国妇女社会地位概观》，中国妇女出版社 1993 年版，第 196—223 页。

为劳动分工[①]、子女婚礼[②]、子女升学或就业、购买高档商品、是否要孩子、投资或贷款[③]等应包含在重大事务中。也有学者指出由于这一测量框架有着明显的男性控制假设在其中，所以得到的结果通常是妇女在家庭中权力和地位仍旧低下[④]。

（3）“受访者客观认同说”。有学者认为以往研究中的测量指标都是研究者事先主观选取，可能会与实际情形不相符。[⑤] 为此，她们以被访者选取的“家用支出分配”和“子女管教”这两项家庭中重要决策事项排序前两位的项目作为评估家庭权力及地位的指标，期望对家庭权力的多维性有所体现。陈玉华等指出，随着妇女人力资本的快速积累及其对家庭经济的直接或间接投入，妇女在家庭决策过程中的角色地位获得了提升，夫妻共同决策在中国台湾已成为多数家庭关系模式，并随着丈夫现代化角色的加强而更加广泛。[⑥]

（4）“多元指标综合说”。有学者认为任何单项指标都不能客观地测量家庭中的地位与权力，建议将家庭日常事务、重大事务和子女事务决定权、[⑦][⑧] 对子女前途（升学或择校/择业/择偶）的发言权、耐用消费品的购买、家庭经济管理和支配、生育决策以及自我意愿抉择权[⑨]等多元指标综合起来测量妇女家庭地位，以获得更准确的结果。

（5）“家庭实权说”。徐安琪、郑丹丹和杨善华等学者认为在夫妻权

---

① 金一虹：《父权的式微：江南农村现代化进程中的性别研究》，四川人民出版社 2000 年版，第 7—9 页。

② 陈玉华、伊庆春、吕玉瑕：《妇女家庭地位之研究：以家庭决策模式为例》，《台湾社会学刊》2000 年第 24 期。

③ 许传新、王平：《“学历社会”中的妇女家庭权利研究——以武汉为例试析学历对妇女家庭权利的影响》，《中华女子学院学报》2002 年第 1 期。

④ 徐安琪：《夫妻权力和妇女家庭地位的评价指标：反思与检讨》，《社会学研究》2005 年第 4 期。

⑤ 陈玉华、伊庆春、吕玉瑕：《妇女家庭地位之研究：以家庭决策模式为例》，《台湾社会学刊》2000 年第 24 期。

⑥ 伊庆春、陈玉华：《华人妇女家庭地位》，社会科学文献出版社 2006 年版，第 5 页。

⑦ 雷洁琼主编：《改革以来中国农村婚姻家庭的新变化》，北京大学出版社 1994 年版，第 107—122 页。

⑧ Walker A. J.，“Couples Watching Television：Gender，Power，and the Remote Control”，*Journal of Marriage and Family*，Vol. 58，No. 4，1996.

⑨ 沙吉才：《当代中国妇女家庭地位研究》，天津人民出版社 1995 年版，第 1—21 页。

力指标体系中纳入主观感知变量“谁拥有更多家庭实权”来描述和分析家庭权力现象更为有效，更具综合性优势，也更具可操作性。[①][②]

（6）“个人决策权”说。有学者认为应该将家庭决策权与个人自主权进行区分，因为个人自主权标志着个人独立意志和自由度的大小，准确反映了权力的内涵，[③] 故而提出个人自主权对衡量夫妻间的权力也许是一个更好的指标。这一提议在中国第二期、第三期的妇女社会地位调查中通过个人消费的自主权得到表现，但郑丹丹和杨善华认为个人事务决定权对家庭权力的评价其实影响并不大，[④] 但徐安琪的研究却支持了这一指标。[⑤]

（7）“多维测度法”。徐安琪在总结与反思以往研究的基础上，提出对妇女家庭地位的测量应该关注“个人在家庭生活各个方面的自主权”及“婚姻角色平等的主观满意度”。[⑥] 虽然她也觉得满意度作为一个指标是有缺陷和争议的，但她认为这更符合实际情况。所以她将资源概念加以扩展，将婚前的个人和家庭背景指标纳入解释模型，并引入“持家能力和贡献”的复合变量，构建了妇女家庭地位的指标体系及解释框架（见图2－2）。

（8）“中国妇女社会地位测度法”。自 1990 年以来，中国每 10 年进行一次涵盖法律、经济、教育、政治、健康、婚姻家庭、生活方式及性别观念与性别态度 8 项内容的中国妇女社会地位调查。该调查的旨趣为更深刻地揭示社会结构变迁对妇女整体和不同女性群体地位变化的实际影响，科学解释社会发展、经济发展与妇女发展、妇女地位的关系。这一调查主要由社会地位及家庭地位两部分指标进行测度，其关于家庭地位的指标几乎集成了前面所有研究的指标（见表 2－2）。之后的很多研究指标也多基于此，只是侧重点有所差异。

---

① 徐安琪：《家庭结构与代际关系研究——以上海为例的实证分析》，《江苏社会科学》2001 年第 3 期。

② 郑丹丹、杨善华：《夫妻关系“定势”与权力策略》，《社会学研究》2003 年第 4 期。

③ 左际平：《从多元视角分析中国城市的夫妻不平等》，《妇女研究论丛》2002 年第 1 期。

④ 郑丹丹、杨善华：《夫妻关系“定势”与权力策略》，《社会学研究》2003 年第 4 期。

⑤ 徐安琪：《夫妻权力模式与女性家庭地位满意度研究》，《浙江学刊》2004 年第 2 期。

⑥ 徐安琪：《夫妻权力和妇女家庭地位的评价指标：反思与检讨》，《社会学研究》2005 年第 4 期。

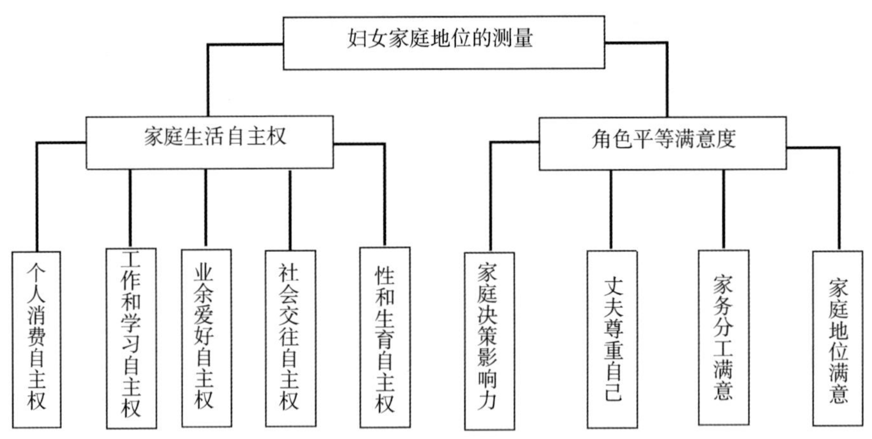

图 2－2　妇女家庭地位的多维测度

注：根据徐安琪（2005）“妇女家庭地位的指标体系及其解释框架”绘制。

表 2－2　2000 年中国妇女家庭地位调查问卷项目

研究内容	选项	来源
婚姻自主程度	初次婚姻谁决定	2000 年妇女社会地位调查指标
婚龄和生育行为	初婚年龄/生育年龄/孩子数（男、女）	
婚后居住模式	男家/女家/独立门户/其他	
家庭亲属网络	通常得到帮助情况（丈夫父母，妻子父母，丈夫方面的亲友、妻子方面的亲友，已婚儿子，已婚女儿）	
家庭事务的决定与参与	家庭日常开支、购买高档商品/大型农机具，是否要孩子，孩子的升学/就业，买房、盖房，从事什么生产，投资或贷款、家庭中谁更有实权	
家务劳动分工	做饭，洗碗，洗衣服，收拾屋子、做卫生，日常家庭采购，照料孩子，辅导孩子功课，买煤（换煤气、砍柴）等力气活，对家务分工的满意度	
有关家庭财产和其他事务的处理	住房登记，购买个人用高档商品的做主情况、资助自己父母做主情况，外出学习或打工做主情况，不同教育程度存款登记情况	
夫妻交流中的主观感受	女性在夫妻对话时的感受	

通过对不同家庭权力和家庭地位测量指标的总结，可知无论是研究者主观选择的指标，还是被研究者客观认同而作出的选择，对于家庭权力的测量在学界已基本达成共识。家庭事务的参与与决策、家庭中的劳动分工、妇女的自主性等是研究者较为认同的内容，也是经过诸多实证研究论证的有效评价指标。

2. 家庭权力影响因素及解释

自 Blood 和 Wolfe 运用底特律的调查数据研究家庭权力以来，其分析一直被其他的研究者不断地复制与验证。他们指出，夫妻间的权力大小主要受夫妻双方所拥有相对资源所影响，配偶中具有教育、职业和金钱收入等主要资源优势的一方将拥有家庭中更多的决策权。[①] 他们的结论引导了后来的研究者不断进行研究，并形成两种不同的结论。一些研究者认为，妇女的家外劳动参与对于其家庭权力与地位有较大影响。女性就业带来女性在经济上的独立以及两性分工方式的改变，会使家庭中的权力关系变得更为平等，[②③] 尤其是在妇女对家庭有实质贡献而丈夫也较依赖妇女所提供的这一资源时，则妇女对家庭决策有重要的影响，家庭中越来越多的事宜会由夫妻双方共同决定，甚至是由妻子全权决定。来自家务分工的研究也从另一个侧面支持了该结论。研究者同样发现随着女性收入增加，其家务工作就会减少。[④⑤] 这些研究经过系统化最后发展成为解释家庭权力的主要理论之一——资源理论，并指导了后来的诸多研究。

但部分研究者在亚洲以及其他发展中国家的研究指出，妇女的就业不见得会提升妇女在家庭中的地位。因为大部分妇女所从事的是地位及收入都较低的职业，其在劳动市场中的经济附属地位并没有改变，所以妇女家

---

① ［美］埃什尔曼：《家庭导论》，潘允康等译，中国社会科学出版社 1991 年版，第 448—449 页。

② Lim L. Y.，"Women's Work in Export Factories：The Politics of a Cause"，in Tinker eds.，*Persistent Inequalities：Women and World Development*，New York：Oxford University Press，1990，pp. 101 – 119.

③ 徐安琪、刘汶蓉：《家务分配及其公平性——上海市的经验研究》，《中国人口科学》2003 年第 3 期。

④ Pinto K. M.，Coltrane S.，"Divisions of Labor in Mexican Origin and Anglo Families：Structure and Culture"，*Sex Roles*，Vol. 60，No. 7，2009.

⑤ 徐安琪、刘汶蓉：《家务分配及其公平性——上海市的经验研究》，《中国人口科学》2003 年第 3 期。

庭地位无法提升[①]，即使其成为养家者，通常也会由于家务工作仍属于女性或是男性出于自尊考虑，通过酗酒、家暴及其所带来的一系列后果，使女性家庭权力低下。Treas 和 Ruijter 发现即使妻子收入增加也不会增加男性的家务参与。[②] 在受教育程度方面，Greenhalgh 对中国台湾妇女的研究表明，虽然接受高等教育与从事有薪稳定工作的比例已经大幅增加，但受限于家庭中传统性别角色分工的规范，妇女的家庭地位并未获得明显提升。[③] 1967 年，罗德曼在跨文化研究中发现，在美国与法国，丈夫在婚姻中的权力与其教育程度、职业地位和收入呈正相关，但在南斯拉夫和希腊等地则情形相反。[④] 对此，罗德曼认为，在夫妻平等观念已经占主导地位的国家，社会地位高的丈夫往往在婚姻权力中也占有优势；而在发展中国家，由于父权制规范占统治地位，丈夫的家庭权力与教育程度、收入成负相关就不足为奇了。罗德曼在此基础上提出的文化规范理论指出，在发展中国家，夫妻的权力关系受其所处的社会文化背景的影响。[⑤] 在西方发达国家和地区，资源理论有较强的解释力，但在发展中国家和地区更多受到社会文化环境的影响。Fuwa 也有相似的观点，认为在性别较不平等的国家和地区中，妻子在家中的地位并不会随着本身社会经济地位等资源的改变而变化。[⑥] 而 Diefenbach 则发现夫妻的相对资源对夫妻权力的影响在转型社会中要远大于传统社会或已经步入男女平等化的社会。[⑦]

---

① Kung L.，"Factory Work and Women in Taiwan：Changes in Self – Images and Status"，*Journel of Women in Culture and Society*，Vol. 2，No. 1，1976.

② Ruijter T. E. D.，"Earnings and Expenditures on Household Services in Married and Cohabiting Unions"，*Journal of Marriage and Family*，Vol. 70，No. 3，2008.

③ Greenhalgh S.，"Sexual Stratification：the Other Side of 'Growth with Equity' in East Asia"，*Population and Development Review*，Vol. 11，No. 2，1985.

④ Rodman H.，"Marital Power in France，Greece，Yugoslavia，and the United States：A Cross – National Discussion"，*Journal of Marriage and the Family*，Vol. 29，No. 2，1967.

⑤ Rodman H.，"Marital Power and the Theory of Resources in Cultural Context"，*Journal of Comparative Family Studies*，Vol. 3，No. 1，1972.

⑥ Fuwa M.，"Macro – level Gender Inequality and the Division of Household Labor in 22 Countries"，*American Sociological Review*，Vol. 69，No. 6，2004.

⑦ Diefenbach H.，"Gender Ideologies，Relative Resources，and the Division of Housework in Intimate Relationships：A Test of Hyman Rodman's Theory of Resources in Cultural Context"，*International Journal of Comparative Sociology*，Vol. 43，No. 1，2002.

通过回顾，在家庭权力的研究中仍有几个问题值得关注。

（1）家庭权力研究缺乏对过程的研究。回顾国内外近 30 年的研究发现，“最后发言权”或“最后谁来决定家庭事务”仍是考察夫妻权力的主要方式，这种以静态的结果反映丰富鲜活家庭生活的研究，缺乏对家庭中成员互动的关注。

（2）研究方法的适用性遭到质疑。在当前的研究中，研究者多利用普查及抽样调查数据进行统计研究，就数论数，见数不见人，不但存在宏观与微观相脱离的倾向，而且研究者通常认为自己处在一个客观的立场上，无视现实中个体的实践经验，而将自己的建构当作客观的事实，没有将个体行动者作为主体来研究，这种模式难免存在社会与个体相脱离的问题。

（3）对家庭权力这一概念的运用缺乏反思。在以往的研究中多以决策权及决策结果代替家庭权力的多维性，无法展示家庭权力作为一个多维概念的丰富内涵，在界定谁是家庭成员标准上也过分简化，以夫妻之间的权力代替家庭权力，忽略了家庭中的其他成员。

（三）中国妇女研究

无论在中国还是在西方学界，中国妇女研究已经成为一个重要的领域。但由于其研究过于庞杂，往往易让研究者无处入手。本书认为妇女发展的历史是了解妇女现状的关键，以往研究的内容则可作为本书的参照，故下文将从研究历史与研究内容两方面进行综述。

1. *研究历史*

学者对中国妇女的关注较早可追溯至 19 世纪的传教士与民族学家，他们基于自身的文化理解，将中国妇女描述成一个受尽压迫的牺牲品群体，三从四德是她们受压迫的根源。20 世纪三四十年代，研究中国底层妇女成为西方进步主义者的爱好，这一时期涌现了一批描写底层妇女生活的著作，像 Pruitt《汉族女儿：一个中国劳动妇女的自传》就是这一时期的代表作品，但缺乏系统性及理论指导。[①] 这一时期的作品还倾向于将妇

① Cressey P. F. “Daughter of Han: The Autobiography of a Chinese Working Woman”, *American Sociological Review*, Vol. 11, No. 6, 1946.

女与中国的传统文化相联系，并成为后来中国民主主义者审视中国妇女状况及判断文化取舍的依据。70 年代，在西方女权主义运动的影响下，中国妇女研究备受关注。对中国妇女的研究不仅在视野上有了扩展，在研究内容上也变得多样化，劳工、父权家庭、教育、妇女参政及妇女受压迫的现象都是这一时期所关注的内容。虽然难逃早期传教士的影响，这一阶段依然把中国妇女看成是弱势与被压迫的群体，但在分析中逐渐把眼光从中国传统文化转向了父权制。其中，Wolf 和 Wikte 独辟蹊径编写了《妇女在中国社会》一书，希望能客观地展示中国妇女社会生活的真实画卷，以让政治与学术分家，让研究者能进行真正的学术探讨。① “文化大革命”后，由于受西方左翼思潮影响，西方大多数女性主义学者对中国妇女研究失去兴趣，中国本土研究者开始崛起。同时在那一时期，由于在研究区域上对国外学者的控制，大多的研究很难在农村地区进行。

80 年代后，学者将目光从妇女发展的历史创造性转向对两性的历史建构与表达。这一时期，琼·斯科特的《性别：历史分析的一个有效范畴》一文发表，将社会性别作为一个分析视角引入研究中，带来了女性研究的变革。而随着 90 年代初期，第四届世界妇女大会在中国召开，中国的妇女研究进展突飞猛进。黑人女性主义学者对西方白人、西方中心主义的批评，引起了西方学者对民族、区域、人种及“普遍论”下所掩盖的不平等权力关系的关注。女性主义学者形成“对社会性别的考察必须将其置于具体的阶层、种族、族群、国家、文化和历史中进行，社会性别的变化是在同这一系列不同的范畴交叉并相互作用而发生的”共识，并开始在历史中寻找女性的能动性。同时，研究对象进一步扩展，不仅有对农村妇女、城市女工的研究，也有对明清的妇女、女共产党员等的关注。在研究内容上，也从早期对妇女的受压迫的关注向妇女能动作用、中国社会性别的内涵、社会性别与性文化及妇女解放斗争等多元话题转变。这一阶段研究者开始关注华南以外的农村，但对西南的研究仍然很少。

2. 研究内容

将妇女纳入亲属关系与亲属制度研究，并不是早期人类学研究者想要

---

① Wolf M.，“Women and Suicide in China”，in Margery Wolf and Witke Roxane eds.，*Women in Chinese Society*”，C. A.：Stanford University Press，1975，pp. 111 - 141.

研究的内容。他们只是在关注父系亲属组织及已婚男性的亲属关系时将妇女与其丈夫归于同一亲属体系之中，在这样的体系中，妇女在父权制度的安排下处于父系亲属关系的边缘，在整个社会亲属制度中居于从属地位。虽然他们也将婚姻家庭作为理解中国社会的钥匙，认为只有了解了两性的地位与作用的差异才能懂得中国社会血缘关系的结构，也才能了解中国社会。但因为在这类的研究中，大多研究者是男性，以己为“己身”，妇女不是关注对象，因而存在着某种妇女偏见。

在亲属制度与文化研究中凸显了妇女的能动性，一改以往被动受害者形象，是女权运动对妇女研究的影响。对亲属制度的书写将女性置于主体地位，将女性作为一个能动的主体是美国人类学者玛格丽特·沃尔夫及其他研究者的主要研究取向。她在中国台湾的调查指出，妇女并非之前很多男性作者所书写的那样，是一个被动的主体，她将妇女看成能动的个体，指出在汉人社会中，妇女通过自己的情感连接在父系的宗族制度框架下建立与经营自己的小家庭。[①] 朱爱岚在沃尔夫的基础上，更加关注已婚女性与娘家之间的关系，他通过对山东三个村落的调查指出，妇女在与娘家的关系中具有很强的能动性。[②] 日本学者植野弘子基于中国台湾南部汉族婚姻关系的调查，指出以往关于亲属制度的研究，均是以“单向性”和男性中心为前提，忽略了家庭中的其他关系。通过这些作者的勾勒，亲属制度的社会性别化特征为大家所认可。[③]

在高彦颐的研究中，她通过对明末中国妇女文化的研究指出，并不存在一个固定不变的“传统”，中国社会性别和等级制度的活力有赖于这个制度中存在的让人获得满足的生活机会。[④] 在其著作中，作者有力地证明了中国妇女是受害者的概念不过是现代人为了某种需要而建构的，并力图改变西方社会对第三世界女性受害者的刻板印象。曼索恩的作品则通过对

---

① ［美］沃尔夫：《当代中国的婚姻、家庭与国家》，载马春华主编《家庭与性别评论（第四辑）》，社会科学文献出版社 2013 年版，第 210—232 页。

② ［加拿大］朱爱岚：《中国北方村落的社会性别与权力》，胡玉坤译，江苏人民出版社 2010 年版，第 174—177 页。

③ ［日］植野弘子、乔天碧：《妻子的父亲和母亲的兄弟——关于台湾汉人社会姻亲关系的分析》，《民间文化论坛》1995 年第 3 期。

④ ［美］高彦颐：《闺塾师：明末清初江南的才女文化》，李志生译，江苏人民出版社 2005 年版，第 1—30 页。

清代长江下游地区的社会性别关系研究，更进一步地说明社会性别关系同那个时期的经济、政治、社会和文化的变迁密切相关。① 曼索恩与高彦颐一样，想要通过研究展现中国妇女多样的生活及其能动作用。

对社会性别文化及内涵的研究成为20世纪90年代研究的主要内容。在西方白人中心主义与女性主义的本质主义受到质疑后，为突破本质主义的藩篱，罗丽莎、伊丽莎白·克罗、贺萧和王政等人分别通过对不同群体与话语的研究展示了社会性别同其他范畴的关系。罗丽莎以不同时代的女工为对象考察了社会性别的变化，并指出“解放”对不同年龄的女工有不同的含义，在不同时期社会性别政治与国家关系密切，而不同妇女之间的差异的形成因素也是复杂的。② 但由于作者深受女性主义思想的影响，其在文中只是简单片面地将妇女解放定义为参加社会生产。而在贺萧与伊丽莎白的研究中，则特别关注了国家话语与妇女的主体关系。③ 艾华通过对新中国不同阶段性文化话语的研究剖析了社会性别是如何、由哪些群体、基于何种利益进行界定与构造的。通过研究，她发现“文化大革命”前，中国对性行为的规范是通过诉诸科学权威来实现的，妇女的社会性别与她们的生育功能密切相关，而这一现象在“文化大革命”后得到了延续，妇女的性行为被当作性和道德秩序的支点。④

妇女解放一直是女性研究经久的话题，中华人民共和国成立后，一部包含了4000多位女作者索引的《历代妇女著作考》出版，这一索引启发了上文提到的许多英美学者的研究工作。但毛泽东时代所倡导的阶级分析范畴，已经让“五四”以来男性精英所提出的“妇女问题”难以为继。所以，这一时期所涌现的文学艺术作品虽不少见，却很少有关于妇女的真

① ［美］曼索恩：《缀珍录——十八世纪及其前后的中国妇女》，定宜庄、颜宜葳译，江苏人民出版社2005年版，第226—257页。

② ［美］罗丽莎：《另类的现代性——改革开放时代中国性别化的渴望》，黄新译，江苏人民出版社2006年版，第21页。

③ 王政：《国外学者对中国妇女和社会性别研究的现状》，《山西师大学报》（社会科学版）1997第4期。

④ ［英］艾华：《中国的女性与性相：1949年以来的性别话语》，施施译，江苏人民出版社2008年版，第1—52页。

正学术研究。[①] 以全国妇联编撰中国妇女运动史为开端，在全国范围推广了妇女研究中历史研究方向的合法性。在这样的历史背景下，许多女性加入了这一与全国妇联的研究计划并无直接关系的话语抗争中，上千篇有关中国近代妇女史的文章得以发表。20 世纪 80 年代后，随着西方女性主义思潮的传入，早年间的研究课题被重拾，研究领域得到扩展，这一时期的研究包含家庭、婚姻、妇女的经济角色、妇女教育及妇女参政等诸多方面。郑州大学学者李小双在全国性的妇女研究会上，首次提出了“有性人”的观点，使得“妇女”成为一个合理的学术研究对象出现，人们也从早期的对妇女问题及现象进行描述开始转向对妇女发展的思考。男女不平等的根源与实质被关注，妇女解放的标志以及妇女解放的途径成了这一时期有关妇女研究的焦点。而一些研究者在对中国妇女运动及妇女发展史料研究基础上对于中国妇女运动的研究则指出，随着时代的变化，妇女运动有着更深刻的内涵。[②] 王政则进一步论述女性主义给予了中国妇女进入男性领域的力量，并成为 20 世纪中国社会景观的重要组成部分。[③]

关于解放的话题自然会涉及妇女不平等根源的探讨，在研究者看来，不平等根源主要有四种。一是私有制根源论，持这种观点的学者认为，妇女受压迫地位是随着生产资料私有制的产生而产生，它是一定历史条件下的产物。[④] 该理论坚信男性从工作中获得权力，女性从家庭中获得权力。[⑤] 二是生产力根源论。该观点认为男女的不平等是生产力造成的。最初是生产力的发展造成，最后又是生产力不够发展形成。[⑥] 三是本质主义论。以后现代女性主义理论家弗雷泽为代表的研究者认为，过去研究者由于不太

---

① 贺萧、王政：《中国历史：社会性别分析的一个有用的范畴》，《社会科学》2008 年第 12 期。

② 杜芳琴：《一部应时而生、独具特色的百年运动史力作——〈20 世纪中国妇女运动史〉述评》，《妇女研究论丛》2013 年第6 期。

③ 王政：《国外学者对中国妇女和社会性别研究的现状》，《山西师大学报》（社会科学版）1997 年第 4 期。

④ 南波：《马克思主义妇女解放理论的几个基本观点》，《中国妇女报》1990 年 8 月 17 日。

⑤ ［美］凯瑟琳·A. 麦金龙：《对马克思和恩格斯的女性主义评论》，载［美］佩吉、麦克拉肯主编，艾晓明、柯倩婷副主编《女权主义理论读本》，广西师范大学出版社 2007 年版，第 4—6 页。

⑥ 郑祖泉：《社会主义本质与妇女解放》，《道德与文明》1995 年第 4 期。

关注历史和文化的多样性，错误地把理论家自身所处的时代、社会、文化、阶级、性倾向、民族或种族群体的特征普遍化。[①] 这些研究在解释男女不平等起源时是本质主义的。当他们只用某一类特征来解释女性在所有文化中所受的压制时通常是本质主义的单因论。[②] 她主张在探究男女不平等起源时，要关注文化的、历史的和社会的原因。[③] 四是文化根源论。以盖尔·卢宾为代表的女性主义者认为，是社会中的性别文化及性别制度造成了对妇女的歧视和压迫，因此，应该从女人的交易中而不是商品的交易中寻找女性受压迫的原因。中国学者李银河认为，男女不平等的起源既不是跨越时间的，也不是跨越空间的，它应当是历史的、具体的、有文化特色的。[④]

妇女研究经过多年发展，已经不再满足于对现象的描述。意义的探究将妇女和社会性别置于特定的社会、文化、政治、经济中进行考察，在中国早已成为一个热门话题，研究内容纷繁复杂，但总结起来还存在以下问题：

（1）缺乏社会性别的批判视角。由于缺乏社会性别的批判视角，女性主义所研究的仅仅是女性群体和性别问题，如妇女地位、妇女权益保护等。这类研究主要反映了西方社会的现状和价值观，对于分析中国妇女的地位意义不大，而性别分析方法作为一种方法，只是其他方法的一个补充视角，[⑤] 并不是研究日常生活世界和考察社会运行与权力关系的一个知识变量和方法，可能产生只见社会不见性别的问题。在实际研究中忽略中国转型社会复杂的情境，以性别关系掩盖与代替一切关系与社会变量，则从最初“看不见性别”演变为“看不见社会”的视角偏狭与缺位。[⑥]

---

① ［美］凯瑟琳·A. 麦金龙：《对马克思和恩格斯的女性主义评论》，载［美］佩吉、麦克拉肯主编，艾晓明、柯倩婷副主编《女权主义理论读本》，广西师范大学出版社 2007 年版，第 26—28 页。

② ［美］弗雷泽等：《非哲学的社会批判》，载李银河等编《妇女：最漫长的革命》，中国妇女出版社 2007 年版，第 117 页。

③ 同上书，第 99—119 页。

④ 李银河主编：《妇女：最漫长的革命》，中国妇女出版社 2007 年版，第 1—20 页。

⑤ 吴小英：《方法论的女性主义及其对中国本土研究的启示》，载吴小英《回归日常生活：女性主义方法论与本土议题》，内蒙古大学出版社 2011 年版，第 115—116 页。

⑥ 同上书，第 119 页。

（2）缺乏对西南少数民族妇女的研究。无论是早期的研究还是中华人民共和国成立以后，大多对妇女的研究都偏爱华南地区及汉族女性，对少数民族女性的研究缺乏。在宝森看来，汉人社会的社会性别是有别于少数民族的，对不同地区与民族的研究对于确认男女平等的地方化因素是有帮助的。[①]

（3）缺乏对中国两性平等观念与事实的审视。中国妇女问题的研究是在社会大变革的宏观背景下展开的，带有较强的实用性与现实性，运用性强，所以缺乏对中国特色的两性平等理论的审视。

（四）旅游中的性别与家庭研究

旅游涉及不同文化、亚文化之间的接触以及人们的社会关系和社会行为，[②] 在不同的时间与情景下，其结构、表现与消费是以性别来分类的。社会性别作为一个实践及信念系统，其生产、维持和更新反映了社会里一套复杂的实践安排并共享一套理解方式。[③] 所以，社会性别是嵌入个人、互动及制度中的一种社会维度。[④] 女性与男性根据在旅游中不同的参与和体验，被分为消费者与生产者。[⑤] 女性是旅游产品与体验的重要消费者与生产者，但早期旅游研究与其他相关学科领域相比的性别盲视与性别框架缺乏的程度是令人惊讶的。旅游与性别的关系到了 20 世纪 90 年代中期才得到关注，但它们之间的关系在 Geoff 和 Norris 看来还尚未建立[⑥]，以致 Cristina 等认为旅游性别研究的未来要么停滞，要么发展。[⑦] Kinnaird 和 Hall 富有见地地指出，“除非我们理解旅游中性别的复杂性和他们所卷入

---

① ［加拿大］宝森：《中国妇女与农村发展：云南禄村六十年的变迁》，胡宝坤译，江苏人民出版社 2005 年版，第 11 页。

② 孙九霞、马涛：《旅游对目的地社会文化影响研究新进展与框架》，《求索》2009 年第6 期。

③ Matt Grimes, “Investigating Gender: Developing a Feminist Sociological Imagination”, *Gender and Education*, Vol. 24, No. 6, 2012.

④ Risman. B. J. “Gender as a Social Structure Theory Wrestling with Activism”, *Gender & Society*, Vol. 18, No. 4, 2004.

⑤ Swain, M. B., “Gender in Tourism”, *Annals of Tourism Research*, Vol. 22, No. 2, 1995.

⑥ ［加］Geoff wall, Joanne Norris：《性别与旅游》，载［澳］克里斯·库珀主编《旅游研究经典评论》，钟林生、谢婷译，南开大学出版社 2006 年版，第 279—312 页。

⑦ Cristina Figueroa - Domecq, Annette Pritchard, Mónica Segovia - Pérez, Nigel Morgan, Teresa Villacé - Molinero, “Tourism Gender Research: A Critical Accounting”, *Annals of Tourism Research*, No. 52, 2015.

的权力关系，不然我们就无法认识旅游过程中出现的新的权力关系及其结构”[①]。从全球旅游运营商的价值和活动到个人参与旅游的体验与经历，都受到我们具体对社会性别结构的理解的影响，“旅游与性别高度相关”。

既然它们之间的潜在关联很大且影响深远，本书将重点关注两者汇聚的焦点，拟从女性作为旅游从业者及旅游对家庭的影响两个角度来进行相关回顾与评述。

1. 旅游与性别

旅游与性别的研究关联性仍未建立。在20世纪70年代，Boserup在对比研究了亚洲、非洲和拉丁美洲的妇女后，第一个提出了第三世界的发展中国家妇女不受重视的观点，所以发展是有性别特指的，这是一项对男人有益的事。但她本人并未对发展过程本身进行评述，也没有对妇女从属地位进行女性主义分析。作为一个开创性的研究，她的确引导了后来的研究者及世界银行对“妇女参与发展”的关注，这些研究者与机构试图通过项目将妇女纳入发展过程中，并希望通过这种参与，妇女能进入正式的（公众）经济中。但因为这些观点带有明显的自由主义色彩而缺乏阶级分析，所以随之而来的结果是妇女已经参与到发展过程但是她们的作用还没有显现出来。故马克思主义者指出：“经济的现代化忽视了第三世界的妇女。”但这种不平等是社会阶级的不平等与资本主义在全世界范围内发展的不均衡与不平等所造成的。对于两性来说，不是所有男人都从技术革新中获益，也并非所有女性同样地受到了技术及其他变化的影响。在此，马克思主义者将男性的受压迫与女性的受压迫视为等同，忽视了男性对女性的压迫。激进的女性主义者为了打破这种忽视，将人际关系当作政治问题来处理。他们将对家庭内部的生活和男女关系的关注作为对马克思主义及自由主义的回应，他们关注“家长制”的普遍性，但又经常忘记了性别及其他形式的社会压迫之间的关系。社会主义的女性主义者用政治经济来分析性别与阶级，并结合发展中的性别理论提供了大量的文献来阐述妇女的不可见性。

为了回应其他学科的发展，Vivian和Hall等通过对旅游的重新界定，

---

① Kinnaird V., Hall D., Tourism: Gender Perspective, in Kinnaird V., Hall D. eds., *Tourism: A Gender Analysis*, Chichester: John Wiley, 1994, pp. 1 - 34.

认为旅游是通过性别关系在社会性别秩序中被建构的，而旅游中的权力、控制和公平的议题是以种族、阶级和社会性别关系被相互连贯的。[①] Kinnaird 等则在此基础上思考旅游中社会性别关系是如何被建构的，又是怎样随着时间变化的，[②] 以及研究者是如何呈现这些不平等并控制议题的[③]。他们试图通过这些问题的解答来建立理解旅游与社会性别的概念框架。Swain 认为由于研究者缺乏对社会性别的界定，导致了对怎样将社会性别的维度作为身份和社会关系插入到他们的框架中的理解的缺乏[④]。Geoff 和 Norris 也认为该框架还是没有建立完善，但该框架中提出的“旅游活动和过程的建立来自社会性别，社会性别关系不但反映所有社会的行为，同时也受社会行为的影响”的观点却是重要的。[⑤] 在此基础上，旅游研究将其注意力扩展到了更宽广的视野，如旅游政策制定中的性别盲视，两性在旅游中的就业、女性的旅游参与带来的变化等。[⑥][⑦] 但发展不是一个中性的、良性的过程，而是发生在一个全球再建构并以性别不平等作为基础组成部分的语境中的，不同形式的利益分配，涉及旅游目的地更多的不平等[⑧]，妇女也不仅仅是环境的被动承受者而是变化的动因[⑨]。所有这些激发了研究者去研究妇女如何自我认知及如何应对机遇，也迫使人们去认知妇女有

---

① Kinnaird V. , Derek Hall D. , Tourism: Gender Perspective, in Kinnaird V. , Hal D. eds. *Tourism: A Gender Analysis*, Chichester: John Wiley, 1994, pp. 1 – 34.

② Kinnaird V. Hall D. , "Understanding Tourism Processes: A Gender – aware Framework", *Tourism Management*, Vol. 17, No. 2, 1996.

③ Cohen E. , "Toward a Sociology of International Tourism", *Social Research*, Vol. 39, No. 1, 1972.

④ Swain M. B. , "Gender in Tourism", *Annals of Tourism Research*, Vol. 22, No. 2, 1995.

⑤ ［加拿大］Geoff wall, Joanne Norris:《性别与旅游》，载［澳］克里斯·库珀主编《旅游研究经典评论》，钟林生、谢婷译，南开大学出版社 2006 年版，第 279—312 页。

⑥ Harvey M. J. , Hunt J. , Harrisc C. , "Gender and Community Tourism Dependence Level", *Annals of Tourism Research*, Vol. 22, No. 2, 1995.

⑦ Lin Y. , "The Incidence of Sexual Harassment of Students While Undergoing Practicum Training Experience in the Taiwanese Hospitality Industry—individuals Reactions and Relationships to Perpetrators", *Tourism Management*, Vol. 27, No. 1, 2006.

⑧ Mowforth M. , Munt I. , *Tourism and Sustainability New Tourism in the Third World*, London: Routledge Press, 1998, pp. 238 – 251.

⑨ Heyzer N. , "Daughters in Industry: Work, Skills and Consciousness of Women Workers in Asia", *Journal of Comparative Neurology*, Vol. 228, No. 1, 1984.

限的行为抉择。[①][②] 性别和旅游之间的关系还没有一个广泛的、系统的研究，但是两者的关联不可否认。[③]

2. 旅游与两性就业

在旅游中，旅游工作是有性别特征的。女性主义研究已经清楚地分割了女性与男性在旅游中的工作，并指出在父权制的影响下，雇主和男性劳动者对于哪些是男性的职业、哪些是女性的职业将形成一定的期许和共识，有意无意地反对女性进入男性的职业，而那些进入女性化职业的男性往往被视为“异类”。[④] 所以，大多的女性从事的工作与季节性、兼职及低收入有关，像零售、酒店、打扫等，从国家到个人家庭和社区的大部分工作被女性接纳。[⑤][⑥] 世界旅游组织在其报告中也曾提到，“女性在旅游行业劳动力中占重要比重，女性加入旅游业成功的概率几乎是从事其他行业的两倍”。最近，女权主义者研究了社会再生产是如何通过全球生产重组被“私有化”的，而在发展中国家，这意味着更多的负担不可避免地回落到妇女和女孩身上。所以 Shirin Rai 认为，阶级和社会性别在市场中是两个基础的、不平等的权力关系。[⑦] 在旅游中，全球酒店在核心员工基础上运作，雇用由年轻人或女性组成的“临时工”进行操作以应对就业季节性变化，这种权力关系透过社会性别的镜头更

---

① Hess B. B., Ferree M. M., *Analyzing Gender: A Handbook of Social Science Research*, Newbury Park: Sage, 1987, p. 14.

② Neil, Carr, “A Study of Gender Differences: Young Tourism Behavior in a UK Coastal Resort” *Tourism Management*, Vol. 20, No. 2, 1999.

③ Ferguson L., “Analysing the Gender Dimensions of Tourism as a Development Strategy”, *Policy Papers del Instituto Complutense de Estudios Internacionales* 09 – 03, *Universidad Complutense de Madrid*, *Instituto Complutense de Estudios Internacionales*, Vol. 53, No. 3, 2009.

④ 童梅：《社会网络与女性职业性别隔离》，《社会学研究》2012 年第 4 期。

⑤ Leontidou, L., Gender Dimensions of Tourism in Greece: Employment, Subcultures and Restructuring, In Kinnaird V., Hall D., *Tourism: A Gender Analysis*, Chichester: John Wiley, 1994, pp. 74 – 104.

⑥ Maria L., Domenico D. & Miller G., “Farming and Tourism Enterprise: Experiential Authenticity in the Diversification of Independent Small – scale Family Farming”, *Tourism Management*, Vol. 33, No. 2, 2012.

⑦ Rai, Shirin M., “Gendering Global Governance”, *International Feminist Journal of Politics*, Vol. 6, No. 4, 2004.

加清晰地显现出来。[①]

两性在旅游中的就业机会也有差异。史密斯指出，旅游发展影响了当地性别角色的发展，为当地的男性和女性带来了新的角色机遇。[②] 而这种角色机遇在 Janice 及 Cater 看来，对两性是不同的。[③④] 男性乡村意识较浓，会以农业作为其最主要的职业身份，而女性在旅游开发方面会表现较为积极，[⑤] 旅游使两性对自我职业身份和对传统农业的认知产生了变化。因为既可以兼顾到家务和农事，又可以取得收入，旅游业颇受女性欢迎，女性对旅游业比男性表现出更强烈的动机。[⑥] 在巴厘岛，妇女在非正式的小型旅游服务业中有较多的机会，而在墨西哥和菲律宾的旅游胜地，一些传统的女性岗位（餐馆服务员、洗衣店员工等），逐渐成为男性的领地。[⑦] Janice 有关委内瑞拉购物旅游的发展对当地男人和女人工作机会的影响的研究也在某些方面证实了机遇对于两性的差异性。[⑧] 当地旅游的发展使长期形成的男人外出打工的迁移模式发生了改变[⑨]，但由于女性素质较低，旅游业的发展会给男人提供更多的就业机会[⑩]。

---

① Ferguson L.，"Analysing the Gender Dimensions of Tourism as a Development Strategy"，*Policy Papers del Instituto Complutense de Estudios Internacionales* 09 – 03，*Universidad Complutense de Madrid*，*Instituto Complutense de Estudios Internacionales*，Vol. 53，No. 3，2009.

② 玛格丽特・B. 斯温：《土著旅游业中的性别角色：库拉莫拉・库拉亚拉的旅游业和文化生存》，载瓦伦・L. 史密斯《东道主与游客：旅游人类学研究》，张晓萍、何昌邑译，云南大学出版社 2002 年版，第 90—113 页。

③ Monk J.，Alexander C. S.，"Free Port Fallout. Gender，Employment，and Migration on Margarita Island"，*Annals of Tourism Research*，Vol. 13，No. 3，1986.

④ Erlet Cater，"Gender Tourism and Work Book Reviews"，*Tourism Management*，Vol. 19，No. 5，1998.

⑤ Petrzelka P.，Bell M.，"Rationality and Solidarities：The Social Organization of Common Property Resources in the Imdrhas Valley of Morocco"，*Human Organization*，Vol. 59，No. 3，2000.

⑥ M. Domenico & G. Miller，"Farming and Tourism Enterprise：Experiential authenti – city in the Diversification of Independent Small – scale Family Farming"，*Tourism Management*，Vol. 33，No. 2，2012.

⑦ Erlet Cater，"Gender Tourism and Work Book Reviews"，*Tourism Management*，Vol. 19，No. 5，1998.

⑧ Janice M.，"Charles S. Alexander，Free Port Fallout：Gender，Employment，and Migration on Margarita Island"，*Annals of Tourism Research*，Vol. 13，No. 3，1986.

⑨ Lever A.，"Spanish Tourism Migrants：the Case of Lloret de Mar"，*Annals of Tourism Research*，Vol. 4，No. 4，1987.

⑩ Chant，Sylvia，"Gender and Tourism Employment in Mexico and the Phillipines"，in Sinclair eds.，*Gender*，*Work and Tourism*，London：Routledge，1997，pp. 120 – 150.

两性在旅游中所面临的障碍也不同。巴巴多斯岛女性比男性有着更多的障碍与限制，她们更依赖于家庭外部网络与资源的支持，若政府和旅游业界能在工作时间、技能培训方面出台相关政策支持女性，女性的自主性就能得到发挥，否则女性还是只能在传统的女性行业中就业。①

旅游发展的类型也会影响男性和女性的就业机会。在研究者声称大规模的旅游没有使本地居民受益时，小规模的旅游被认为更能吸纳当地人就业，让当地居民从中获益。② 表面上看，妇女在小范围的旅游发展中有更多的就业机会，但是这种机会意味着什么却有待进一步探讨。

3. 旅游与两性社会经济地位

旅游发展与两性经济地位。在落后地区，旅游提供了大量就业机会，成为当地居民的可持续生计，③④⑤ 给女性带来经济独立。⑥⑦ 玛雅妇女通过生产、销售旅游工艺品转变了传统的家庭妇女角色，由家庭走向社会。⑧ Gentry 指出，旅游就业侵蚀了妇女的传统信仰，为其在家庭经济决策、社会交往、自治水平等方面提供了挑战传统规范的机遇，⑨ 家庭的性别关系变得紧张，家庭权力得以重新分配，当地原有的家庭分工和经济权力关系被打破。刘迎华和朱竑的研究进一步指出“对于男性来说，旅游业的发展使得每个家庭的收入产生了差异。男性作为一个家庭的代表，往

---

① Diane E. Lery, Patricia B. Lerch, “Tourism as a Factor in Development: Impications for Gender and Work in Barbados”, *Gender & Society*, Vol. 5, No. 1, 1991.

② Medlik S., “The Golden Hordes: International Tourism and the Pleasure Periphery”, *International Affairs*, Vol. 51, No. 4, 1975.

③ Tao C. H., Wall G., “Tourism as a Sustainable Livelihood Strategy”, *Tourism Management*, Vol. 30, No. 1, 2009.

④ Mbaiwa J. E., “Changes on Traditional Livelihood Activities and Lifestyles Caused by Tourism Development in the Okavango Delta, Botswana”, *Tourism Management*, Vol. 32, No. 5, 2011.

⑤ 保继刚、孙九霞：《社区参与旅游发展的中西差异》，《地理学报》2006 年第 4 期。

⑥ Leontidou L., Gender Dimensions of Tourism in Greece: Employment, Subcultures and Restructuring, In Kinnaird V., Hal D. eds., *Tourism: A Gender Analysis*, Chichester: John Wiley, 1994, pp. 74 - 104.

⑦ Skalpe O., “The CEO Gender Pay Gap in the Tourism Industry: Evidence from Norway”, *Tourism Management*, Vol. 28, No. 3, 2007.

⑧ Cynthia Abbott Cone, “Crafting Selves: The Lives of Two Mayan Women”, *Annals of Tourism Research*, Vol. 22, No. 2, 1995.

⑨ Gentry M. K., “Belizean Women and Tourism Work: Opportunity or Impediment?”, *Annals of Tourism Research*, Vol. 34, No. 2, 2007.

往会因为收入的增加或减少，感知自己的社会地位上升或者下降，而女性则对这方面的感知相对薄弱一些。年老的女性认为，旅游的发展使她们昔日奔波在海洋上打鱼的丈夫，回归到旅游服务业中，从而使她们掌管家庭大事的权利被剥夺，进而让她们感觉到社会地位的下降"①。

旅游发展与社会地位。在已有的研究中，Swain、Levy 和 Lerch 等都指出，尽管妇女经济独立能使她们在旅游业中获得一席之地，但是因为没有政府主导且缺乏妇女工会组织，阻碍了她们在政治团体圈子中的岗位上升。② 在苏格兰高地，女性是主要的产业工人（尤其是在住宿和早餐部门），为此她们积极参与当地的政治以保障自身的利益。③ 但因为各种社会和经济因素，许多利益还是没有得到法律保障，尤其是传统的男性领导和男性工作网络对 WRI（妇女乡村研究所）的领导人合法性的否认，使得妇女虽然在本地很重要，但她们仍是非正式从政，在本村以外的影响力甚为微弱。Swain 根据她的研究指出在家族层面上，大多数的女性要遵照她的社会、种族对她的角色期待行动。④ Levy、Lerch 和 Samarasuriya 分别通过对巴巴多斯岛及斯里兰卡海边小村的研究讨论了旅游就业、性别和社会地位之间的关系，指出妇女在进入劳动市场、获得收入的能力、职业保障、工作满足、获取资源、社会流动和社会经济等级等方面都面临着限制和阻碍。⑤⑥⑦ 所以在巴巴多斯岛，很多妇女在家政、接待和其他服务岗位忍受着最低的职业保障和工资待遇，没有女性处于管理者的地位。那些少有的女性领导者都是在传统女性行业，例如家务管理和接待部门。⑧ 在斯

① 刘迎华、朱竑：《海陵岛旅游的社会文化影响研究》，《旅游学刊》2006 年第 11 期。

② Diane E. Levy, Patricia B. Lerch, "Tourism as a Factor in Development: Impications for Gender and Work in Barbados", *Gender and Society*, Vol. 5, No. 1, 1991.

③ Armstrong K., "Rural Scottish Women: Politics without Power", *Ethnos: Journal of Anthropology*, Vol. 43, No. 1 - 2, 1978.

④ Samarasuriya S., Risseeuw R., "Who Needs Tourism? Employment for Women in the Holiday - industry of Sudugama, Sri Lanka", *Journal of Contemporary Asia*, Vol. 12, No. 4, 1982.

⑤ Beresford, M., "Who Needs Tourism? Employment for Women in the Holiday Industry of Sudugama, Sri - Lanka Samarasuriya", *Journal of Contemporary Asia*, Vol. 12, No. 4, 1982.

⑥ Diane E. Levy, Patricia B. Lerch, "Tourism as a Factor in Development: Impications for Gender and Work in Barbados", *Gender and Society*, Vol. 5, No. 1, 1991.

⑦ Chant, Sylvia, Gender and Tourism Employment in Mexico and the Phillipines, in Sinclair, Gender, Work and Tourism, London: Routledge, 1997, pp. 164 - 165.

⑧ Swain M. B., "Women Producers of Ethnic Arts", *Annals of Tourism Research*, Vol. 20, No. 1, 1993.

里兰卡，社会经济等级是妇女进入劳动力市场最大的障碍。只有中产阶级的女性才能正式地管理在册的客房，而最贫穷的妇女只能在岸边或者路边叫卖自己的货品，还要兼顾家务和照顾小孩。除了等级差异，大多数妇女，不管她们职业性质是什么，她们都无法从自己的劳动中获益。在巴巴多斯岛，女性的就业、收入和职业保障都明显地不如男性，有些妇女采取了另外的赚钱策略并依靠社会关系网来分担家务。[①] 这些研究表明，确实有一些领域被看作“女性的劳动”。妇女（微乎其微）即使拥有和管理自己的客房或者是饭店，仍不能提高社会地位，原因就是妇女工作价值低廉。简言之，妇女的再生产方式决定了女性的生产模式。

在更宏观的尺度上，Miller 和 Branson 研究了印度尼西亚巴厘岛的女性和旅游。他们从历史和文化的视角试图接近和了解女性、男性、经济和社会变革之间的关系，讨论了巴厘岛上的文化对妇女的影响，认为经济发展和政治变革转变了女性的角色，[②] 如果没有从宗教和政治传统以及家族地位的角度去考虑，那么对女性在经济产品中的角色研究中就会一无所得，必须通过意识形态和制度因素的相互作用来认知，避免对女性经历进行缺乏历史背景的片面认知，反对那种认为经济自主权将自动给她们带来政治和宗教上的自由的论调。

4. *旅游与两性关系*

旅游业发展对目的地性别关系有积极的影响。正如 Chant 所说的，尽管存在着旅游生产中女性参与的结构性的不平等，这些工作对于女性赋权还是有益的：女性通过这样一种方式具有在工作场、在家、在更广阔的社会中，“扮演她们自己”，为她们自己要求公平的机会[③]。Sinclair 同样指出，在旅游工作中女性增加了在家庭中讨价还价的能力。[④] 全球社会经济转换的最后 20 年已经导致了性别关系的转变，通过打破传统社区的生活

---

① Swain M. B., “Women Producers of Ethnic Arts”, *Annals of Tourism Research*, Vol. 20, No. 1, 1993.

② Miller, D. B., Branson, J., “Pollution in paradise: Hinduism and the Subordination of Women in Bali”, in Alexander, P. eds., *Creating Indonesian Cultures*, Oceania: Sydney Press, 1989, pp. 91 – 112.

③ Chant, Sylvia, Gender and Tourism Employment in Mexico and the Phillipines, in Sinclair, *Gender, Work and Tourism*, London: Routledge, 1997. pp. 164 – 165.

④ Sinclair M. T., “The Structure of International Tourism and Tourism Development in Kenya”, In D. Harrison, ed., *Tourism and the Less Developed Countries*, London: Belhaven Press, 1992, pp. 47 – 63.

与传统，旅游改变了性别劳动分工的基础，在父权制控制下打开了一条裂缝。[①] 虽然传统的社会性别观念被用来限制她们的机会，但同时新的生产方式也能通过她们的职业挑战规范。

5. 旅游中的家庭

旅游活动对当地居民的影响在很多地方是通过商品的交换活动造成的，尤其是在经济欠发达地区。[②] 旅游业的发展要依靠大量的社会组织单元及非资本的拥有者——家庭来支撑，对于这些家庭来说，提高家庭收入、改善家庭生活条件是诱惑与操纵他们的一只看不见的手[③]。旅游对家庭的影响多是从家庭关系入手，重点讨论女性参与旅游后在家庭中及家族中角色、权力及地位的变化。例如李春霞认为，旅游让当地村民关系失和，游客、旅行社、当地人之间纠纷不断。[④] 对当地人而言，大的矛盾在于社区与家庭间，在一个缺乏公共接待体系的村落里，村民"家庭"、社区"家园"和旅游目的地间的张力成为问题焦点。

旅游改变目的地家庭及女性地位。旅游使当地人对社会差异性的感知增强[⑤]，并更新了当地居民的思想观念，使本地青年人的择偶范围扩大了，居民的生活方式[⑥]与生活习惯有所改变。[⑦] Ishii 通过对泰国阿卡族（Akha）部落的研究发现，旅游在改善了当地少数民族生计时，也破坏了社区传统的家族式社会系统。[⑧] Kousis 在克里特岛农村社区的旅游和家庭

① Tinker, Irene, "Empowerment Just Happened: The Unexpected Expansion of Women's Organizations", in Jane S. Jaquette and Gale Summerfield eds., *Women and Gender Equity in Development Theory and Practice: Institutions, Resources and Mobilization*, Durham: Duke University Press, 2006, p. 270.

② Kim S., Littrell M. A., "Predicting Souvenirs Purchase Intentions", *Journal of Travel Research*, Vol. 38, No. 2, 1999.

③ 张文：《旅游影响——理论与实践》，社会科学文献出版社 2007 年版，第 57 页。

④ 李春霞：《好客的东道主：旅游人类学"主—客"范式反思》，《广西民族大学学报》2012 年第 5 期。

⑤ Cohen E., "Toward a Sociology of International Tourism", *Social Research*, Vol. 39, No. 1, 1972.

⑥ 保继刚、孙九霞：《雨崩村社区旅游：社区参与方式及其增权意义》，《旅游论坛》2008 年第 4 期。

⑦ 章锦河：《古村落旅游地居民旅游感知分析——以黟县西递为例》，《地理与地理信息科学》2003 年第 2 期。

⑧ Ishii K., "The Impact of Ethnic Tourism on Hill Tribes in Thailand", *Annals of Tourism Research*, Vol. 39, No. 1, 2012.

研究表明，旅游会导致传统的家庭管理模式、夫妻分工和婚嫁习俗等发生变化，但是经济因素而不是意识形态因素引起这种变化。[①] Ireland 对英国西北部旅游民族志的研究指出，当传统行业（渔业）衰败，旅游业兴旺，女性开始在旅游业中活跃，女性的家庭、社会地位逐渐提升。[②] Nilsson 对丹麦、挪威、威尔士、西班牙等九国农场旅游发展状况进行的研究发现，几乎所有开展农场旅游的农户，其妻子地位较高，丈夫、妻子在农场旅游经营中的地位平等。[③] Liu 和 Sheldom 所做的研究表明，旅游地的社会和家庭结构并未因旅游业而产生多大的变化。[④] 而 Rothman 则指出，美国特拉华州的居民抱怨旅游导致了和家人在一起的时间逐渐缩短了。[⑤] Broughm 等的调查发现，威尔士格温内思郡的居民认为旅游使传统形式的社交活动减少。[⑥] 国内众多研究指出参与旅游后，部分家庭出现家人共同分享决策权并分担工作，家庭成员关系平等，[⑦] 出现了“男主内，女主外”的新的性别分工模式，这种家庭角色的变化主要源于经济地位变化。[⑧][⑨] 王兰、冯淑华和沙润、张瑾、粮丽萍、唐雪琼、朱竑在不同地域、不同族别的少数民族女性参与旅游后的家庭地位变化研究中也有与上述观

① Kousis M.,“Tourism and the Family in a Rural Cretan Community”, *Annals of Tourism Research*, Vol. 16, No. 3, 1989.

② Ireland M.,“Gender and Class Relations in Tourism Employment”, *Annals of Tourism Research*, Vol. 20, No. 4, 1993.

③ Nilsson, P. A.,“Staying on Farms: An Ideological Background”, *Annals of Tourism Research*, Vol. 29, No. 1, 2002.

④ Liu J. C., Sheldom J., Var T.,“Resident Perceptions of the Environmental Impacts of Tourism”, *Annals of Tourism Research*, Vol. 14, No. 1, 1987.

⑤ Rothman R. A.,“Residents and Transients: Community Reaction to Seasonal Visitors”, *JournaL of Travel Research*, Vol. 6, No. 3, 1978.

⑥ Brougham J. E., Butler R. W.,“A Segmentation Analysis of Resident Attitude to the Social Impacts of Tourism”, *Annals of Tourism Research*, Vol. 8, No. 4, 1981.

⑦ 李星群：《民族地区乡村微型旅游企业对家庭的影响研究》，《广西民族研究》2011 年第 2 期。

⑧ 施仲军：《旅游发展中的白族农村女性家庭角色的变迁——以云南省鹤庆县新华村为例》，《云南财贸学院学报》2005 年第 6 期。

⑨ Momsen J., Tourism, Gender and Development in the Caribbean, in Kinnaird V., Hall. D. eds., *Tourism: A Gender Analysis*, Chichester: Wiley, 1994, pp. 106 - 120.

点类似的结论。[①②③④⑤⑥] 然而旅游也使她们被同化，文化被破坏。[⑦]

对于旅游参与后家庭权力的变化，国内外研究均涉及较少。唐雪琼等通过对泸沽湖摩梭女性参与旅游后其家庭权力的影响指出：旅游发展后，摩梭当家权力逐渐向年轻女性转移，大多数是家庭中有知识有能力的女儿辈；摩梭女性在家庭中的权力呈现多样化模式，年轻、成熟女性里外持家，传统女性当家不做主，男人在家庭中的权力明显增强。[⑧] 男人主要完成策划和建设，女人具体管理家务。虽然家里的成员都认为当家人是女性，旅游经济收入也由女性管理，但家庭大事的决定权已经转移到男性身上。

Swain 认为妇女在旅游中出售民族物品，这种性别化的技艺很少能够支撑整个家庭，但是作为一种重要的收入来源，它引发了家庭内的性别对立，提供女性挑战父权统治的条件。从族群层面来看，研究者大多认为旅游既强化族群认同，也能使妇女在旅游中地位获得提升，变化与其参与程度有关。[⑨⑩] 所以，在民族地区大多数女性仍在遵照地方和社会文化思想中男性和女性角色行事，未获得权力。[⑪] 在哈尼族社区，男性是传统父权

① 冯淑华、沙润：《乡村旅游中农村妇女就业与发展研究——以江西婺源为例》，《妇女研究论丛》2007 年第 1 期。

② 张瑾：《民族旅游发展对少数民族妇女影响的人类学探讨——以贵州肇兴侗寨为例》，《桂林旅游高等专科学校学报》2008 年第 4 期。

③ 税丽萍：《民族旅游时空中的少数民族女性社会角色的嬗变——以山江苗族女性为例》，《贵州民族学院学报》2008 年第 1 期。

④ 唐雪琼、朱竑：《旅游研究中的性别话题》，《旅游学刊》2007 年第 2 期。

⑤ 唐雪琼、朱竑：《旅游发展对云南世居父权制少数民族妇女社会性别观念的影响——基于撒尼、傣和哈尼三民族案例的比较研究》，《人文地理》2010 年第 1 期。

⑥ 王兰：《民族旅游对少数民族妇女的影响》，《经济师》2006 年第 3 期。

⑦ 冯淑华、沙润：《乡村旅游中农村妇女就业与发展研究——以江西婺源为例》，《妇女研究论丛》2007 年第 1 期。

⑧ 唐雪琼、朱竑、薛熙明：《旅游发展对摩梭女性的家庭权力影响研究》，《旅游学刊》2009 年第 7 期。

⑨ 孙九霞：《旅游对目的地社区族群认同的影响——基于不同旅游作用的案例分析》，《中山大学学报》（社会科学版）2010 年第 1 期。

⑩ 孙九霞、陈浩：《旅游对目的地社区族群认同的影响——以三亚回族为例》，《地理研究》2012 年第 4 期。

⑪ Swain M. B.，"Women Producers of Ethnic Arts"，*Annals of Tourism Research*，Vol. 20，No. 1，1993.

制下的户主，然而，现在他们中的许多已经沦为依靠妇女和儿童提供收入的群体，这种“矛盾”和“男人的耻辱”有时会导致社区中的男人酗酒和滥用毒品，威胁到家庭中的性别角色。[①]

6. 旅游中的性别与家庭研究小结

从在《旅游、游憩和接待业管理进展》上首次刊登旅游与女性研究论文至今，对于家庭及女性的研究只是社会文化影响中较小的一部分，并未受到重视。但旅游与性别之间的紧密关系是确定不疑的，而旅游对当地家庭及两性造成的影响也是毋庸置疑的。整体而言，现有研究存在以下不足：

（1）旅游对家庭与两性的影响虽被关注，但相关研究少而零散

Wilkinson 认为，至少有两方面原因影响了旅游与性别研究的数量。[②]一方面，旅游学与其他学科一样，受到了哲学和社会科学中性别概念思想[③]或是自然学科中男性气质研究的影响，其知识架构并没有从性别歧视中解放出来。[④]另一方面，旅游、性别以及两者的发展可能尚在社会科学知识体系的初级解读阶段，随着时间的推移，其发展领域将被更多地意识到，“社会性别是……一个文化政治与旅游业紧密结合的舞台”[⑤]，很多现存的文献只是迂回描述了这一主题。[⑥]

（2）旅游与性别研究之间的关系仍未建立

旅游与性别高度相关[⑦]已成为部分研究者的共识，但研究者认为，女

① Ishii K., “The Imapact of Ethnic Tourism on Hill Tribes in Thailand”, *Annals Tourism Research*, Vol. 39, No. 1, 2012.

② Wilkinson P. F., Pratiwi, W., “Geder and Tourism in an Indonesian Village”, *Annals of Tourism Research*, Vol. 22, No. 2, 1995.

③ Frese P. R., Coggeshall J. M., *Transcending Boundaries: Multi – Disciplinary Approaches to the Study of Gender*, New York: Bergin & Garvey Press, 1991, p. 13.

④ Keller, E. Fox, *Reflections on Gender and Science*, New Haven: Yale University Press, 1985, p. 77.

⑤ Wood. Robert E., Tourism, Culture, and the Sociology of Development, In Michael Hitchcock, Victor T. King, and Michael J. G. Pamivell, *Tourism in South East Asia*, London: Routledge, 1993, p. 73.

⑥ Swain, M. B., “Gender in Tourism”, *Annals of Tourism Research*, Vol. 22, No. 2, 1995.

⑦ Kinnaird, V. Hall, D., “Understanding Tourism Processes: a Gender – aware Framework”, *Tourism Management*, Vol. 17, No. 2, 1996.

性作为旅游产品与体验的重要消费者与生产者，在旅游研究中，与其他相关学科领域相比的性别盲视与缺乏性别框架程度是令人惊讶的，它们之间的关系还尚未建立，[①] 而我们如果不能理解旅游中复杂的性别关系和他们所卷入的权力关系，我们也无法全面地理解旅游过程。所以，建立旅游与性别之间的联系仍是一件任重而道远之事。

（3）旅游对目的地家庭的后续影响研究缺乏

目前学界有关旅游对目的地女性及家庭的影响研究主要出现在两种类型的文献中：主客交往与女性主义文献。在主客交往文献中，国内外学者尽管给予了越来越多的关注，但多数研究要么从景区开发与可持续利用的立场，将研究的目光聚焦于目的地居民对旅游的感知及支持度上，以期旅游开发能更好地与当地社区融合，要么从宏观层面将居民均质化，集中关注游客和当地居民相互作用或影响的性质和结果上。[②] 而忽略了这些结果及差异背后的行动。旅游目的地很多社会问题不是旅游者与当地居民直接互动的结果，而是通过旅游激活当地居民意识或价值观的改变而引发。所以，现在摆在研究者面前的问题是：受到旅游影响后的居民是如何将这些影响反射到他们的日常生活及家庭生活中的？又表现出什么样的特点？

（4）研究目标不清晰，不能真正回答两性平等问题

在以往研究中，大多数研究者书写性别议题时，实质只关心妇女，这种仅关注“妇女”的研究方法，会将妇女作为特殊的群体被边缘化，并不能真正回答两性问题。还有研究者认为，尽管旅游与发展的关系已经常被学术界与政策制定者讨论，但是在促进社会性别平等和为女性赋权的目标达成中旅游的潜能还是很模糊。

（五）文献小结

两性平等作为大多数国家一个长期存在的问题，在中国尤其引起世界

---

① ［加拿大］Geoff Wall，Joanne Norris：《性别与旅游》，载［澳］克里斯·库珀主编《旅游研究经典评论》，钟林生、谢婷译，南开大学出版社 2006 年版，第 279—312 页。

② Robert E. Wood.，Tourism，Culture，and the Sociology of Development，In Michael Hitchcock，Victor T. King，and Michael J. G. Pamivell eds.，*Tourism in South East Asia*，London：Routledge，1993，pp. 48 – 70.

关注。中华人民共和国成立以来的社会变革，推动了农村家庭结构的变迁及妇女家庭角色的转变，但以经济增长为目标的社会取向忽视了社会变革对中国农村家庭及两性所带来的冲击。旅游作为偏远乡村地区的经济推动器，一方面给乡村地区带来了巨大的经济活力，另一方面也改变了民族社区的家庭功能、生产方式、生活方式及女性家庭角色的转换。以往研究为本书提供了诸多的理论及研究基础，但目前的研究也还有以下可继续探讨之处。

1. 旅游对目的地的影响研究需要从宏观社区尺度走向家庭内部微观尺度。由于社会学界长久以来只研究“严肃的”“有用的”“重大的”问题的价值倾向与旅游学者对旅游经济效应的重视，以往旅游对目的地研究关注社会、经济及文化框架下的宏大叙事及目的地和社区的宏观尺度，旅游业发展对目的地家庭的影响却没有得到应有的研究。家作为人们日常活动的微空间，是旅游社区居民与游客及各种利益主体建立关联性的重要场所，值得相关研究赋予更多关注。

2. 家庭权力研究缺乏对过程的关注。家庭作为研究两性平等的一个重要场域，家庭权力是重要的衡量指标。以往的研究，在家庭权力该如何测量及解释方面做了大量的实证研究。但仍然概念不全，继而引发把家庭当作一个静态的存在，通过对家庭事务的决策结果衡量家庭权力的大小进行研究，而忽略了家庭是一个时而温馨时而充满冲突的所在，静态的研究会掩盖家庭生活的实际状况。这为本书既关注家庭决策结果也关注家庭中一系列事件与过程提供了研究的空间及可能。

3. 对中国女性的研究缺乏对女性主体性的分析。以往研究指出，中国女性的解放由于是与民族解放捆绑在一起的，因而女性在主体上，并不像西方女性一样具有自由、民主等思想，她们是缺乏主体意识的一个群体。但在以往的女性研究中，并没有很好地关注女性的这一特点，当运用西方理论对中国女性现象进行解释时，就会缺乏解释力。

三 研究框架

自 1960 年 Blood 和 Wolfe 用家庭购买、度假保险等八个指标测量与对比夫妻间的家庭权力以来，学界一直没有停止对这一方法的完善与追求。

在大多研究者看来，家庭权力来源于配偶双方资源对比，拥有个人资源较多的一方，往往是家庭中权力较大者。他们的这一思想后来发展成了解释家庭权力的资源理论，并在后来的研究中被不断运用。

家庭中的权力并非如此简单。因为当 Richrd 在 Blood 和 Wolf 的问卷基础上再增加变量时发现，夫妻间的家庭权力对比会随着决策内容的变化而出现差异。因而除了外部资源外，夫妻间的权力还受到很多因素的影响。克伦威尔和奥尔森明确提出权力的基础是远远超出社会经济范畴的，规范资源、非经济资源、情感资源及认知资源等也应考虑在内。随着对资源定义的再思考，资源的概念从最初的经济含义为主不断向外拓展外延随之扩大。

自资源论在家庭权力分析中被运用以来，对其批判之声从未间断。这一视角立基于交换理论，把家庭中权力的分配和夫妻关系视为某种经济现象和合理交换的结果，家庭中的不平等就在这种资源论中被隐匿和合理化。研究者认为：一方面，家庭权力作为一个多维概念，除了决策之外，至少还应包含“分配权力”与“决定权力”。另一方面，资源理论主要是在家庭单位内考察夫妻间的权力结构，会将更大范围的社会因素排斥在外。在此背景下，Rodman 通过跨文化的比较，提出了“文化规范”的解释。在此理论中，夫妻间的权力不再取决于资源，而是取决于特定文化与亚文化中盛行的权力规范。① 此后，“文化规范”理论被广泛应用并在各类研究中得到了验证。

20 世纪 80 年代后，传统的家庭社会学研究遭到女性主义学者的挑战与质疑，并发展出新的解释理论——父权制。父权制视角认为，家庭权力是夫妻双方冲突和压制的结果，家庭绝非各类资源平等较量和交换的场所，夫妻权力的差异不是源于个体资源或个人能力的差异，而是由社会上普遍存在的父权制规范决定。特拉克用研究证明，在妻子占据优势资源的婚姻中，社会性别是比收入更好的解释变量。

透过两者的争端可以看出，在以往研究中都潜在地假定或承认夫妻之间存在某种确定的权力格局，于是两者争论的关键点变成以下两

① Rodman H.，“Marital Power and the Theory of Resources in Cultural Context”，*Journal of Comparative Family Studies*，Vol. 3，No. 1，1972.

点：一是决定权力格局的根本因素；二是形成夫妻权力格局的机制和逻辑。

斯普雷对不具备权威和其他资源的人怎样影响家庭权力的实施过程进行了探讨，家长制家庭的主妇和大多数家庭中的孩子都属于其研究范畴；[①] 他认为如果得到一种特定的资源是运用（权威）这种资源的必要条件，那么资源的缺乏将对部分成员的权力起到限制，甚至抵消那些已经得到的资源价值；资源是相对分布的，是受着正在讨论的制度所包括的条例及角色规定的限制和支配的。当该制度提供了界限和条例时，它们并未决定结果，但是它们的确影响了结果，权力是相互影响的产物。[②]

大量的研究沿着定性与定量两种思路展开讨论。如何衡量夫妻的权力格局是所有研究面临的共同问题。用“客观”的决策衡量家庭权力或是用主观的感受衡量，哪一个更能合法地代表家庭中的“实际权力”状况呢？更进一步，家庭中是否存在确定不变的或者是稳定清晰的夫妻权力格局呢？

由于实证主义思潮在社会学研究中的影响以及由此带来的对“客观真实”的信奉和追求使得很多学者忽略了用“决策权”衡量的局限，而不加反思地采用这样一些手段来进行家庭权力研究。[③] 事实上，克伦威尔和奥尔森在其研究中早就概括出了家庭权力的三层结构：“家庭权力的基础、实施过程和结果。”也即是说，家庭权力的研究除了决策结果之外，至少还应该包括处理纷争及冲突事件的决策过程，以及最后对纷争事件的处理及执行结果。换言之，以资源作为权力的基础，以纷争或冲突事件的处理作为权力的过程，决策及执行作为权力的结果，此三者构成家庭权力运作的三个主要要素，这也是本书对家庭权力进行内容分解的依据。

家庭权力作为一个多层次多角度的综合概念，在研究者看来它是一个

---

① Sprey J.，“Family Power Structure: A Critical Comment”，*Journal of Marriage and Family*，Vol. 34，No. 2，1972.

② ［美］埃什尔曼：《家庭导论》，潘允康等译，中国社会科学出版社1991年版，第451—452页。

③ 郑丹丹、杨善华：《夫妻关系“定势”与权力策略》，《社会学研究》2003年第4期。

被间接测量的多维概念。决策作为其中主要的内容，被众多学者当作权力测量的指标。中国学者沙吉才在总结国外诸多研究后指出，妇女的家庭权力作为家庭地位的一个方面，在微观层次上它们的含义是相近的，妇女家庭地位主要表现在对资源的拥有和控制程度、自主权和对家庭重大事务的发言权两个方面。① 而衡量家庭权力的指标是多方面的，包含收入的管理权、收入的支配权、消费的决定权、对子女前途的发言权、婚姻自主权、生育决策权和自我发展权等。罗斯柴尔德提出，这些衡量家庭权力的指标间具有很强的相关性，用某一部分指标就能考察家庭中女性的权力。② Whyte 对她这一论断进行验证后指出，只用一两项指标来进行衡量是不科学的，家庭权力的概念还应该是多维的。③ 因此，后续研究者不断对指标进行发展，徐安琪总结提出了包含日常事务管理权、重大事务决策权、受访者客观认同、多元综合指标、家庭实权测量、个人决策权等的多维测度方法。④ 至此，学界对家庭权力指标的选择基本达成了一致，这一结果也充分运用到了我国自 1990 年开始的妇女社会地位和家庭地位调查中。但是，权力作为一个多面向研究，在特定的文化中是不一样的，测量的指标也应该发生变化。在本书中，笔者通过预调研的筛选及对文献的参考，选取了收入的管理权、收入的支配权、消费的决定权，婚姻自主权、性关系及离婚决策权和家庭事务决策权等内容作为对家庭中自主权和决策权力的考察。在女性主义者看来，家务作为家庭压迫的主要面向是男性在家庭中拥有权力的基础，家务劳动的分配对理解性别不平等具有重要作用。⑤ 因此，通过借鉴、筛选与分类，本书以自主权、家庭事务决策权及家务分配权作为家庭权力的主要核心表征（见图 2－3）。

---

① 沙吉才：《当代中国妇女家庭地位研究》，天津人民出版社 1995 年版，第 4—6 页。

② Safilios－Rothschild，“A Comparison of Power Structure and Marital Satisfaction in Urban Greek and French Families”，*Journal of Marriage and the Family*，Vol. 29，No. 2，1967.

③ Xu Xiaohe，Whyte，M. K.，Love Matches and Arranges：A Chinese Replication，*Journal of Marriage and Family*，Vol. 52，No. 3，1990.

④ 徐安琪、刘汶蓉：《家务分配及其公平性——上海市的经验研究》，《中国人口科学》2003 年第 3 期。

⑤ 张志尧：《双薪家庭中阶级与夫妻权力关系之探讨》，《应用心理研究》2003 年第 17 期。

表 2－3　家庭权力的分解指标

家庭权力	主要内容	来源
自主权	婚姻自主权	徐安琪（1990）；韩贺南（1995）；王金玲（1996）王金洪（1999）；2000 年妇女社会地位调查；单艺斌（2004）
	经济自主权	徐安琪（1990）；孙淑清（1995）；韩贺南（1995）王金玲（1996）；2000 年妇女社会地位调查
家庭事务决策权	重大事务决策权	张永（1994）；孙淑清（1995）；王金洪（1999）陈玉华；伊庆春（2006）；单艺斌（2001），Blood & Wolfe（1960）；Parish，William L. and James Farrer（2000）；Katz，Ruth & Yochanan（1985）；Mirowsky（1985）
	一般事务决策权	孙淑清（1995）；王金玲（1996）；王金洪（1999）；李静雅（2013）
家务分配权	家务	Safilios－Rothschild（1970）；McDonald（1980）；Fuwa（2004）；Mannino（2007）；於嘉（2014）

本书在对“权”进行考量时，既不放弃家庭决策权等操作概念，也注重对“权力的动态过程”① 进行展示；既强调用个体的自主性来描绘权力和地位的等级，也考虑文化及其他的因素，力图“看到表面的平等背后隐藏的不平等结构”②。

在解释家庭权力的两个常用理论中，相对资源理论以夫妻间资源的差距大小来解释权力分化的高低，文化规范理论认为夫妻之间的权力分配不但取决于 Blood 和 Wolfe 意义上的夫妻的比较资源，还取决于特定的文化与亚文化中普遍盛行的夫妻权力规范。相对资源理论在西方有着较强的解释力，而文化规范理论在发展中国家则更有说服力。在性别相对不平等的国家和地区中，妻子在家中的权力地位并不会随着本身社会经济等资源的

① 郑丹丹：《中国城市家庭夫妻权力研究》，华中科技大学出版社 2005 年版，第 16—19 页。

② 王金玲：《性别文化及其先进性别文化的构建》，《浙江学刊》2003 年第 4 期。

改变而改变。[①] 夫妻的相对资源对夫妻权力的影响在转型社会中要大于传统社会或已经步入男女平等化的社会[②]。

综上，中国正处于社会转型期却是学界基本的共识，在旅游现代性因素影响下，乡村社会的转型更加明显。结合社会客观背景及本书案例的实际，用资源理论及文化规范理论来讨论旅游发展后对少数民族女性的家庭权力的影响在理论上是可行的。并据此构建本书的分析及解释框架（见图2－3）。

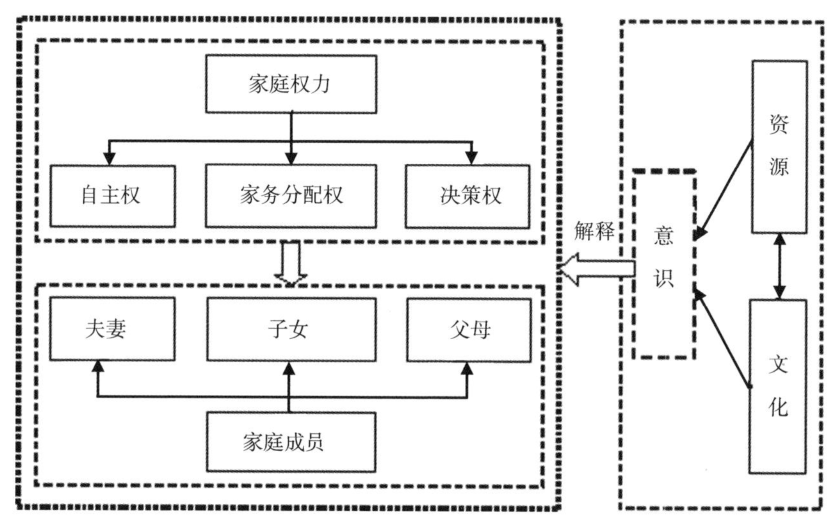

图2－3　家庭权力的分解及解释框架

首先，研究家庭权力要确定家庭成员组成（见图2－3）。通过前文对中国家庭的界定可知，中国的家庭与西方在外延与内涵上有着诸多不同。在成员组成上，中国的家庭是富有弹性的。由于当地传统的幼子继承制度，家庭的组成形式通常为主干家庭或核心家庭。本书对家庭成员的界定包含了夫妻、父母与子女。其次，明确如何表征家庭权力。在上文中已经说明，本书对权力的分解是在对权力及家庭权力概念理解的基础上借鉴前

① Fuwa M.，"Macro－level Gender Inequality and the Division of Household Labor in 22 Countries"，*American Sociological Review*，Vol. 69，No.6，2004.

② Diefenbach H.，"Gender Ideologies，Relative Resources，and the Division of Housework in Intimate Relationships：A Test of Hyman Rodman's Theory of Resources in Cultural Context"，*International Journal of Comparative Sociology*，Vol. 43，No.1，2002.

人研究的成果并结合案例地实际访谈中当地居民认可的事项进行抽象与选择（见表2－3），主要包含了自主权、家庭事务决策权和家务分配权三方面。

资源作为权力的基础，Noonan将其定义为“任何促进个人的能力去影响他人或一群人的特征、环境及财产”[①]。它是个人或团体所有物，它能够满足人们的需求或目标，指那种无个性特征的资源。[②③④] 资源既包含经济资源，也包含一些非经济资源，如一些规范性的资源文化及亚文化界定的谁是权威；[⑤] 情感资源，例如依靠其他人的程度；个人资源，如性格外貌及能力；认知资源，对个人或他人的权力知觉。但这种将资源不加区别地引入家庭权力的分析受到了女性主义学者的挑战和质疑。众多研究者认为这样泛化资源的概念并不利于我们看清楚权力的基础，在实际研究中多采用收入、受教育水平及职业地位作为夫妻对比的重要资源。在本书中，由于研究的群体是苗族女性，其职业的同质性较高，而且受教育程度也相当，所以将经济收入作为主要的资源进行讨论。

文化是一个宽泛的定义，Heer认为在家庭权力的研究中，所指的文化更接近于传统，是指存在于某地婚姻生活中的文化规范，也即传统文化对两性的行为规范。[⑥] 更多的是指一种文化情景，一种文化及亚文化中对两性行为的规定及文化中谁是权威的规定，在传统的国家它更多指的是父权制。[⑦] 本书将沿用该类文化定义，指涉当地传统文化中对两性行为的

---

① Noonan M. C.，“The Impact of Domestic Work on Men's and Women's Wages”，*Journal of Marriage and the Family*，Vol. 63，No. 4，2001.

② ［美］埃什尔曼：《家庭导论》，潘允康等译，中国社会科学出版社1991年版，第448—449页。

③ Hallenbeck P. N.，“An Analysis of Power Dynamics in Marriage”，*Journal of Marriage and the Family*，Vol. 28，No. 2，1966.

④ Hess B. B.，Ferree M. M.，*Analyzing Gender：A Handbook of Social Science Research*，Newbury Park：Sage，1987，p. 14.

⑤ Safilios－Rothschild C.，“The Study of Family Power Structure：A Review 1960－1969”，*Journal of Marriage and the Family*，Vol. 32，No. 4，1970.

⑥ Heer，David M.，“The Messurement and Bases of Family Power：an Overview”，*Marriage and Family Living*，Vol. 25，No. 2，1963.

⑦ Safilios－Rothschild C.，“The Study of Family Power Structure：A Review 1960－1969”，*Journal of Marriage and the Family*，Vol. 32，No. 4，1970.

规范。

国内不少研究者指出，中国20世纪以来的中国妇女解放运动，不论是新民主主义革命时期，还是中华人民共和国成立以后，中国妇女的解放运动都是与中国的阶级/民族/国家命运交织在一起，从来都不是自发的，而是中国革命的附属产物。这也导致中国妇女的依赖思想严重，主体意识不强。所以，这种解放实质上只是以国家的名义延续了以往“男性主导女性命运”的模式。[①] 同西方女权主义者孤军奋战的历史相比较，中国妇女缺乏主体意识。[②] 那么意识是否也是影响家庭权力的因素呢？对此，笔者将通过案例进行讨论。

四　研究问题

本书的研究问题是“旅游对西南民族旅游地的女性家庭权力产生了什么样的影响?”这是多层面、多维度的问题，难以直接回答。所以本书将其分解为3个子问题，通过对子问题的回答，来解答两性关系在民族旅游地的变迁。

首先，旅游发展后西南民族旅游地的家庭及女性家庭权力发生了什么样的变化?

家庭作为中国乡村社会的基层组织，近年来受到中国社会变革的巨大影响。旅游作为现代社会一种重要的生活方式与经济手段，给旅游目的地带来的变化尤为明显，处于其中的乡村家庭也难以逃开旅游的影响。家庭权力作为两性关系的重要表征，在旅游地会发生什么样的变化，它与非旅游地的变化是否相同？这是本书需要回答的第一个问题。

其次，导致女性家庭权力与地位发生变化的因素及作用机制是什么?

民族旅游地女性家庭权力的变化是什么因素引起的？传统家庭社会学中认为，夫妻间相对资源的差异、传统文化对两性的规范是两性家庭权力变化的主要原因。但是所有这些讨论都是建立在西方理性人与自由人的假

① 王涛：《“社会劳动”与“妇女解放”——50年代中国社会主义运动中的妇女政策评析》，《中国国际共运史学会2009年年会暨学术讨论会论文集》，第329—337页。

② 同上。

设基础之上的，这样的答案对中国民族地区的女性家庭权力是否具有同样的解释力，这是本书需要回答的第二个问题。

最后，民族旅游地女性家庭权力的变化反映了中国乡村社区什么样的性别关系？

在偏远的西南民族旅游地所发生的家庭权力变迁体现了现实生活中什么样的两性关系，旅游在旅游地家庭权力与两性关系的重构中起到什么样的作用，给予我们什么样的启示？

第三章　研究设计

一　研究范式

（一）范式与旅游研究范式

旅游现象的复杂性为多学科介入提供了丰富的内容[①]，旅游学作为一门交叉学科、边缘学科，其研究范式尚未确立，[②③] 研究方法体系也未成型，研究方法不够系统。[④] 在科学研究中，范式往往决定我们如何看待研究对象及如何描述与解释它。[⑤] 所以，谢彦君、吴巧红等认为对其他学科进行借鉴，或多学科研究是旅游学这门新兴学科不可或缺与跨越的阶段。在此，本书并不对范式进行过多探讨，只根据研究实践，通过对与家庭研究相关的社会科学中几种研究范式进行简要阐述，并选择界定本书的范式。

根据库恩的定义，科学范式（paradigm）是一个包括概念、符号、模型和范例的体系，是研究者基于本体论、认识论和方法论的承诺所共同接受的一系列相互关联、相互支持的假说、理论、准则和方法的总和，并在心理上形成某一学科领域科学家的共同信念。[⑥] 范式决定了研究者思考研究课题的方式和设计收集数据的方法。坚持某一范式，能够确保研究者在

---

① 谢彦君、李拉扬：《旅游学的逻辑：在有关旅游学科问题的纷纭争论背后》，《旅游学刊》2013 年第 1 期。

② 吴巧红：《从社会学理论的发展看旅游研究范式的确立》，《旅游学刊》2010 年第 11 期。

③ 冯淑华、沙润：《从混沌理论哲学观对旅游学混沌态及学科体系探讨》，《旅游学刊》2006 年第 9 期。

④ 谢彦君：《旅游与接待业研究：中国与国外的比较——兼论中国旅游学科的成熟度》，《旅游学刊》2003 年第 5 期。

⑤ 马凌：《旅游社会科学中的建构主义范式》，《旅游学刊》2011 年第 1 期。

⑥ 王旭科、张宪玉：《重视旅游学学科范式的建构》，《旅游学刊》2010 年第 11 期。

设计自己的研究方案时，保持资料收集方法与基于资料的“知识”建构之间的一致性。[①] 对事实的科学观察和说明总要通过现存的范式或理解的框架而展开。

人文社会科学研究的范式种类繁多，主要有实证主义、解释主义及批判理论。社会科学的解释性范式是由社会学大师韦伯系统提出的。他认为与自然科学相对，社会学是一门致力于解释性地理解社会行为，并通过理解对社会行为的过程和影响作出因果说明的科学。[②] “行为”应该是一种人的举止[③]，在本体论上，解释社会学认为人类动机具有复杂性特征，相同的行动也许动机不同，动机相同的又可能有不相同的行动方式，行动受多种动机影响。所以，解释社会学认为世界是由多重事实而非单一事实构成的。同时社会现实具有地方性特点和时间维度，是参与各方此时此地共同人为的建构。在此认识论上解释社会学认为，研究是阐明社会世界有意义的秩序，探究其发生和持续的机理。人对现象的认识只可能是部分的、局部的。为了对研究对象进行移情式理解，要求研究者成为“局内人”进行参与性观察，而不像自然科学研究那样在局外观察得出结论。这种研究方法使研究者与研究对象互为主体，设身处地、感同身受、将心比心地产生共情并发生价值关联，这是一种交往式的认识论。而从方法论来看，解释主义从行动者的视角界定及解释人类行动，强调在特定情景中揭示常识理性，研究者仅仅主观理解研究对象是不够的，对社会现象的理解通过主体间性达到视域的融合才具有价值。

实证主义在本体论上是“朴素的现实主义”，认为社会现实是可以完全被认知的客观“实在”，[④] 社会过程是独立于人的意志与行动的客观存在，具有客观规律性和齐一性。在认识论上，实证主义采取的是二元的客观主义立场，认为研究者与研究对象之间相互独立，研究者可以客观中立地通过严密的科学方法揭示终极真相。在方法论上，实证主义范式用控制、实验、证实的方法揭示真理。强调通过一套工具和程序对客观现实进

① ［澳］盖尔·詹宁斯：《旅游研究方法》，谢彦君、陈丽主译，旅游教育出版社2007年版，第34页。

② ［德］韦伯：《经济与社会》（上卷），林荣远译，商务印书馆1997年版，第19页。

③ 同上书，第40页。

④ 陈向明：《从“范式”的视角看质的研究之定位》，《教育研究》2008年第5期。

行经验性探究，对假设进行证实或证伪；要求理论包含对社会规律的陈述，且各部分有确定的逻辑关联。①

批判理论范式在本体论上认为实体是一种现实的过程，由社会、政治、经济、文化、种族、性别价值观共同塑造，随着时间推移而被社会认可或改变；在认识论上批判理论范式认为研究者与研究对象之间是互动对话的，提倡交往的、主观的认识论。任何真理都具有历史局限性、被各种价值观所包裹，研究的目的在于去除“虚假意识”、释放“真实意识”。在方法论上，批判理论范式提倡平等对话，用辩证对话的方法释放共识真理。

结合范式及与其相配套的研究取径或方法，在本质上本书是解释主义范式下的质性研究，下文将对其进行描述。

（二）解释性范式下的质性研究

本书的核心研究问题是旅游对西南地区女性家庭权力的影响，尝试解答西南地区女性在参与旅游后受到的影响是什么？其家庭权力发生了什么样的变化？变化是如何发生的？该如何进行解释等。结合范式及与其相配套的研究取径或方法，本书是解释主义范式下的质性研究。

在本体论上，本书追求的是对研究现象进行“客观”理解，希望在特定的情景中“感同身受”与“设身处地”地去揭示“客观”事实。但由于研究者作为某一社会的成员，会受所属社会影响，只能以其所理解的“客观”来表征其在研究过程中所发现的“事实”。②

在认识论上，对研究对象进行“主位”理解以解释所发生现象之间的关系，从女性的视角来理解与观察事物。在本书中，笔者认为要理解旅游对女性家庭权力的影响，不能仅将女性囿于家庭之中，而是要将对她们行为的理解放置于当下的社会情境、社会关系、制度结构和历史背景中。虽然笔者希望能够做到主体间性的视域融合，但由于人对现象的认识只可能是部分的、局部的，尝试做到全面的客观几乎不可能。

在方法论上，本书是社会性别的质性研究。通过日常世界活生生的个

① 黄瑞祺：《社会理论与社会世界》，北京大学出版社 2005 年版，第 8—13 页。

② 翁时秀：《权力关系对古镇旅游地的社会影响研究——以江南古镇群和楠溪江古村落群为例》，博士学位论文，中山大学，2011 年，第 46 页。

体经验来揭示现有统治秩序的社会关系，提供一种从“个人的”走向“政治的”并理解结构因素对个体生活影响的方式。[①] 从哲学层面来看，方法论是回答人们用什么样的方式、方法来处理问题，回答“如何了解研究对象？如何获得有关研究对象的知识”的问题。本书以女性作为研究对象，根据群体特殊性，在本书中，笔者作为一名已婚女性将站在女性角度，理解研究对象。通过与研究对象互动对收集到的社会现象进行整体性探究，获得对其行为和意义建构的理解。

本书放弃定量方法主要有以下考虑：首先，质性研究注重社会事实的建构过程和主体在具体的文化情境下的感受，[②] 避免了量化研究的弱点：因为“一旦涉及性别结构就会与特定的文化观念系统、价值判断深度交织在一起，量化研究就显现出它的局限性”[③]。在前文中，本书就已指出，在以往使用定量的方法对家庭权力进行研究时，定量研究中的静态材料实难反映家庭权力的时序过程，所以，质性研究更适合本书的研究主题。其次，本书是关于女性的研究，就像女性主义学者哈丁所言，女性主义研究者可以运用传统意义上的任何一种研究方法，只是运用的具体方式可以有所不同，不存在所谓的女性主义研究方法。[④][⑤] 质性研究注重社会事实的建构过程和主体在具体文化情景下的感受，同时具有多元性、反思性、创造性和过程动态等特点，对剖析两性关系更具力度。[⑥] 因此，质性研究方法能给予本书更大的探讨空间，更适合本书的研究目的。

二　研究方法

虽然质性研究不存在一套普适的、固定的、所有研究都应该遵守的规

① Dorothy Smith, R. W. Connell, Chris Weedon, “The Everyday World as Problematic: A Feminist Sociology”, *Social Forces*, Vol. 68, No. 4, 1990.

② 吴小英：《探寻性别关系和性别研究的潜规则》，《社会学研究》2005 年第 3 期。

③ 同上。

④ Harding Sandra, Introduction: Is There a Feminist Method? in Harding Sandra eds., *Feminism and Methodology: Social Science Issues*, Bloomington: Indiana University Press, 1987, p. 9.

⑤ 吴小英：《当知识遭遇性别——女性主义方法论之争》，《社会学研究》2003 年第 1 期。

⑥ 金一虹：《父权的式微：江南农村现代化进程中的性别研究》，四川人民出版社 2000 年版，第 7—9 页。

范，但是这并不意味着“什么都行”。[①] 研究问题的类型、研究对象的可控性以及其时间状态共同决定研究方法的选用。在本书中，家庭作为社会的基本组织单元及细胞，如果只对个人层面的“行为”和“认知”进行描述，而看不到“关系”和“生活世界”，就无法对社会现象充分理解与解释。所以，结合研究问题，本书采用了访谈法、观察法等资料收集方法，以及社会性别分析方法、比较分析法等资料分析方法。

（一）资料收集方法

1. 访谈法

深度访谈法是收集第一手资料的主要方法。它是研究者“寻访”“访问”被研究者并且与其进行“交谈”和“询问”的一种活动，是一种研究性交谈，研究者通过口头谈话的方式从被研究者那里收集信息（或者说“建构”）。[②] 它是一种研究者希望发现被研究者头脑中的信息的有目的的对话。[③] 深入访谈能促使研究者与当地居民建立良好的关系，从而获得丰富的研究数据，有时还可以在数据收集过程中激发研究人员的灵感。在访谈过程中，研究者不能以代言人的身份来代替被研究者的态度，要尽量忠于被研究者的态度并且承认个体间的差异，也不能将研究对象视为普遍化的无差异的组合。深度访谈以半结构式访谈为主，因为本书对女性的情感与性的话题有所涉及，隐私性很强。为营造一种轻松的话题与气氛，调研时通常会从对方的人生故事开始，加以适当引导，然后按照半结构式访谈提纲进行询问，随时增加问题并追问，以深入探究问题。在研究的初期阶段，为对研究对象有深入的了解，全面地收集信息，笔者通常采用无结构访谈，以更全面地了解访谈对象及其行动背后的逻辑。

2. 观察法

观察法包括参与观察和非参与观察。参与观察是由英国人类学家马林诺夫斯基创立的人类学研究中搜集第一手资料的基本方法。当代社会学家

---

① 陈向明：《质性研究的新发展及其对社会科学研究的意义》，《教育研究与实验》2008 年第 2 期。

② 陈向明：《质的研究方法与社会科学研究》，教育科学出版社 2000 年版，第 165 页。

③ Merriam S. B., *Qualitative Research and Case Study Applications in Education*, San Francisco: Jossey Base Press, 1998, p. 71.

贝克尔认为参与观察是社会学收集资料的最完整形式，是最具综合性的一种研究策略，[①] 通过在研究场景中参与日常性或惯例性活动，能够较真实地对研究对象进行深入的了解和理解。而非参与观察就是置身事外，对现象进行观察。传统人类学田野研究的参与观察，通常要求用一年甚至数年的时间融入所研究的社区中，生活于被调查群体之中，并与之近距离接触，在“自然”状态下观察被调查群体的生活常态，在被调查群体生活的社会背景中与其互动，用纯粹的成员视角观察现象。囿于时间、精力、财力、物力，笔者无法做到。只能通过朋友、熟人对社区基本情况先进行大致了解，快速进入社区，住到农户家中，尽量贴近被调查群体的日常生活，用“熟悉”的陌生人的视角对现象进行尽可能深入的参与或非参与观察。

3. 文献资料收集

文献研究是一种通过收集和分析现存的，以文字、数字、符号、画面等信息形式出现的文献资料，来探讨和分析各种社会行为、社会关系以及其他社会现象的研究方式。本书的文献资料包括来自当地旅游局、镇政府、园区办、县统计局、县史志办、县妇联、村委会、旅游公司等的各类文件及统计资料，以及反映当地历史、社会经济发展的相关数据和大量图片资料。由于本书涉及苗族的日常行为和观念，笔者不仅阅读了史学家关于西江历史的文献，如伍新福的《苗族文化史》《中国苗族通史》，李廷贵等编写的《苗族历史与文化》，以及《黔东南苗族侗族自治州州志》《雷山县志》等，还参阅了大量国内外学者的文献，如路易莎《少数的法则》、简美玲《贵州高地苗族的情感与婚姻》、张晓《西江苗族妇女口述史》等，这为本书写作打下了基础。

（二）资料分析方法

1. 社会性别分析方法

社会性别分析是指任何把社会性别当作分析的关键范畴的理论框架或科研方法。旨在分析资源、责任和权力分配方面存在的性别不平等，并同

① Becker H., Geer B., “Participant Observation and Interviewing: A Comparison”, *Human Organization*, Vol. 16, No.3, 1957.

时分析人与人、人与资源及各种活动之间的关系。自美国史学家琼·斯科特的论文《社会性别：一个有用的历史分析范畴》发表以来，社会性别研究方法已被引入历史学、文学、社会学、人类学、心理学、教育学等一系列学术领域中，该理论认为：两性角色及行为差异的决定性因素并非生物差异，造成男女角色和行为差异的原因是制度、文化因素及社会对妇女角色和行为的预期。虽然社会性别往往是对妇女生物性别规定角色的延伸，但现有性别文化观念是社会化产物，因而是可以改变的。女性主义者认为，社会性别分析可以揭示出男女的社会性别角色和不平等的社会性别关系。在本书中，女性在旅游中从事的工作，以及女性角色的变化，就是多因素作用的结果，社会性别分析方法在本书中的运用意味着在男性与女性的社会关系和文化认同的系统中，它是作为研究人类关系的重要变量。

2. 比较分析方法

比较分析法是社会科学的重要分析策略。它可分为三个层次：一是历史比较，比较不同社会或同一社会在不同时期的差异。重点在于时间上的比较，分析社会现象的起源，发展过程以及结构变迁。二是民族学比较，即对两个或两个以上社会的比较，也就是空间的比较。三是社会内部的比较，即对同一社会内部各种现象发生的原因进行探讨。社会学者韦伯则倡导用“理想类型”和现实进行比较。[①] 韦伯所说的“理想类型”，“就是一种参照对象，它在研究者手中就像一个尺度，通过在具体情况下确定与其相同与相异而发现内在机制”。为增加研究效度，提升研究的意义，拓展理论解释力，本书选取了两个文化上同源、地域上比较接近、环境比较相似的同一民族的两个村寨进行研究，一个是西江千户苗寨，另一个是白碧村。其中，西江千户苗寨是旅游村寨，白碧村至今仍以农业为主。希望通过对这两个村寨的对比，透视旅游对苗寨女性家庭权力的影响。

（三）资料的信度与效度

质性研究仍然面临着信度与效度问题，本书中的所有信息主要源自访谈、观察与当地政府提供的资料，还有部分资料源于前人的研究。对于访谈所搜集的材料，主要采取三角交叉法进行验证。在本书中，三角交叉验

① 谢立中：《西方社会学名著提要》，江西人民出版社 1998 年版，第 24—52 页。

证从两方面进行。一是从视角上进行三角交叉验证。因为研究主体是家庭中的人，发生在家庭中的事，是较容易通过对丈夫、妻子、孩子及家庭中的其他成员进行分别访谈，从不同的视角形成交叉验证。二是可以通过访谈、参与观察、二手资料收集等不同方法对同一事件的过程信息进行收集，对同一对象进行多次访谈，对照其前后说法，以形成研究方法上的三角交叉。

相对于问卷调查而言，访谈、参与观察法所收集的资料能够更好地确保效度。因为它能通过步步深入的田野研究，在研究过程中不断修正、聚焦研究主题，以上一步的研究发现指导下一步的研究方向，能够较好地保证研究的内容效度。对比案例地的选择及访谈提纲的调整都是在步步深入之后再确定的。

（四）研究过程

1. 案例地选择依据

本书欲考察旅游影响下西南地区女性家庭权力的变化及其所反映的当前乡村社会中的两性关系。所以，依据研究目的，本书选择苗族作为研究对象，并以西江千户苗寨（后文中当时简称西江）与白碧村作为案例，主要有以下原因：

（1）苗族作为西南地区少数民族典型代表，研究意义重大

苗族有古老的历史且在世界分布广泛。苗族的起源可追溯到蚩尤时期，在中国其人口数仅次于汉族、壮族、满族、回族居第五位，主要分布在我国西南与中南的黔、湘、滇、川、桂、鄂等地，在美国、加拿大、澳大利亚、法国、缅甸、泰国、老挝、越南等也有分布。[①] 贵州是中国最大的苗族聚居区，据第六次全国人口普查全国共有苗族人口 942 万人，贵州的苗族人口有 396.8 万人，占全国苗族人口的 42.1%。故贵州素有苗族“大本营”“千里苗疆”之称。西江千户苗寨作为中国乃至世界上最大的苗族自然村寨，因其独特的历史源流和社会文化，对其研究具有典型意义。从文化的角度看，西江苗族文化保留较好。在中国有一条很长、很宽的文化带，古代许多的文化事象，在其他的地方已经绝迹了，但在这个地方尚有踪迹可寻。在不断地迁徙及与周边民族的融合和斗争中，苗族文化虽曾被分裂与

① 石茂明：《跨国苗族研究：民族与国家的边界》，民族出版社 2004 年版，第 1 页。

同化过，但是西江千户苗寨作为一个较完整的文化社区与行政单元，基本延续与传承了其文化的内涵，是苗族文化的典型代表。苗族作为西南地区分布较广、人口较多的民族，作为贵州 17 个世居少数民族之一，不仅参与了贵州文化的建设，同时也保留了传统农业社会的特征与较深的传统文化，具有以微观见宏观，以个体见整体的意义，是对民族文化研究绝佳的场域。

（2）苗族妇女处于双边缘是研究两性平等与旅游影响的极好场域

首先，在旅游开发前，西江千户苗寨与白碧村都是那种远离现代化的西部乡村中的典型代表。从地理位置看，西江千户苗寨与白碧村均位于雷公山麓，山高谷深，直到 21 世纪初，也很少受到外来各种因素的影响。西江千户苗寨，作为中国乃至世界最大的苗族集聚地，在 20 世纪 90 年代还鲜为人知，直至美国人类学者路易莎将其带进人们的视野，才逐渐为外人所称道。2008 年旅游大开发前，西江千户苗寨每天只有两班客车通往县城，而白碧村村民通常需步行到西江或山脚下西江通往雷山县的公路边才能坐车去往外界，两地村民与外界来往较少，传统文化在当地保存较好。旅游开发后，西江千户苗寨家庭发生很大分化，丈夫与妻子的传统角色发生变化，带来家庭权力及两性平等的变化，由于少受外界干扰，这就成了旅游影响研究极佳之处，而白碧村因极少受到旅游影响而与西江形成对比，可以更好地剥离旅游影响。其次，中国的苗族是性别与经济的双重边缘群体。与中国其他区域的农民一样，他们是位于社会的底层并承担着绝对的而不是相对的阶级压迫，苗族妇女既作为妇女又作为穷人，处于更低的社会阶层陷入了“无助的复合范畴”。[①] 旅游市场将妇女和穷人在地方层次结构的边缘结合起来。[②] 最后，苗族内部同质性高。由于生活方式与经历大致相同，苗族社会具有较高同质性，[③] 长期的迁徙与战争，造就了其较强的集体意识及相同的信仰和价值伦理，其群体内部分异不强，对研究旅游影响也是极好的案例。

（3）较好的研究基础。首先，中山大学旅游学院多年来对民族地区

① Ortner S. B.，“Resistance and the Problem of Ethnographic Refusal”，*Comparative Studies in Society and History*，Vol. 37，No. 1，1995.

② Xianghong Feng，“Women's Work，Men's Work：Gender and Tourism among the Miao in Rural China”，*Anthropology of Work Review*，Vol. 34，No. 1，2013.

③ 曹端波：《苗族文化的社会控制》，《中央民族大学学报》2008 年第 1 期。

一直有着持续的关注，笔者在中山大学读博期间多次参与相关研究，对民族地区有着很好的研究基础。其次，从大学时代起笔者就一直关注苗族文化，曾主持相关课题并发表与苗族文化相关的文章。最后，在工作后，笔者曾多次到案例地，进行过短期调研，有一定的前期研究基础。这些都为本书提供了研究基础及支撑。

（4）较好的进入性。作为土生土长的贵州人，笔者在地方语言上没有障碍，与大多的受访者交流与沟通顺畅，加上多年带学生社会实践的经历，笔者已经与案例地建立了较好的关系。对于只能使用苗语的老年女性受访者，笔者通过学生（西江本地人）翻译进行理解。同学、朋友也提供了可以快速进入社区，了解社区的各种帮助，对社区有很好的可进入性，这些都为本书的写作提供了很好的条件。

当然，在案例地选择时，还会遇到“国内外学者普遍认识到旅游对民族文化的影响和人类社会现代化发展的整体影响常裹挟在一起”的现象，[①②] 研究者从学理上提出应将两者剥离开来。然而，在实际研究中，却是困难重重，本书研究的主体是社区中流动的人，在旅游发展前甚至直到现在，西江千户苗寨仍有不少年轻人在外地打工，笔者也不敢妄言在研究中剥离了两者，但在案例选择时力图规避。白碧村与西江千户苗寨在行政区划上都属西江镇所辖，两者在公路里程上相距 11 公里左右，直线距离不超过 4 公里，两个村寨隔山相望，两村的外部自然环境极其相似。据白碧村老人介绍，他们的祖先从西江千户苗寨迁徙而来，并以家谱为证。在文化及习俗上，他们与西江千户苗寨并无二样。白碧村与西江千户苗寨在文化上属于同源，在地域上归属同区，在宗族上也属同宗。不同的是，西江千户苗寨是以旅游为其主要产业的村落，而白碧村至今仍是传统的农业村，外出务工是村中大多青壮年的选择。通过两个不同案例的对比，较真实地透视旅游对当地家庭及家庭中成员的影响。白碧村虽已经不是传统意义上的封闭及旅游发展前的传统村落，但这并不影响案例间的对比。因为如果没有旅游，西江千户苗寨也许会与白碧村展现出更多的相似之处，

---

① 孙九霞、马涛：《旅游对目的地社会文化影响研究新进展与框架》，《求索》2009 年第 6 期。

② 陈丽坤：《离析现代化与旅游对民族社区的文化影响——西双版纳三个傣寨的比较研究》，《旅游学刊》2011 年第 11 期。

在西江旅游开发前便如此，而现在两者之间的不同更能凸显旅游的影响。

本书选择西江千户苗寨与白碧村作为研究对象，并不能代表中国的农村，甚至不能代表西南地区，“一个人不可能在一项研究中遍及中国的所有部分”[①]。“对一个小的社会单位进行研究所得出的结论并不一定适合于其他单位，但是这样的一个结论却可以用做假设，也可以作为在其他地方进行调查时的比较材料。”[②] 本书既想通过特定的案例“见微知著”地探知到更广的社会结构对两性平等的影响，又想了解旅游究竟给少数民族妇女带来了什么？本书案例的典型性恰好适合进行这样的假设与推论。

2. 资料收集过程

质性研究在进行实地调研之前，一般不提倡提出理论假设，但并不意味着不具备理论素养就进入田野。在进入田野前，笔者阅读了大量文献并在以往研究中发现：对于两性平等的研究，要么从资源到经济的视角进行解释，要么通过传统文化中父权制规范进行解释。但无论是传统父权制的规范，还是资源论视野下的经济决定论，都遭到对方的诟病，都被认为是不完善的。那么该如何看待两性平等呢？

2013 年 7 月 22—29 日，笔者第一次带着问题踏入田野并试图以一个熟悉的“局外人”身份进入社区，期冀能以一种非本族人的“陌生”身份，发现以往未曾注意到的事物，并尽量保持在研究过程中的中立。希望“熟悉”是想要避免那种以陌生人猎奇或是带有民族偏见的心态观察而尽量客观。每天观察社区中的各类人群，并通过访谈进行资料收集。由于非结构访谈的特点，在正式的田野调查过程中，根据在操作中遇到的问题，对访谈提纲进行调整。与社区居民之间相去甚远的生活，使笔者很难成为一个局内人。在通过预调研之后，总结发现的问题，再次扩展阅读前人对这一区域的研究，力求对研究对象进行更加全面的理解。

2013 年 11 月 2—15 日，笔者再次踏入案例地并进行研究程序的调整。这一次，笔者通过“联络人”的带领进入研究现场。三位联络人中，一位是家住西江，从小在西江长大的笔者的在读学生 YH，他在笔者调研

---

① 杨懋春：《一个中国村庄：山东台头》，张雄等译，江苏人民出版社 2001 年版，第 227—229 页。

② 费孝通：《江村经济：中国农民的生活》，商务印书馆 2005 年版，第 2 页。

老年女性时还充当了翻译。另一位是大学毕业后分到西江景区执法大队工作的笔者之前的学生 LAR，他还为笔者提供了一些景区在房屋建设及管理规定上的材料。最后一位是笔者大学时的同学，此时正就职于旅游公司，他为笔者在公司的调查提供了诸多方便。此外，通过“滚雪球”的方式，联络人介绍了镇政府办公室主任及西江村妇女主任与我相识。在清晰研究意图后，他们推荐了 LZH、LM、YXM 等几位受访者。在访谈时，力图将研究意图通过一种她们能理解的方式传达，以女性间一种相互理解的方式倾听她们的诉说。在访谈他们推荐的这些人后，这些受访者又推荐了一些她们的朋友，使笔者接触到更多的受访者。为更好甄别是否参与旅游，本书以西江管委会及村委会提供的西江商铺人员登记表及文物保护费发放表中提供的人员为依据，挑选出部分本地经营户及房屋出租户进行访谈。同时，还在街面上选取了 8 名流动商贩进行访谈，政府相关工作人员介绍了当地的一些具体情况，提供了一些官方的统计资料，为后面的调研奠定了良好基础。这次调研，获得了大部分的访谈资料。随着调研的深入，诸多的要素裹挟到一起，显示出旅游对本地造成了深刻影响，但有些变化也并非是旅游使然，该如何清晰呈现旅游的影响？借鉴对比的研究方法，通过选择一个没有旅游开发，但在其他外部环境及内部文化与西江又很相似的村子以便凸显旅游因素就显得很重要了。

2014 年 9 月 3—17 日，进行第三次田野调研。通过对前期访谈资料的整理发现，西江千户苗寨有一半甚至一半以上的受访女性是从距离西江 7 千米处的开觉村嫁过来。开觉村也是传统的苗族村落，两村有着很深的渊源。自以为用开觉村作为对比案例，应该能将旅游对西江千户苗寨的影响凸显出来。于是笔者对开觉村进行了两天的考察，但很快发现，正是由于两村之间颇深的姻亲关系，加上便捷的交通，开觉村虽未进行旅游开发，但开觉村的青壮年远走他乡在外打工，留下来的几乎都在西江从事与旅游相关的经营，这些人实际也深受旅游影响。起初也曾想就对西江进行单案例研究，因为西江的一千多户中，仍然有很多户没有直接参与旅游，很快发现这一想法的可能错误在于将参与旅游与旅游影响等同。于是又访谈了当地政府的驻村干部，表明研究意图，与他们交流与商谈，最后选定了白碧村作为本研究的另一个案例地，以透视旅游对西江女性的影响。同时笔者还到雷山县城，了解与走访相关部门，访谈了西江籍苗族学者、县妇联主任及县文体局局长等人，走访了县统计局、县志办、民宗局、农业局、茶叶局、科技局等处查阅相关资料。

第四次到西江是2015年1月22日—2月5日，选择旅游淡季到来的目的，旨在对一些典型的受访者有更深入的了解，因为只有在淡季，她们才会有时间更深入谈论所有的问题，也可以为对比旅游淡旺季中两性分工的变化做些准备。2月3日，LAR第一次将我带到白碧村，但由于时间匆忙，只走访了5户人家，并详细调查。

2015年9月19—30日到黎平的三龙与肇兴，想要了解不同的民族在旅游影响下，其两性关系可否会表现出不一样。通过调研，发现了两个民族有些不同，但并不明显，而且如果在本研究中将这两个民族及其对比案例都呈现，会有很多的重叠与相似，并无太大意义，故而舍去。

2015年10月11—24日，对案例地白碧村进行了实地调研。在进入白碧村之前，西江镇政府园区办主任LJ及驻村干部OSP将白碧村概况进行了介绍，使我对白碧村有了大致了解。之后，驻村干部又介绍村主任LZQ、村支书、治保主任及村会计与我相识。10月11日来到白碧住进村主任家里后，村主任将村中德高望重的老人LYCH介绍给我，老人详细介绍了村寨的历史、文化及风俗，还有各家的情况，为研究节约了很多时间。在老人的推荐下，笔者完成了第一轮访谈。由于刚打完谷子，很多青壮年又已外出打工，无法按照当初设想使用当地村委所提供的人口统计资料进行抽样，只能对所遇到的年轻人都进行访谈。在整理访谈资料时，发现白碧村的青壮年受访者较少，担心收集到的访谈恐不能反映年轻人的想法，于是向受访者JFS、JFY要了一些白碧村在外打工村民的电话号码，通过电话对他们进行访谈，虽属无奈之举，但总算弥补了一些样本的遗憾，本研究调研情况见表3-1。

表3-1　**本研究调研情况汇总**

调研时间	调研天数	调研地点	受访人数
2013年7月22—29日	8	西江	18
2013年11月2—15日	14	西江、雷山、凯里	25
2014年9月3—17日	15	西江、开觉、雷山	22
2015年1月22日—2月5日	15	西江、白碧	28
2015年9月19—30日	12	黎平、肇兴、三龙	27

续表

调研时间	调研天数	调研地点	受访人数
2015 年 10 月 11—24 日	14	雷山、西江、白碧	32
2015 年 11 月—2016 年 3 月	/	电话访谈	6
总计	78		158

注：详细的访谈人员信息表详见附录 1。

在田野调查中，样本选择是个难题。本书使用“个案逻辑”进行抽样，并通过个案将研究问题聚焦。将前一次访谈中发现的问题纳入下一轮访谈中，以不断完善访谈内容。

3. 资料整理与成文

本研究的田野调查历时 78 天，共访谈了 158 人。其中社区居民 138 人（本研究涉及 121 人），政府、村委会、旅游公司及相关工作人员 12 人（有 2 人为社区居民）。后由于黎平肇兴、三龙未作为本书的研究重点，所以本书实际涉及的受访人员有 131 人。访谈最长历时 2 小时 58 分钟，最短 15 分钟。对重要受访者（如：LZH、LWF、LX、LYCH 等）进行了多次访谈，共整理了访谈录音及田野笔记 30 多万字。灵活的访谈方法自始至终贯穿在访谈中，一般的访谈遵从半结构式访谈提纲，有些问题在访谈中临时加入，开放式提问被用来收集妇女生活经历。文中所有录音，均得到受访者同意，对于受访者不同意录音的，做了详细的调查笔记。为保护受访者的隐私，文中所有姓名都经过匿名化处理，通常使用其姓名的首字母，在遇到首字母相同时，通过加阿拉伯数字 1、2 对其进行区分。当受访者不愿暴露与其相关的任何信息时，文中使用性别加阿拉伯数字进行编号。为行文流畅，对于情景化谈话中的省略，文中用括号内容进行了补充，该补充只为读者能更流畅与无碍地理解受访者所要表达的意思。

三　研究伦理

因研究涉及家庭，有时甚至涉及家庭中的隐私，所以在访谈前，事先会将研究主题告知对方，录音也一定会征得对方同意。访谈过程中，时间以受访者的时间安排为准，访谈的地点也都由受访者自己确定。对夫妻的访谈，则分别进行，以免两人在一起相互影响，造成虚假信息。另外，对受访者，总是尽己所能为他们做一些力所能及的事，访谈前不会事先给受访者礼物，但有时会在访谈结束后另找时间专门拜访他们，给他们送照片，加微信，有时也会给他们一些生活上及经营上的建议。到现在笔者与他们中的很多人，仍然保持很好的朋友关系。

四　研究思路及技术路线

在对以往有关旅游对民族旅游地家庭的影响进行理论梳理时发现，从社会性别视角关注目的地家庭日常生活互动的相关研究较少。在此基础上，本书以旅游发展对西南地区女性家庭权力的影响为题，以苗族女性为研究对象通过对家庭、家庭权力、社会性别等概念的分析及对以往家庭、妇女和旅游中的家庭与妇女研究文献的梳理，将本书研究问题分解为："旅游发展后苗族家庭及女性家庭权力发生了什么样的变化？导致女性家庭权力与地位发生变化的因素及作用机制是什么？民族旅游地女性家庭权力的变化反映了中国乡村社区什么样的性别关系？"等，并在此基础上构建资源、文化及意识的分析及解释框架。然后，在方法论的指导下选取西江千户苗寨及白碧村作为研究个案，并对两个村寨女性家庭权力的历史与现状进行分析，最后对研究问题进行论述，进而得出结论以回答文中提出的问题，并对文献进行回应。具体研究技术路线见图 3 - 1。

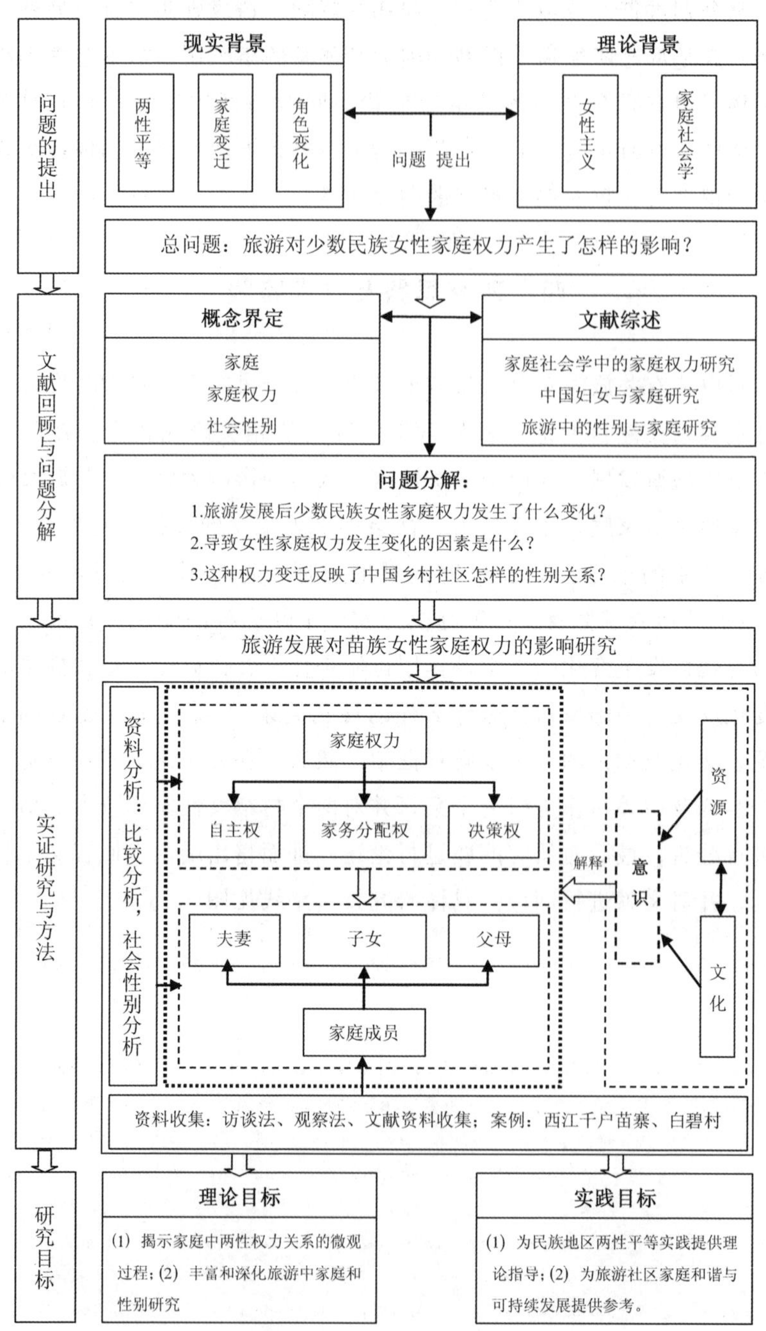
问题的提出
现实背景
两性平等
家庭变迁
角色变化
问题 提出
理论背景
女性主义
家庭社会学
总问题：旅游对少数民族女性家庭权力产生了怎样的影响？
文献回顾与问题分解
概念界定
家庭
家庭权力
社会性别
文献综述
家庭社会学中的家庭权力研究
中国妇女与家庭研究
旅游中的性别与家庭研究
问题分解：
1.旅游发展后少数民族女性家庭权力发生了什么变化？
2.导致女性家庭权力发生变化的因素是什么？
3.这种权力变迁反映了中国乡村社区怎样的性别关系？
实证研究与方法
旅游发展对苗族女性家庭权力的影响研究
资料分析：比较分析，社会性别分析
家庭权力
自主权
家务分配权
决策权
夫妻
子女
父母
家庭成员
解释
意识
资源
文化
资料收集：访谈法、观察法、文献资料收集；案例：西江千户苗寨、白碧村
研究目标
理论目标
(1) 揭示家庭中两性权力关系的微观过程；(2) 丰富和深化旅游中家庭和性别研究
实践目标
(1) 为民族地区两性平等实践提供理论指导；(2) 为旅游社区家庭和谐与可持续发展提供参考。

图 3－1　研究技术路线

第四章　中国西南旅游社区女性家庭权力变迁：黔东南西江千户苗寨案例

一　西江千户苗寨概况

（一）自然地理

西江千户苗寨地处贵州省黔东南苗族侗族自治州雷山县东北部西江镇境内。西江，原称“仙祥”，清初建置后改称“鸡讲”，是苗语“Dlib Jangl”的音译，意为苗族“Dlib”氏族居住的田坝。西江镇位于东经108°4′53″—108°19′53″，北纬26°19′19″—26°34′5″，东西长15.6公里，南北宽19.4公里。属亚热带湿润山地季风气候，最高峰雷公坪坡顶海拔2041米，最低海拔在连城河口760米，平均海拔833米，年降水量1300—1500毫米，年平均气温14—16℃，冬无严寒，夏无酷暑。距雷山县城36公里，距州府凯里39公里，距省城贵阳137公里，原由省级公路及旅游公路与雷山县城、凯里及贵阳连接（现已全程通高速）。西江镇紧靠国家级自然保护区雷公山东北部之处，坐落在河谷缓坡地带，四周群山环抱，重峦叠嶂、梯田依山势而上。全镇国土面积为187.8平方公里，辖西江、营上、连城、白碧、龙塘、猫鼻岭、白建、羊吾、中寨、黄里、大龙、小龙、乌尧、脚尧、干荣、长乌、开觉、堡子、控拜、麻料、乌高21个行政村（2014年末），1个居委会，62个自然寨，222个村民小组，6604户，27225人，其中农业人口占全镇人口的97.18%，苗族人口占全镇人口的90.5%。本书所涉及的西江千户苗寨与白碧村均属西江镇管辖（见图4－1）。

西江千户苗寨主体位于雷公山西麓，白水河东北侧的河谷坡地上，清澈见底的白水河蜿蜒穿寨而过；河上共有风雨桥四座，连接河谷两岸人家；沿河谷两岸，错落有致地分布着一栋栋吊脚楼，并向两岸山顶延伸

（见图 4－2、图 4－3）。苗寨由沿河的两条既平行又有交叉的街道（游方街、古街）及河谷两岸分布的也薅、乌嘎、东引、也通、平寨、羊排、也东、南贵等 10 个自然寨组成，后合并为平寨、东引、羊排、南贵 4 个行政村。从村寨往东，溯白水河而上是一块块顺山而列的梯田，层层叠叠。再往上游是苍茫的雷公山原始森林与高山峡谷。往西沿白水河而下，则是小块的耕地镶嵌在河谷两侧坡地上。

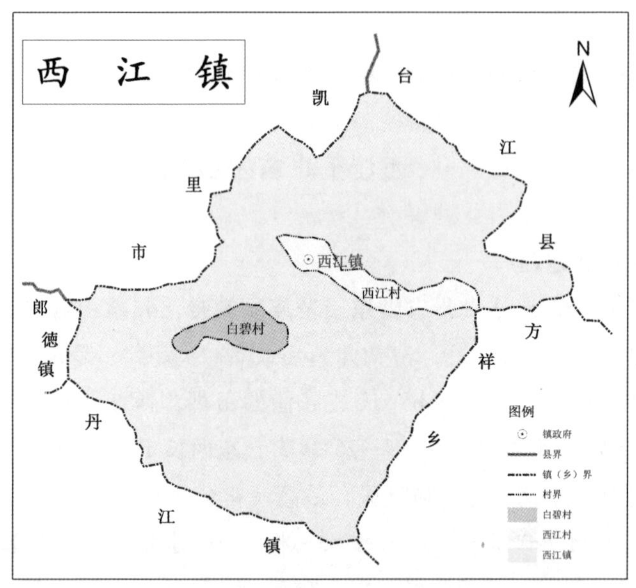

图 4－1　研究案例区位示意图

（二）历史沿革

西江苗族是“Dlib”（西）氏族的一支，其始祖蚩尤，活动于距今 5000 年前，与汉民族的黄帝同时代。关于西江千户苗寨的历史，大致有两种说法，一是五千年起源说，为西江侯昌德先生根据相关材料所推论，寨中知识分子杨夫林老先生在其手稿中据家谱的推论也支持了这一观点。[①] 二是六百年之说，是西江学者侯天江等人研究西江苗族先人迁徙历史而得。

① 张晓：《西江苗族妇女口述史研究》，贵州人民出版社 1997 年版，第 5—6 页。

图 4－2　西江千户苗寨手绘地图（西江旅游公司提供）

图 4－3　西江千户苗寨主要景观

五千年起源说认为在距今五千多年以前，生活在黄河中下游平原地区的九黎部落在向北扩张的过程中，与东进和南下的炎帝、黄帝两部落长时间征战，此间蚩尤被擒杀，苗族先民被迫迁徙至此形成。其迁徙路线为：长江中下游→湖北→湖南→沿都柳江下至广西→榕江→永江→小丹江→黄里→乌摇河→龙久→平寨→西江。而关于其起源则有如下记载：

苗族同胞之源，来至黄海、渤海边竹林间，族名曰苗儿族，“系”敢雷（男）和务少（女）结晶。苗族开华夏于河北，定都涿卢，国号曰九黎。查其伊始，苗族领袖蚩尤，统九兄弟，各统九个，皆系统领。以居长者为号，故名九黎国也。……斯民公于水，知鱼

> 性，先以鱼为生，移河北，见土肥，气温和，试五谷，成之继也。传于族，展子孙，耕作起，华夏然。……蚩尤与黄帝之争，击败于黄，黄兴。蚩子傍蚩、福蚩、和蚩三者。心不悦。召九兄弟叔伯公议，立傍蚩为圣，继父业，复田土，报父仇。再败而下，立于江淮之间。拓江淮地，安民心于几千年也。①

侯昌德按照苗族父子连名进行推断，从蚩尤开始到清雍正乾隆年间给西江苗族加汉族姓氏，至此，共经历了280代。张晓认为，每代按20年计算，到现在确已是5000多年。

六百年起源说，颇受西江籍学者侯天江等人认可，他们根据族中老人叙述、家谱记载及父子联名推断。它最早是1374年由一名叫“告概”的部族首领率其子飞、利、收、腊、良五个孩子经湖南与广西边界进入贵州，居于从江、榕江一带。到1398年前后，“虎飞公”率其子“寅虎飞”和“卯虎飞”兄弟，由榕江迁徙定居于西江千户苗寨繁衍而来（见图4－4）。其实，这两种起源并不矛盾，5000年之说从蚩尤计算，而600年说法则从定居于榕江的先民开始迁徙至西江算起。

据历史记载，在清朝咸丰年间（1729年）西江千户苗寨有600多户，1964年为1040户，1990年增至1115户，1997年为1227户，2005年为1288户。据西江村委提供数据，至2015年为1363户，5231人。西江苗族原是没有姓的，清乾隆年间，清政府为了管理苗疆，在当地设立“苗疆六厅”，对苗族人民实行编户定籍，强行取消了苗族子连父名的传统，用苗名第一个字的谐音来定汉姓。羊排的蒋家、唐家、侯家、杨家；东引的宋家、董家、顾家、龙家、李家；平寨的侯家、宋家、梁家；南贵的李家、杨家、毛家等均由此而来。② 但随着各村合并及旅游开发，现西江千户苗寨各村主要姓氏及户数发生很大变化（见表4－1）。在2014年以前，西江千户苗寨一直是西江区、镇（人民公社）的政府驻地，是本地的政治、经济及文化中心。各级党政机关、企事业单位均坐落于此。

---

① 张晓：《西江苗族妇女口述史研究》，贵州人民出版社1997年版，第16页。

② 贵州省雷山县志编纂委员会编：《雷山县志》，贵州人民出版社1992年版，第44页。

图 4－4　西江先祖迁徙

表 4－1　户籍调整后西江千户苗寨各村主要姓氏及户数

村名称	总户数	主要姓氏户数小计	主要姓氏及户数
羊排	348	323	蒋（69）、唐（58）、侯（70）、杨（48）、李（78）
南贵	217	198	李（75）、杨（73）、毛（39）、顾（11）
东引	291	269	宋（87）、董（53）、顾（32）、龙（28）、李（37）、杨（32）
平寨	388	335	侯（123）、宋（58）、梁（25）、李（83）、杨（22）、陆（24）

注：户数未包含西江千户苗寨内城镇居民户，该表根据当地政府提供人口资料整理。

（三）社会经济

西江千户苗寨是典型的山区农业村寨，耕地面积少，人均耕地面积不足0.8亩。在耕作上主要延续传统精耕细作的小农生产方式，农业是大多数居民主要的经济来源。由于人均耕地面积少，多年来其人均粮食产量一直不高，人均收入低下，很多年轻人只好选择外出打工。苗寨上游大片耕地是全寨居民主要生活来源，种植有水稻、玉米、土豆、红薯以及辣椒等。

从经济体制上看，即使清政府强制推行“改土归流”也未能让西江发育出典型的封建社会形态，直到中华人民共和国成立前，西江仍旧有浓厚的原始氏族共产主义社会形态的平均主义性质。[①] 贵州社科院苗族文化研究者石朝江整理的民间榔规，就体现了这一特点：

> 大川，河流、道路、深山、老林等属于公共所有，永远为公有财产，任何村社、私人都不能占为己有。属于某一村寨、某一鼓社或一带地方的山林、田地等，永远为该村、社或该地区所有，他村、社、地区不得侵占。若侵占了，全村、社或一带地方群起保护，决不答应。鼓社公有田地的受益，作鼓社公有。“鼓山林”须到鼓社节时按规定砍伐。村社共有土地、山林、牧地按照公约保护和使用。公有财产不准私人买卖。
>
> 村寨开辟的田地和占有的森林、山地，在寨内，按宗族平分；在宗族内，按兄弟平分。方式是在地段的周围插草、立石为标，有占有权。村社在公有土地上集体生产出来的谷物、棉花等作物，按户平均分配。家庭生产所获得的实物，全归家庭所有。集体狩猎，按人头平均分配。过路人助威，见者有份。个人猎获的猎物，小猎物全归自己；大猎物要在村社内按户赠送一份；过路人也要分配一份。[②]

榔规反映了该族群强烈的群体至上意识，生产资料社区内公有的思想，家庭财产兄弟均分及该民族强烈的自我保护意识。因为既规定财产按

---

① 吴育标、冯国荣：《西江千户苗寨研究》，人民出版社2014年版，第44页。

② 同上。

户均分，也保护公有的林地等任何人不得私占；榔规既规定了公有财产不得被他人侵犯，也强调集体劳作，按人头分配的原则。

中华人民共和国成立后，尤其是包产到户后，农民生产积极性极大提高，农业生产得到有效管理。由于本地居民人均耕种面积不足1亩，传统精耕细作的生产方式及小农经济无力应对快速的人口增长。加之与外界联系甚少，缺乏地理流动与变化，人们过着清贫与自给自足的生活，信用制度建立在族亲和姻亲基础上。在20世纪80年代初期，除了必需的生活用品与节日饰品交易外，很少有其他交易活动。社区中没有卖蔬菜、水果、饮食的商贩，居民商品意识淡漠。同时由于地少人多，居民只能勉强维持温饱，直到1987年，本地居民的人均粮食产量尚不足500斤，每年有近三分之一的农户缺3—6个月的口粮。1994年西江灾荒严重时，村里约有一两千人外出打工，以渡过难关。2007年，西江千户苗寨的居民人均收入也仅有1920元，远低于全国平均水平（见表4－2），社会经济发展速度较为缓慢，村民大多处于贫困线以下。

表4－2　2005—2014年西江村、西江镇农民人均收入与贵州及全国对比

年份	西江村农民人均收入（元）	西江镇年人均收入（元）	贵州省农村居民人均收入（元）	全国农村居民纯收入（元）
2005	缺	1449	1877	3254.9
2006	缺	缺	1984.6	3587
2007	1920	1850	2374	4140.4
2008	3205	2260	2796.6	4760.6
2009	4320	2510	3005.4	5153.2
2010	4800	2280	3471.9	5919.0
2011	7100	3360	4145.4	6977.3
2012	8520	5160	4753	7916.6
2013	缺	6800	5434	8896
2014	8200	6998	6671	9892

注：本表根据乡政府提供资料及中华人民共和国国家统计局数据整理，随着统计指标的调整，2014年调整为人均可支配收入。

自旅游开发后，当地产业结构发生较大变化，原先以农业为主的产业结构被旅游业所替代。据当地景区管理局统计，到 2015 年西江共有 258 家餐饮住宿，162 家民族工艺品店以及 422 个景区为当地居民提供的经营摊位。这些摊位与个体经济加上西江旅游公司提供的就业岗位，能为当地居民提供 4000 多个就业机会。当地居民若非情况特殊，几乎每家都参与到旅游中并从中获得收入，从而改变了其产业结构。现在西江人自己种田的已经很少，自己种菜的也不多。旅游开发后，物价上涨也造成了部分人的生活困难。

在旅游开发前西江各项基础设施也极其落后。1978 年西江镇至雷山县城的公路正式通车，打通了西江各村与外界的联系；1986 年 10 月国家拨款资助输电工程，1989 年西江居民有了自己的电视，1993 年安装了自来水。至 2013 年全镇 21 个行政村 62 个自然寨实现了村村通公路。现村里有小学、中学各 1 所，卫生院 1 所，邮政网点 1 个，文化广播电视站 1 个。

（四）社区组织

在西江千户苗寨的祖先迁徙前，他们就形成了自成体系的苗族文化。到西江以后又长期处于“管外”，所以在设治以前，其社会结构主要由鼓社组织制度、议榔立法制度（长老会议，议定习惯法）和理老（寨老）评裁制度组成。[①] 自然领袖自主管理社会，不同性质的自然领袖职责不同。地方事务多由“方老”“寨老”“族老”“理老”“榔头”管理，祭祀、祭祖活动由“牯脏头”召集和主持，安排农业生产则由“活路头”主持。相互之间分工协作，共同维护苗寨的安全与利益。在西江，“鼓社”领导的范围包含三个层次：全宗族—各家族—家庭，“议榔”是由方老、寨老、榔头等组织的维护地方治安和社会秩序的群众议事会。由于西江苗寨地缘性和血缘性基本重叠，所以，其“方老”“寨老”通常也是族长，他们既是宗族领袖，也是地方行政长官。[②] 牯脏头与活路头分别由羊排唐家与蒋家世袭，寨老则由村中有威望的老人轮流担任。大凡西江要举行大型宗教祭祀仪式、每年一度的节庆活动或是生产劳动等，都由羊排村

① 贵州省雷山县志编纂委员会编：《雷山县志》，贵州人民出版社 1992 年版，第 44 页。

② 余达忠：《旅游时代：一座苗族村寨的演变史——以千户苗寨西江为例》，《凯里学院学报》2011 年第 4 期。

率先，别的村不能先行。“鼓主”和“族长”的职责是带领族人遵循古训，对宗族内部进行管理。所以，在西江村宗族与家族大体吻合。

尽管清政府实施“改土归流”，国民政府先后对西江人民推行民族同化政策，自然领袖功能弱化。但由于交通不便，统治阶级鞭长莫及，加之西江苗族历史厚重、人口众多、向心力强，对民族传统文化有很强的保护能力，因而西江千户苗寨的原生文化基本上得到保存。

中华人民共和国成立后，尤其是人民公社时期，国家通过“三级所有”“政社合一”“队为基础”的体制，构建了一套自上而下的行政控制网络，国家权力对乡村社会的渗入与控制达到了前所未有的规模和深度，很多农村区域的内生秩序受到冲击与改变，传统社会结构削弱。[①] 有研究指出，直到2005年，尽管村委会制已经进入苗寨几十年，“老人会”作为西江苗寨地方管理传统中的一种特有形式，虽然结构松散，但由于其成员是民间公认的德高望重的老人，所以在许多问题上基层党政组织还必须依靠这些自然领袖来帮助他们共同管理村寨相关事宜。“牯脏头”（宗教首领）和“活路头”（农事首领）功能仍然保持，出于习惯，村民自觉遵守寨规民约，遇到一般的矛盾与冲突他们习惯找寨老解决。但如果事关重大，寨老会主动交给政府处理，村民也服从。所以传统社区管理结构虽遭削弱并未完全失效。

在旅游开发早期，“老人会”积极配合政府征地，动员村民搬迁。旅游开发后，由于在发展目标及项目上与开发方有分歧，双方出现矛盾，“老人会”被政府取缔。现地方政府虽将其恢复，但其传统的权威性与有效性已经受损，其维护乡村生活秩序的能力也发生衰退（罗章，2014）。而村寨中民俗传统的代表人物（理老、鼓藏头、活路头等）在旅游开发中也在政府与公司劝说下参与某些商业展示而“商品化”，昔日寨中管理机构的社会管理功能被消解，文化凝聚功能被削弱，村寨的社会管理力量衰落。

（五）婚恋习俗

西江千户苗寨村与村之间关系微妙，实行的是“同宗不婚”的三层

① 陈志勇、李乐京、李天翼：《郎德苗寨社区旅游：组织演进、制度建构及其增权意义》，《旅游学刊》2013年第6期。

通婚禁忌。首层是西江其他各寨与羊排间禁止通婚；第二层是西江内部部分寨之间禁止通婚，如南贵与也通；最后是各个寨内部禁止通婚。[①] 据称在所有村子中，羊排村最大。它与其他村是父和子、兄和弟的关系。所以，羊排村与西江其他各村禁止通婚，羊排人的嫁娶只能与域外进行。南贵与也通的祖上是亲兄弟也不能通婚，南贵和也薅的先祖是结拜兄弟也不能通婚，也薅和也通没有结拜兄弟，可以通婚。[②] 作为一个父系继嗣群，在分支开亲后因媳妇大都来自附近村寨，通过姻亲使各村之间血缘关系与地缘关系交织，形成了内部之间更复杂的关系。如受访者 LWF 有哥哥 1 人，姐姐 3 人，她本是开觉村人，在她嫁到东引村李家前，她的大姐嫁到平寨宋家，二姐嫁给了东引李家她丈夫的堂哥，而其哥哥的女儿嫁到南桂的毛家。通过这样的连接，西江千户苗寨内部虽不通婚，但通过姻亲关系内部形成了更为复杂的亲属关系。在地缘关系上，四个村寨各自独立，在举行“扫寨”及“招龙”等活动时也分别进行。但纠扯不清的血缘关系又使得部分宗教活动必须同步，像“鼓社祭”。不同的是，鼓社祭是远宗血缘，而一同招龙的是近宗血缘。

在 20 世纪 90 年代，西江苗族仍盛行谈情择偶的“游方”活动，每逢赶集或是节日，男女青年便会上坡对歌，选择意中人，交换信物，订婚约。在当地，婚姻缔结有两种方式，自由婚姻和包办婚姻。自由婚姻是游方定下后，如果女方家长认可，男方在某个黑夜进行“偷婚”时便不予干涉；如不同意，男方则需秘密“偷婚”。待成亲后，男方家再派人带礼物去女方家报信，说亲，讲定财礼。“偷婚”可减轻双方经济负担，因此父母到最后一般都会同意。包办婚姻由男方请媒人到女方家说亲，父母做主，不用偷婚，双方各备酒饭到两寨中间地点吃喝，议定财礼和吉日可白天正式迎娶。偷婚的新娘可在夫家住十天半月再回娘家，而白天迎送的新娘得当天回娘家。婚后，新娘得回娘家居住一两年，甚至三四年，只在农忙和节日才去夫家住十几天，至怀孕快生产时才回夫家长住，这种婚后住娘家的习俗称为“坐家”。

---

① 张晓：《西江苗寨传统文化的内在结构》，《中央民族大学学报》（哲学社会科学版）2008 年第 2 期。

② 张晓：《西江苗族妇女口述史研究》，贵州人民出版社 1997 年版，第 5—6 页。

在2000年前后，随着外出打工年轻人的增多，很多习俗逐渐发生变化。大量年轻人外出务工，“游方”坡只在苗族新年时才有部分年轻人光顾。随着旅游开发，游方坡被当作旅游景点后，虽然游客罕至，但年轻一代也几乎不再去游方坡“游方”。同时随着周边到本村务工人员增多，人们之间的交往增加，很多男女青年在平时的交往中就能通过手机、QQ、微信等方式进行联络，更进一步加速了游方坡功能的衰退。偷婚在形式上仍然还有些保留，但新娘接回家后，很快就回娘家，“坐家”习俗已经很少有地方保留。但传统父系制随父居，随夫居的习俗仍保留。

（六）财产继承

家庭财产在不同时代及不同的文化背景下所包含的内容各有不同。在西江千户苗寨，对财产的继承有着一套严格的规定，并通过榔规形成一套制度延续至今：“田土、房屋畜禽、农具由儿子继承。兄弟成家分居后，除留两个老人田外，其余均分，小儿子养老，老人去世，则由小儿继承。女儿没有房屋、田土等财产继承权，但可得到银花、项圈、手镯、衣裙等作为出嫁时的陪嫁物。”①

传统农业社会解决温饱是首要目标，大多人家要积攒很多代人才能置办起一套女儿的嫁妆。所以，实际上女儿能从自己的原生家庭继承的财产是十分有限的。而儿子继承的财产具有较大的同质性，在儿子间按照诸子均分，小儿略多的原则分配，故老人养老是小儿子负责。土地作为农业社会重要的生产资料，对其继承不仅意味着财产的继承，更是权力的继承。

二 西江千户苗寨旅游发展历程

（一）萌芽阶段（1982—2002年）

在萌芽阶段，西江千户苗寨游客以艺术家、学生及科研工作者为主，外国游客占比较大。1982年，贵州省人民政府选定一些民族村寨作为民族风情开放区并有选择性地向外国人开放，接待经过批准的外国游客，西江千户苗寨被列为首批贵州省乙类旅游开放点，开始接待境外

① 吴育标、冯国荣：《西江千户苗寨研究》，人民出版社2014年版，第44页。

游客。美国人类学者路易莎为完成其博士学位论文于1987年来到西江千户苗寨。她在西江进行了一年多的田野调查，并向贵州省政府建议——希望西江千户苗寨能成为旅游观光的重点，民族文化能像大自然的美丽风景一样受到重视。而其论文《少数的法则》作为一种很好的宣传，也为西江千户苗寨带来了一些来自法国、美国、意大利等国的国外游客。以2000年为例，西江全年游客总数0.75万人，其中国外游客就有200人。[①] 从此，西江千户苗寨拉开了对外开放的序幕，西江千户苗寨的旅游发展开始萌芽。

1987年西江千户苗寨被列为贵州省东线民族风情旅游点，黔东南州将西江千户苗寨及其附近的郎德上寨和雷公山列为首批旅游开发点。1992年被列为首批贵州省历史文化名镇，1999年、2002年先后被列为全省20个重点保护与建设民族村镇。在此期间，通过政府的斡旋，西江千户苗寨打破按季节吹芦笙、跳铜鼓舞的苗族传统禁锢，表现出对旅游开发的强烈诉求。[②] 不过，由于交通可进入性较差，前来旅游的主要是学者、学生和少部分体验式的游客，数量上难成规模。这种原始状态下的旅游活动在西江千户苗寨持续了十多年。

（二）发展初期（2002—2008年）

这一阶段，政府通过各种活动，将西江千户苗寨旅游开发带入一个发展时期。早在2000年，为了加大对外旅游宣传，雷山县政府举全县之力举办了“2000·神州世纪游·中国·贵州·雷山苗年节”活动，在海内外产生极大影响。2002年，县政府将每年一度的“苗年文化周”主会场设在西江千户苗寨，扩建了芦笙坪。至此“养在深闺人未识”的西江千户苗寨真正第一次震撼性地展示在四海宾朋面前。各类新闻媒体对西江千户苗寨进行了一次集中的报道与展示，这次活动成了西江千户苗寨旅游发展的“分水岭”。“文化周”之后，西江千户苗寨旅游影响进一步扩大，更多游客来到西江。

---

① 余达忠：《旅游时代：一座苗族村寨的演变史——以千户苗寨西江为例》，《凯里学院学报》2011年第4期。

② 何景明：《边远贫困地区民族村寨旅游发展的省思——以贵州西江千户苗寨为中心的考察》，《旅游学刊》2010年第2期。

这一时期当地基础设施得到较大改善。2004 年以前，西江人要外出须先坐车到雷山县城转车再到州府凯里，其中不少是沙土路，80 公里不到的路程，往往要花上 2 个多小时。2004 年，盘乐至西江公路修通，大大缩短了凯里至西江的行程，西江千户苗寨的进入条件得到极大改善。

政府主导下旅游配套服务开始出现。2003 年，笔者曾陪同 4 名美国朋友早上 8 点在凯里坐车、经雷山辗转到西江时已近下午 1 点，本想在当地住宿。但那时当地仅有一家政府招待所，没有浴室也没有卫生间。餐饮店也很少，不仅规模小，而且卫生条件较差。最后，大家打消了住宿念头，匆匆浏览 2 个多小时后，又乘车回雷山。据《雷山县旅游志》记载，2002 年西江千户苗寨有苗家乐 8 户，2003 年上升到 27 户，2004 年发展到 50 多户。[①]“苗家乐”的增多不仅标志着西江接待游客能力的提高，更说明西江游客在数量上的快速增加。2003 年村民自己组建了一支以妇女为主的表演队，但因接待不多不久后解散，这群妇女有的外出打工，有的开始尝试在西江千户苗寨开起“苗家乐”。2006 年，在政府动员下，妇女们重新组织了表演队，但主要进行官方接待，这一时期的旅游在政府主导之下，游客不多，当地居民的参与率与参与度均较低。

随着旅游新时代的到来，西江千户苗寨丰富的苗族文化被进一步挖掘。2005 年 11 月“苗年文化周”期间，国家民委批准建立“中国民族博物馆西江千户苗寨馆”。2006 年，西江苗族鼓藏节、吊脚楼营造技艺、银饰锻造技艺、苗族刺绣也成功登上了国务院公布的第一批国家级非物质文化遗产名录。2007 年被列为中国第三批历史文化名镇，西江千户苗寨成为中国苗族文化研究中心，旅游开发被赋予了新的含义。

2007 年，由国家旅游局和贵州省人民政府主办，黔东南州人民政府承办的第一届凯里原生态民族文化艺术节在州府凯里举行，余秋雨应邀来到黔东南州，在西江千户苗寨申报世界文化遗产万人签名现场，余秋雨发表了题为“以美丽回答一切”的演讲，并写下了考察手记。手记洋溢着对西江千户苗寨赞美之情，该文后来在相关网站、博客以及媒体上发表，吸引了不少的网友和读者。黔东南州政府亦以此为契机，开辟了以“余秋雨线路”命名的黄金旅游线路，西江千户苗寨被列为该线路中重点推荐

① 贵州省雷山县旅游局：《雷山县旅游志》，贵州人民出版社 2007 年版，第 88 页。

的景点之一。据该县统计，该线路推出之后，西江在当年国庆“黄金周”就迎来了约10万的游客，游客接待量比2006年增长了约30倍，西江千户苗寨旅游再上一个新台阶。

（三）快速发展阶段（2008年至今）

2008年9月，贵州省第三届旅游产业发展大会在黔东南州举办，在此期间还举办了第一届“多彩贵州·中国·原生态国际摄影大展”和第二届“中国·贵州·凯里原生态民族文化艺术节”（简称一会一展一节）。黔东南州政府决定以此为契机，举全州之力，推动西江千户苗寨旅游的二次开发。政府有关部门投入2.7亿元，将其打造为“看西江知天下苗寨”的精品旅游目的地，改善西江与雷山的硬件、软件环境。相关部门首先是建设朗利至西江旅游公路，使凯里至西江里程由近80公里缩短至36公里，行车时间由150分钟减少至40分钟；接着建设了可以同时容纳3000人演出，占地总面积为13000平方米的西江主会场；西江苗族博物馆也同期建设完成。最后完善“一山两寨一线一中心”（雷公山、西江寨、郎德上下寨、巴拉河沿岸、县城旅游服务中心）服务功能；建设西江旅游环线公路、风雨桥、观景台、旅游停车场、夜景观光灯等；实施白水河西江寨段河段改造、绿化及古街花坛建设等工程，对西江千户苗寨进行整体包装。同时，在一会一展一节举办之前，还举办一系列的活动来宣传西江千户苗寨，开设西江苗寨网站，组织42批次专门人员到重庆、上海、广州等进行旅游促销，在央视等重要媒体加大宣传力度，举办苗年文化周活动，召开“游天下西江，品雷公山茶”品茗会，新建上海世博西江公众论坛等。2008年，贵州省第三届旅游产业发展大会如期举办。会后，西江千户苗寨旅游产业快速发展，寨里的“苗家乐”从60家增加到138家，银饰刺绣店从28家增加到75家。游客量也一直上扬，至2014年达272.56万人，居民人均收入从旅游大开发前的1920元（2007年）上升到8500元（2014年），[①]农业收入在收入中的比重从约占60%减少到27%。[②] 村里有576户2200

---

① 数据来源于西江政府，而且由于统计口径的变化，2014年的数据为居民人均可支配收入。

② 罗章、司亦含：《交换权利与冲突：对西南民族地区群体性事件的新阐释——以贵州XJ苗寨为例》，《广西民族研究》2014年第1期。

余人参与了旅游，超过三分之一的村民实现了就业形式的转变，仅景区迎宾队就为西江妇女提供了近 300 个就业岗位，当地家庭发生了巨大变化，很多妇女的命运因此而改变。[①] 2009 年 3 月中旬，雷山县政府召开新闻发布会宣布，从 2009 年 4 月 1 日起对国内外游客收取每人 100 元的门票，试运行两年，在试运行阶段按每人 60 元收取，2011 年 4 月 16 日正式执行每人 100 元的收费标准。2009 年西江千户苗寨开始实行公司化管理，2011 年被列为国家 AAAA 级旅游景区，2012 年西江千户苗寨荣获“责任中国·人民网 2012 年度评选”的“中国文化旅游新地标”，西江千户苗寨成为贵州少数民族地区旅游品牌。

三　旅游影响下的家庭：从单一性到复杂性

（一）家庭结构从一元到多元

家庭作为社会最小单位，不可能独立于特定社会而存在，家庭形态结构受制于特定的社会环境。在传统农业社会中，西江千户苗寨的家庭主要是以联合家庭与主干家庭为主。20 世纪 80 年代初期进行的人口普查显示，在 1982 年，西江有 5326 人，1040 户，每户平均人口 5.12 人。但随着时间推移，这一情形发生了较大变化。到 2015 年，西江每户的平均人口仅为 3.83 人，家庭规模越来越小（见表 4－3）。

表 4－3　　西江不同时期的家庭人口变化

年份	人口数（人）	户数（户）	家庭平均人口数（人）
1982	5326	1040	5.12
1990	5858	1227	4.77
1997	4616	1115	4.13
2008	5326	1258	4.23
2015	5231	1363	3.83

① 《西江千户苗寨村民借旅游实现高创业率零失业》，黔东南新闻网（http://www.gywb.cn/content/2015－09/23/content_3867709.htm 2016.2.20）。

按照传统习俗，本地实行的是幼子继承制，意味着幼子以外的儿子结婚后要与父母分家，仅小儿子与父母同住。但由于生存环境恶劣，人均耕地少，在20世纪90年代以前，以土地为主要财产的家庭经济使儿子即便结了婚也不愿马上与父母分家。尤其是包产到户后才结婚的儿子，分家也许就面临一个人的土地要养活一家4—5口人，这是极大的挑战。父母通常也不催促，因为分家不仅意味着土地减少，也意味着劳动力减少，这种状况一般会持续到家中幼子成婚或其孩子出生后，而这时，多数长子的孩子已经长大，有的甚至已经开始谈婚论嫁。所以，在理论上会出现的核心小家庭在传统社会中其实际存在的时间比较短暂，家庭大多时候以主干家庭或联合家庭状态存在。

20世纪90年代后，这种情形发生了一些变化，中国改革开放虽然较晚影响到这些西部较偏远的村庄，但在政府动员与支持下，还是有一帮年轻人，走出大山，进入城市，加入外出务工大潮中。初期由于充满太多不确定性，很多年轻人要么将自己妻儿丢在家里，形成独特的核心家庭；要么夫妻俩将孩子留给老人，形成另一种特有的家庭结构——老人与孙子组成的隔代家庭。按照户籍划分，当地还是以主干家庭或核心家庭为主。

旅游发展后，社区中一些人开始从事旅游业，但并不放弃传统农业。外出务工的人，也开始陆续回到家乡，并投入旅游经营活动中。农家乐经营、旅游商品出售、饮食小摊点、旅游公司工作人员及服务员是当地人所从事的与旅游相关的工作。随着旅游进一步发展，为扩大家庭经营规模，传统上以父系为主轴的主干家庭结构虽然仍是当地家庭结构的主要形式，但开始出现了临时联合家庭。受访者LWF就表示："我家当时没得那么多钱，我家就和我几个姐姐家搭伙一起开了这个农家乐，后来我妈妈也过来和我们一起住，过年或者是淡季的时候，我们才会回到各人家，我这个姐姐家就是开觉这里的。"与LWF有相似经历的还有LZH和LM等。虽然西江千户苗寨在内部有三层通婚禁忌，但不同宗的本民族村与村之间的姻亲关系却相互交织，并在旅游发展初期，组成临时大家庭，共同经营生意，共同获利。像LZH是与丈夫、哥哥一起经营农家乐，平时他们都住在农家乐，经营所得兄弟之间平分，丈夫母亲也住在这里给他们带孩子，在旅游淡季，他们才回到各自在凯里置办的新家。

伴随着旅游发展还涌现出一些新的核心家庭。在景区交由公司经营后，为使景区内居民能自觉保护景观，旅游公司每年从门票收入中拿出18%作为文物保护费发放给社区居民，由于保护费按户发放，也催生了不少核心家庭的出现。虽然传统主干家庭与核心家庭在旅游发展初期仍占着主导地位，但随着旅游的发展，以家庭生产经营活动为纽带的联合家庭以及以逐利为目标的核心家庭的出现，都是这一时期的产物，家庭结构因旅游而变得多元化。

（二）家庭关系从父子为主到夫妻为主

家庭关系主要包含了夫妻关系与父子关系。在传统农业社会中，大多农村家庭是生产和生活统一的初级群体，以自给自足的小农经济为主。家中成人在家长的统一领导下分工合作，均从事农业生产，生产是一种以家庭为单位的集体生产，子辈为家庭创造的收入以实物方式体现并直接归父辈拥有，子辈劳动价值及其对家庭经济的贡献无法量化和显性化。[①] 就像TD说："我们刚结婚时挨着公和奶住，家里的事都是公说了算，我家那个有什么事也都是先和公商量，就像他要出去打工，都是先和公讲好才和我讲。那时候，我刚生完我家崽，有点怕他走，奶太凶。但公都同意的事情，我也不可能反对得了。后来崽得两岁，我也跟他一起出去打工，每年回家就把打工挣的钱都交给公，直到我们分家才自己管的。"在模糊的家产共有制下，资源几乎都控制在男性手中，丈夫或老年男子是家中发号施令者，他们不仅掌握着家庭经济命脉，也控制着家庭中各种事务的决策权，子辈在家庭中是服从者，父亲与儿子的关系是家庭中的主要关系，儿子有事也主要找父亲商量决策。从修房造屋到孩子教育，从家中大件的购置到日常用品的购买，几乎都由家中丈夫或老年的父亲决定。

旅游发展后，传统家庭生产方式被打破，家庭经济状况发生变化，父子关系逐渐被夫妻关系取代。SYH在谈到自己这一辈与儿子辈、父辈的家庭关系时指出："之前，我们挨着公和奶住，那时候不想分家，分家就什么都没有了，我奶嫌我不会做家务，逼着我们分家，分家那天的饭都是现去借的米，分得的锅也是破的。现在小的这些不一样，他们自己有工资，在农家乐打工或是在景区做点什么，都饿不死。所以，好多巴不得早

---

① 李东山：《工业化与家庭制度变迁》，《社会学研究》2000年第6期。

点分家。我崽结完婚后就想和我们分开过，我这房子就是为他结婚修的，3 楼他们住，2 楼我们住，1 楼开客栈。你说分家，只不过是他们自己管自己的钱，吃还不是和我们一起?”（SYH）旅游收入为子辈的独立提供经济条件，也为夫妻关系的发展创造物质基础。

女性由于参与旅游具有性别及文化优势，她们不仅在旅游业中获得了一份独立且远超过农业生产的收入，还为她们建立自己的小家庭与获得在家庭生活中与丈夫的“平等”关系打下基础。LX 的丈夫不愿外出工作，LX 就让他在家带孩子做家务，LJM 也欣然接受。LX 说：“原先，你要我老公做家务，不可能。现在，我和我奶白天都要上班，他就只好在家带孩子了。我负责了家里大部分的开支，他也无话可说。”在西江，像 LJM 这样在家当“奶爸”干家务，接送孩子上学的男性并不在少数（见图 4－5），在一定程度上反映了在从事旅游业后女性的意识有了某种改变，否则 LX 也不会觉得自己变成养家之人，丈夫就应该干家务。当然这也透射了在从事旅游业后女性的确在家庭中获得了某种平等与权力。

图 4－5　西江千户苗寨的“奶爸”们

除了平等，夫妻间的亲密关系也得到发展。HDF 自己经营着餐饮摊，丈夫在景区跑车，由于丈夫时间较灵活，丈夫也常干家务，但让她最惊奇的是，近几年丈夫“变油”了。之前夫妻俩基本不会聊天，她说“这两年，也不晓得是跟谁学的，回家来，那个话多。还学会了讲笑话逗人，原来一年觉得也讲不了几句话，现在嘴油多了，有时还会夸我几句，哄我开心。累了一天回去，有时看见家里乱七八糟的想发火，他嬉皮笑脸的，火也就消了（HDF）”。在旅游发展后，不少女性表示，夫妻关系比原来和谐了，尤其是 40—55 岁的夫妻。她们中很多经历过传统大家庭中与丈夫在公开场合都不敢多说话的情形，到现在夫妻间遇事开始有商量。在调查中，也有50%的女性表示自己与丈夫经常商量事情与聊天，年轻夫妻的亲密关系会表现得更强烈一些。

在夫妻间关系变得比原来亲密与和谐的同时，父子间的关系也变得多元化。年轻人在旅游业中获得收入后，在家庭中的地位有所上升，但这并不意味着所有老年人权力的丧失。在西江千户苗寨旅游开发后，不少老年人（无论男女）凭借着自家房屋出租获得收入，其地位不仅没有在家庭经济中衰落，反而得到了加强。受访者LGX及LX的婆婆就是其中典型的例子。LGX是这样描述他的家庭关系的："生意上的事，那肯定得听我的，他们是可以建议，还是我来最后决定。"而LX的婆婆在表述上就缓和很多"我老了，他们尊重我，让我决定家里的事，我还是要和他们商量的。房租我拿着，是怕我儿子乱花（LJM02）"。所以，父强子弱的关系在还拥有丰富资源的父辈那里并没有完全衰落，家庭中的其他关系也同样存在。

旅游所带来的非农就业机会，使年轻一代对父母的依赖减少，与传统相异的生产方式改变与弱化了父辈在家庭中的权威。家庭经济状况及经济结构的变化，使得家庭中的关系发生了多样的变化；收入增加，改善了年轻一代的经济状况，传统父子关系的经济基础产生断裂，而女性经济条件及意识的觉醒，则改变了夫妻间的关系。所以，在旅游发展后，一些家庭中，传统父子为主的关系逐渐被夫妻间的关系所取代，而一些拥有丰厚资源的父辈家中传统父子关系仍然还有较强的影响，家庭关系因此变得多元化。

（三）亲属关系从父系紧密到双系松散

在传统社会中，父系亲属制度主宰了所有其他关系，具有特别的重要性已是不言自明的事实。① 家庭作为一个劳动单位，农民在生产过程中所表现出的劳动互助法则对其具有重要意义。在西江千户苗寨，亲属关系的远近是以血亲为主要依据的，在调查中，当问及原来家中有困难需要有人帮助，会去求助哪些人时，90%以上的受访者表示，一般都请自己兄弟或

① 唐灿、陈午晴：《中国城市家庭的亲属关系——基于五城市家庭结构与家庭关系调查》，《江苏社会科学》2012年第2期。

房族兄弟帮忙，而现在则变得相当多元化。有回答找房族兄弟的、找娘家人的，也有的回答找朋友帮忙的。农忙季节的生产互助及家中红白喜事的互助是最能体现家庭与亲属或邻里人际关系的事件。西江千户苗寨作为一个典型的依据父系血统形成家、房族、族群，然后形成一个自然村的地方，深厚的血缘关系，成为寨老在传统社会中扮演着重要角色的基础。通过“议榔”，他们不仅掌握着当地法规的制定，同时还对家族中的大小事务有处理权，通过法规与家族控制造就一方的稳定，[①] 也强化了以男性为继嗣系统的亲属关系。受访者 TXF、YFL 及 PGM 等老人就曾这样告诉过笔者，原来要是发生什么偷盗事件或邻里纷争实在解决不下来的，就会请房族兄弟或是寨老来“砍鸡头”解决。这样的事件充分反映了父系亲属关系在传统家庭中的位置。

近年来，这一情形发生较大变化，尤其是在红白喜事互帮互助中体现得尤为明显，MZR 是这样描述他们家宗亲与姻亲关系近年来的变化情形。“你说，按原来的规矩，家里有什么事主要是找房族兄弟帮忙，尤其是树房子（建房），崽结婚，家中老人过世这些的。那时，每家都杀好几头猪，因为来帮忙的人多，要忙个把星期。现在搞旅游开发了，大家都忙，来都是一小头（一会儿）就走了，也理解，每家都有自己的生意。好像房族间也没有原来感觉那么亲了，倒是老婆那边，平常老婆走得勤，舅舅、姨妈送的礼还大些，都是有来有往的事情，但孩子就觉得跟那边亲了。经常去那边走亲戚，这边反而生疏了（MZR）。”而另一名受访者的话也间接证实了亲属关系的淡化。“现在各家有什么事，基本上都是自己解决了，有些也请房族兄弟来，但一般现在人都不太管别人家的事了，有时候，等事情解决好了，邀请房族去做个证（TXF）。”

在传统社会中，人情的处理有一套以男性为中心建立起来的规则，妇女在这套结构中没有自己的位置，男性是亲属事件中的主角。旅游开发后，处于同一村落中的亲属因为忙于生意疏于往来，亲属关系逐渐被淡化。而这时通过女主人建立起的姻亲关系就会凸显出来，这种凸显既有加强联系后的凸显，也有父系亲属关系衰落后使其凸显，但在实质上还是很

---

① 韦荣慧、侯天江：《西江千户苗寨的历史与文化》，中央民族大学出版 2006 年版，第 211—223 页。

难达到以男性连接起来的亲属关系的紧密程度。

在旅游发展后，人际关系的变动也引起了亲属关系的变动。YXM 在开农家乐之前是话很少的妇女，在家中什么事都是丈夫做主。旅游开发后，她与很多导游及游客建立起较好的关系。2015 年她的第二家农家乐开张，在她邀请的人员中，不仅有房族兄弟，自己的兄弟姐妹，还有一些是在经营中认识的朋友。她说："亲戚当然是很重要的，我开农家乐时没钱就是跟我姊妹借的。不过嘛，现在邻居啊，好朋友啊，处得好也不比亲戚差。有些导游，我们也像亲戚一样，我开始搞旅游接待时，什么都不会做，菜炒来也没（不）好吃，他们就教我做，像给什么客人吃什么啊，怎样搞啊，我们像兄弟姐妹一样，他们现在不带团喽，有时候都还来我们家玩。上回我这家店开张，我也请了他们。他们也给我出了些主意，像这个房间的装修，很多都是他们的意见。(YXM)"

传统社会中，妇女不是一个行动的主体，她无法代表家庭在亲属关系的实践上有更多的建树。旅游开发后，通过生意的往来，当地女性在生意中建立起的业缘关系不仅将其主体的能动性在家庭层面表现出来，也通过外界网络的扩展上升到家族以外的层面。

旅游发展后，亲属关系与家庭结构的变动，血缘向业缘、地缘的转变，促进了小家庭亲属关系的变化。一方面，传统以父系为主的亲属关系被弱化。旅游的发展，家庭结构的小型化，减弱了大家庭对小家庭的控制而使亲属关系弱化。很多女性在旅游参与过程中建立起的社会网络，在模糊家族边界的同时也模糊了族群边界。女性在更广的系统中建起自己的关系网络，弱化了以往的亲属关系。另一方面，在传统社会中，女性一旦出嫁，就意味着与出生家庭关系的减弱，生老病死基本全交由婆家。但在旅游开发后，不少女性开始关注自己的出生家庭，与自己的兄弟姐妹合伙从事旅游接待，女性亲属被纳入小家庭关系网络。但是小家庭对父系家庭的疏远和距离感，并不是与亲戚断绝关系，只是亲属间不再相互扮演重要角色，亲属关系仍是具有延续性的，只是联系越来越少。此时的亲属不再是一个外部约束力量，而是在必要时能够提供相关支持的整体。[①] 地缘及在

① ［法］安德烈·比尔基埃：《家庭史：现代化的冲击》，生活·读书·新知三联书店 1998 年版，第 79 页。

旅游过程中发展起来的业缘关系甚至利益关系却成为人们越来越重要的构建关系的凭靠，[①] 亲属关系表现出了父系衰落但并没有失效，姻亲关系凸显。亲属关系中双系松散趋势明显。

（四）婆媳关系从婆婆主导到婆媳平等

在家庭中，婆媳关系是女性通过婚姻缔结形成的与男性母亲之间的亲属关系，它以血缘和姻亲纽带确立。[②] 因为既缺少像父母与子女那样的血缘联系，又没有以姻缘建立起的夫妻关系那样亲密，婆媳关系在家庭中通常是不稳定的，是传统家庭中矛盾的导火索，这种现象在传统社会中表现得尤为明显。

东引村的 SH 今年 50 岁，在她 20 多岁时丈夫便去世。那年女儿只有 3 岁，自从丈夫去世后，她的日子就相当艰难，婆媳关系成了其生活中最大的障碍。婆婆对她百般刁难，恶语中伤，以致在几十年后回忆起那段经历时，她仍然眼泛泪花，声音哽咽：

“我们结婚后挨老人在，老公死的时候姑娘还小，我奶（婆婆）不愿帮我带孩子。她成天疑神疑鬼，老是觉得我找了其他人。她常说：‘我晓得你想走，这个家留不下你。’其实，我那时根本不想走，那时候不像现在这么开放，很封建。我走哪点？嫁出来后田土都没了，我又没读过多少书，不像后面他们可以出去打工，人憨憨的。我就想证明给她看，我每天好早就起来做饭、喂猪、挑水，然后背起姑娘上坡，从坡上回来要做晚饭。有时，见你上坡回来晚了，她就说不晓得你去搞什么乱七八糟的，话很难听。我都忍了，我也没地方去。她嫌我没生儿子。心情不好了，就拿棒子打我，我不敢还手。有次，拿起锄头就打，我伸手挡，手被打断，我就回了娘家，我妈看到我都哭了。那时家里负担重，别个就给我介绍了我现在的老公，大我 20 多岁，老婆死了，我只想有个地方去就行了，后来就嫁过来了（SH）。”访谈对象中，年轻时被婆婆谩骂甚至打骂的 40 岁以上的女性并不在少数，就如前文中提到的 LM，还有 YJS、SYH 等。“我去

---

① 杨善华、程为敏、罗沛霖主编：《当代中国农村家庭的社会关系》，中国社会科学出版社 2005 年版，第 19—51 页。

② 郝凤梅：《古代婆媳关系与弃妇》，《沧桑》2008 年第 5 期。

他家那边，去了一年他妈还是瞧不起我，做什么事都不对、都骂我，你煮饭、她就收米，好像地主剥削一样我受不了，我老公也不敢说，她骂我，他就走开（SYH）。”

在传统农业社会中，儿媳在家庭中是弱势的，当家内发生家庭矛盾时，儿媳的服从与妥协是解决矛盾的主要方式，而不论对错，儿子一般不会参与其中，这也造就了年轻女性在家庭中的孤立局面与弱势地位，权力自然低下。

旅游开发后，在丈夫的鼓励下，SH在家里开办农家乐，没过几年家里就建了新房。房屋建好后，他们让孩子来经营，孩子每年会分红给他们二老。SH自己则在旁边摆起小摊售卖手工艺品。她认为“我摆摊的收入也够我们生活的，原来要用1分，你都要伸手管人家要，现在自己挣的钱，各人花，我也没花别个的，想买就买点，给大家买点，大家都高兴（SH）”。过年过节她有时会给儿媳买点东西，儿媳也会给她买。儿媳认为：“她对我好，我对她就好，我奶不讨嫌，这么多年，也没骂过我们，这几年有钱，还经常给我们买点东西。我们很尊敬她，虽然不是亲生的，我们也不能对她不好。再说，我奶她很能干，村里表演队的节目原来都是她主持编的。（BXF）”SH的经历看似个案，但在婆媳关系中也有着一定的代表性，前文中提到的LM、SYH等都有过被婆婆打骂的日子。

在以往研究中有研究者认为，为了养老的需要，在传统礼制社会中婆婆会对家庭资源严格控制，对与自己没有任何血缘关系但又需要其对自己进行养老照顾的儿媳，她们通常怀有矛盾的心理。在婆婆一方，她们为保障自身利益，在行为上她们常通过对儿媳的支配权来获得权威与权力，而使儿媳在家庭中服从，从而形成一种压制服从的关系。在心理上，婆婆试图保护自己对儿子的那份情感连接不被儿媳抢夺，而使其对儿媳在心理上充满了戒备。旅游发展后，西江旅游公司及管理局出台了一系列的政策与措施，让即使没有能力在旅游中直接获益的女性，只要有房屋在西江，每年均可获得由旅游公司支付的文物管理费。另外，公司还为老年妇女提供了一些诸如环卫、迎宾的工作岗位。所以，一般老年女性只要愿意，基本都能获得一些收入，因而对自己的养老并不十分担忧。经济条件改善了，婆媳间不用争夺有限的家庭资源，婆媳关系自然会得到改善。在儿媳一方，在经济得到改善及温饱得到解决的情况下，会更注重其在社会与社区中的形象。所以，媳妇与婆婆的关系就变得和谐很多，从原来的压制服从走向现在的平等共处。

（五）从以农业为主到以旅游为主的家庭生计方式

历史上，西江一直是一个以农业为主的社区，黄淑娉 1992 年在西江调查时指出，西江以农业为主，中华人民共和国成立前其粮食产量最好的田亩产不到 200 斤，党的十一届三中全会及包产到户后，粮食产量有所增加。但随着生活水平提高，医疗卫生条件得到改善，再加上受到多子多福思想影响，西江人口猛增。从 1980 年到 1987 年，西江人口从 4945 人增加到了 5538 人。有的已婚青年，1 人的田要养活好几口人，有些人家粮食只够吃半年，还有很多人处于贫困线以下，年轻人被迫外出打工。

旅游业发展后，旅游收入成为当地人主要经济来源，生计方式发生变迁。当地人从旅游中获得收入主要有房租、打工及文物保护费。首先是房租，根据景区管理局提供的西江商铺统计，在西江工商登记的 235 户商户中，靠房屋出租的有 157 户，占 66.9%，这其中还不包含一些私自出租未办证的房屋。旅游开发后，当地的房租逐年上涨，在当地有房产的居民，如果房屋位置比较好，一般都自己开店经营，或者将房屋租给外来经营者，收取租金，自己搬到别的地方居住或是住楼上。他们每月收入不菲，所以，很多人现在已经不种田，尤其是年轻人。其次是打工收入，房屋位置不好的，在西江千户苗寨也照样可以获得收入。因为，他们可以到农家乐、景区和商铺打工，也可以到指定的地方摆摊。据所访谈的一个即将毕业的大学生介绍："我（在）前年暑假和黄金周前后不到两个月的时间里，卖烧烤，就收入 7 万—8 万（元），把本除了，也还剩 4 万—5 万（元），其实在西江这个地方，你只要不懒，还是很多机会的，只是卖烧烤的确辛苦，每天半夜 3 点才收摊。（Fe08）"最后是文物保护费。它来源于旅游公司每年拿出 18%门票收入对居民进行的二次分配。依据《2014 年下半年西江千户苗寨民族文化保护评级奖励评分细则》规定，要取得文物保护费，必须具备下列条件。"（1）西江村籍（西江村籍入户在居委会的）登记在册的人口（当年死亡的只参与当年享受）；（2）上门女婿并落户到西江村籍的（该户没有男丁，父母年迈需要赡养的）；（3）嫁入西江村的；（4）在外读书及未被国家机关录用的西江村籍大中专毕业生。［备注：

（1）房屋在西江村，户口不在西江村的原西江村籍人员可享受建筑保护评级奖励资格，不能享受家庭人口行为规范评级奖励资格。（2）嫁出的西江村籍人员、国家正式工作人员、国家退休人员、到西江投资兴业或建房的非西江村籍人员均不能享受民族文化保护评级奖励资格。]”

对于不按景区规划私自乱搭乱建实行的是一票否决制。在进行奖励时，房屋建筑风貌、建筑年代及家庭人口行为规范是评分的主要标准，通过这样的方式，每户每年能获得1.5万元左右的收入，即使是老无劳力的，也能通过此途径获得一定收入。所以，现在除了老年人，住在山上，家中有闲散劳动力的还在继续种田外，大部分西江人家已经不再务农，西江传统的生计方式发生变化，有的家庭以旅游为主，有的家庭农旅结合。

四　旅游影响下的女性家庭生活与权力：自主与自致

在研究框架的建立部分，本书已经详述选取自主权、家庭事务决策权及家务分配权作为衡量家庭权力指标的原因，在此不再赘述。接下来本节将依据研究设计，通过家庭中一系列的结果与过程考察家庭中两性权力关系的互动。不仅注重对结果的分析，还力求将事件置于具体的情景中进行观察，通过观察与分析日常生活中互动过程与结果来考察旅游影响下女性家庭权力的变化。

（一）从无到有的女性自主权

个人事务自主权作为衡量家庭权力的一个方面，它标志着个人独立意志和自由度的大小，准确地反映了权力的内涵。① 本书结合中国的实际情况，参照前人的指标和笔者访谈，选取了经济自主权与婚恋自主权进行分析。

1. 女性经济自主权

（1）传统社会中女性经济自主权缺失

在传统农业社会中，女性缺乏经济支配权与管理权。在自给自足的传统农业社会中，家庭既是一个生产单位又是一个生活单位。家中几乎不需

---

① 左际平：《从多元视角分析中国城市的夫妻不平等》，《妇女研究论丛》2002年第1期。

要货币就能够正常运行，每个家庭的吃穿用住基本都能自己解决。西江自古就有“男耕女织”的传统，男主外、女主内的男女分工方式就是比较真实的写照。而从苗族斗争与迁移的历史来看，苗族也绝非一个强势民族，生存环境的恶劣让他们多年来一直挣扎在生存线上，家庭根本无多余收入可言，所以也就不存在对收入的支配与管理，只有对生存资源的分配与供给，而这一般都掌握在男性家长手中。受到传统分工的影响，年轻女性大多既对家庭中的事务无权过问，又对自己的事也做不了主。儒家文化中“在家从父，既嫁从夫，夫死从子”的信条在此照样适用。在她们还是女孩时，她们已经不能自己做选择，就像 LCF 描述她还未出嫁前的一段经历：“你不知道，我们那时候封建得很，在学校从来不敢和男同学讲话。我学习很好，但我爸爸说，回家来抢工分，我就回来了，一点也不敢反抗，其实我很想读书，但不敢讲。不像现在的年轻人，你说了，他还和你顶嘴。（LCF）”而当嫁为人妇后，这种情形更加严重。据西江老年人回忆，她们年轻的时候在丈夫面前话不敢说，头不敢抬，更不要说是在公公婆婆面前。当家庭中生存资源出现问题时，女性也是家庭中做出最大牺牲的人。ZY 在说起 70 年代她自己的一段经历时仍感慨万千：“我具体也记不得是哪一年了，好像是七几年，那个时候是大集体，家里没什么人抢工分，公死得早，我家那个死鬼，凶得很，又喜欢喝酒，家里有一点他都拿去喝完，我也管不了他，你讲他一句，他就打。有时候，都想死了算了，但又想到崽可怜，我死了崽搞不好也要饿死。那年没粮食吃了，我偷偷上山找野菜，回来弄了几个野菜粑，不舍得自己吃，给崽留起，我跟崽讲，你自己拿躲好，被你爸爸拿去你就没得吃，我自己饿晕在地头，他们把我抬回来，我伯妈给了我口热水喝醒过来的。”

在以农为主的传统社会，当地由于受自然地理条件的制约，家庭中并无多少结余，遇到自然灾害，往往歉收，人们挣扎在贫困线上。所以，女性收入支配与管理权无从谈起。但是，年轻女性外来者的身份，在夫家处于最底层是毋庸置疑的，当家中生存资源匮乏时，做出牺牲的往往是她们，上文中的 ZY 就是例子。家中已经揭不开锅，但 ZY 的丈夫仍然将最后一点钱拿去买酒喝，她不敢说也不能说。而对于年轻未婚女性，凡事只能听从父亲的安排，像 LCF 虽然想读书也不能继续。女性在家庭中失语，是这一时期最大的特征。

在传统社会中，女性没有家庭财产所有权。无论在娘家还是婆家，女性都是“无产者”，娘家将其看成“泼出去的水”，婆家则将其视为外来者和家庭人口再生产的工具。她们在家庭中既无自己的收入也没有私人财产。《曲礼·内则》中记载“子妇无私货、无私畜、无私器；不敢私假，不敢私与”就是明证。中华人民共和国成立后，国家虽通过《中华人民共和国婚姻法》规定：“夫妻间有相互继承遗产的权利。而嫁出去的女儿也有与兄弟平分家产的权利。”但在民间，这一制度始终难以执行，奥尔加·兰对传统中国家庭就曾描述道，“家长作为最年长的男性成员，他不仅拥有所有的家庭财产，还拥有这些财产的所有权；他不仅有权独自处置所有的家庭财产及家庭成员的收入与储蓄，他还决定孩子的婚姻，签署婚姻合约。关键的是在传统社会中法律并不追究父亲或祖父以合法的和习惯的方式惩罚儿子与孙子，甚至引致儿孙死亡的罪责”①。在传统社会中，子辈尚无法支配自己收入，更何况女性。因此，在传统社会中，妇女是没有财产所有权的。另外，在传统农业社会，家庭中的财产积累主要是农业生产的结余，在家庭之外，人们几乎没有其他的经济活动可以从事，所以家庭财产所有权对家中家长以外的人来说只是“镜花水月”。

（2）参与旅游后女性经济自主权的显现

旅游发展后女性开始享有家庭财产所有权，能否有独立的收入与财产是女性经济能否自主的首要因素。但房产与存款作为家庭中主要财产，其归属反映了女性在家庭中的权力状况。调查中，当问及家庭中房产的登记与所属时，受访者的回答基本是一致的。“房主当然是登记的老公，一直都是这样的。”而当笔者继续再追问她们，是否觉得这样不公平时，大多数女性表示“也没有什么公不公平的，我们是嫁过来的”。也有少数女性表示，“这当然不公平，但是也没办法，一直以来都是这样”。所以，在经济能力好转后，LZH 还有好几个朋友都在凯里买了房子，房产登记为夫妻共有，但她们在村里的房子还是以丈夫的名字进行登记，LZH 觉得买房的钱有自己的一份，在房产证上写上自己的名字理所应当。但对于村里的房子她觉得，地基是丈夫家的，自己和丈夫感情还好，她要是去争，可能不仅夫妻关系会遭到破坏，村里人也会在这件事上谈论她与丈夫，而

① 王跃生：《20 世纪三四十年代冀南农村分家行为研究》，《近代史研究》2002 年第 4 期。

她也坚信舆论会认为她这样做是有悖常理及传统的，在村里基本是没有秘密的。但在外面买房就不一样，只要夫妻俩不说，没人会知道你家房产证上是谁的名字。对于村内男性而言，他们觉得房屋天经地义应该归自己所有，“房子当然是我的名字，她们是嫁过来的，哪有登记女人（名）的，这不合规嘛（MXH）”。

对于存折的登记与保管大多家庭是以男性姓名登记，尤其是老年夫妇家庭。年轻人的情形较多样化，有的家庭是夫妻共用一个存折，并将存折置于夫妻共同知晓的地方。还有些家庭是各有各的卡与存折。就像有些受访者所述：“我自己存起啊，只是家里有什么要用的时候，大家商量，不行就一人出一半也行。（BXF）”当然也有女性认为“钱要一起管，放谁包里面都一样，我们家庭不分财产，谁没有钱就跟谁要，就行了，互相信任，如果说互相不信任，每个人都有私房钱，那这样不行，是吧？（YXM）”

在马克思看来，物质资源与权力之间是一种循环式的关系，一个人拥有的物质资源越多，他就越能控制别人。当夫妻双方都认可妻子是嫁到本地的一个外来者身份时，自然不难想象他们对家庭财产归男性所有的看法。而这恰恰成为男性家庭权力中不可或缺的资源，尤其是在传统社会中。在乡村社会中，房产与存款作为最重要的物质资源，其所属也透射了本地两性不平等的性别关系。虽然《中华人民共和国婚姻法》明确规定，夫妻共同拥有财产。但多年以来，一旦男女离婚，女性几乎不可能从家庭中分到任何财产，女性在婚姻期间对家庭的所有付出都被隐匿。但是，旅游发展后 LZH 等人在外地买房登记自己姓名的事实，不仅可以看成旅游参与后女性意识的某种觉醒，同时也体现了她们对传统文化的反抗与调适。通过旅游收入，她获得属于自己的财产，但她们的“反抗”行为只在熟人社区外发生，社区文化对她们仍有强烈的约束力。

女性收入管理权上升，但男性权力仍普遍大于女性。在旅游开发前，西江女性几乎没有收入与获取收入的渠道，不具备对自己收入支配和管理的条件。当旅游开发后，在西江千户苗寨，只要愿意参与劳动的适龄劳动力，都能够从旅游中获得收益。据统计，截至 2015 年 10 月，西江村有 258 家农家乐、162 家银饰店及西江景区提供的 422 个摊位，可为西江人提供4000多个就业岗位。[①] 在西江千户苗寨，除个别人家，每个家庭基本都能直接参与旅游。从2008年旅游开发到现在，当地人收入与农业时代相比发生了很大的变化。其人均收入在2014年已经比2007年增加了4倍多。大多数人不仅解决了温饱问题，很多人家还走上小康之路。大多数家庭，不仅年轻人，连老人都开始有自己的收入，个人获得收入为女性自己支配与管理财产提供了条件。而女性在自己有了收入后，也开始了一个收入的自我管理阶段。

年轻女性普遍能管理自己的收入，男性管理权大于女性。访谈中，有95%的年轻人表示，收入都是自己管理，只有个别未婚女孩子会将自己的收入交给父母管理。在对待自己的收入上男性认为，“我自己挣的，我当然要自己留着。自己没有钱出去怎么应酬？（JH）”而男性对女性收入自我管理所持态度也有松动，LXH认为“女的她愿意就管点，我也不会管她要，她挣的那点钱，她自己零花就好”。但女性对自己管理收入仍还带有某种不安与不确定感，并从其言语中体现出来，“我也不是全部都自己花掉，家里的电费水费都是我开的（Fe01）”。“自己不留起自己用，你交出去，到时候想买点啥都要找老公要，高兴给你，不高兴还说你乱用钱。（TSY）”“有时候要给父母点，你交给他，再要回来，不可能，不交，他也不晓得我有好多钱，我爱给我父母就给了。（MHY）”虽然都是对收入的自我管理，男性对拥有管理权的回答理直气壮，而女性在话语中则透露出对这份收入管理权的“不心安”。应该说，10多年前这些当地家庭仍有很多人还在为温饱挣扎，家中并无多余闲钱，所有财产都控制在男性手中。所以，在短时间内，女性虽然通过旅游收入打破了自己“无产”的状况，但传统的性别角色与文化规定让女性总想为自己的财产管理权找一个合法性借口以使自己的行为获得文化认可与法理上的心安。这说明，在收入的管理上，即使受到旅游影响女性在心理上也还未完全对此行为获得自我的认同而完全自主。

老年群体，男性拥有绝对的收入管理权，少量女性实现自我管理。这里所称的绝对管理权，指的是针对大部分的收入。在所调查的女性中还存

① 《西江千户苗寨村民借旅游实现高创业率零失业》，黔东南新闻网［http：//www.gywb.cn/content/2015-09/23/content_ 3867709.htm，（2016.2.20）］。

在这几种情形，一种情形是家中如果有男性，女性的收入会大部分交给男性管理；另一种情形是家中老年男性已经过世，女性则会选择自己管理收入，大笔的收入像房租，有的会监督儿子帮自己存起来，存折自己保管。至于为什么将钱交由男性管理，她们有不同的理由，男性普遍认为："她哪里管得了钱？字都不认，你喊她去银行自己存钱，她都不敢。(YFL)""这个我们苗家自古都是这样的啊，男的管钱，女的管家嘛。(JBB)""我各(自己)有钱，她自己挣的，她自己花，自己保管，我才不要她的。(MZR)"将钱交给男性管理的女性多数也认同："也没有什么花的，都交给他管，一直都是这样的。(YSJ)"在老年群体中，一些家庭女性的实际收入已经超过男性，如果仅从养家角度看，是"女主外"，但是在传统性别文化影响下，女性仍将男性看成家庭的扶养者和收入的管理者。当然也应该看到，即使在老年女性中也有一部分人的性别意识已经在发生变化，当男性的性别意识变得平等时，女性获得收入的自我管理权就要容易得多。

在结果上，女性收入的自我管理权在参与旅游后的确得到提升，尤其是年轻女性提升较大，但是如何获得提升的？下面案例可窥一斑。

LX 与 LJM 是夫妻，LX 一个人做着两份工作，白天她在旅游公司上班，到了晚上，她就推着小车到表演场附近卖旅游商品。丈夫是家中独子，两个姐姐均已外嫁，丧了偶的婆婆一直与他们同住，在景区做环卫工人。他们育有一对儿女，儿子已上小学，女儿才九个月大。刚开始 LJM 在景区电信公司做临时工，后来他嫌工作太累每月领到的 1000 多元钱交完家中水电费再给 LX 500 元的生活费后，自己基本就不剩钱了，所以，每次 LX 向他要生活费时都会被骂。再后来，他嫌太累就再也没有去上班。虽然家中有房租，但是在婆婆手上管着，LX 无法开口向婆婆要，她告诉 LJM 由她来负担家中一切费用，她出去上班，LJM 在家带孩子。LJM 刚开始不想带孩子，但没有收入支撑家用，也只好带孩子。LX 在博物馆找了份工作，但工资并不高，每月将工资交给老公作家庭日常开销后，LX 就所剩无几，她就利用下班时间摆摊再挣些钱留给自己。每月丈夫在接到 LX 给的家用时都会说："你没什么了不起的，我就即使不干活，我也比你挣得多。(LJM)"丈夫这番话，LX 觉得可气也可笑，她并不与之争论。LJM 爱喝酒，婆婆将房租掌握在自己手上，以免 LJM 乱花。但 LJM 无法将到手的房租作为自己的钱，LX 不愿揭穿他，揭穿可能就意味着她自己要回家带孩子，她并不愿意将自己困在家中。有时下班回家吃饭，丈夫就把孩子丢给 LX，自己约朋友喝酒。笔者遇到她时，她正背着孩子在摆摊。虽有抱怨，在与笔者谈起其丈夫时，她仍特别强调“我老公是大学毕业的”。(LX)。

旅游开发后，女性收入管理权的确上升。但权力提高的途径各不相同。LX 通过承诺养家与做双份工换得外出工作与管理自己部分收入的权力。LJM 的母亲却是依靠在家中的年龄等级秩序管理房屋的租金。在收入管理中透露着某种程度资源决定的法则，在双方教育水平相当时，经济是重要的资源，上文中提到的 Fe01、LZH 等就属于这类。而当有其他资源出现时，经济资源的地位就显得没有那么重要。LX 特别强调丈夫大学毕业就是一例，虽然丈夫的大学毕业并未给其带来职场上的优势，但在 LX 一方，学历的差别成为她容忍丈夫对她不公平的一个很重要的理由。所以，在资源决定的权力里，还要考察当事人将什么样的资源看成是首要资源。这里还涉及将收入交给男性管理的女性是自愿还是被要求的问题，老年女性中自己放弃管理权的较多，最重要的是在放弃后她们并不认为这是权力的丧失，她们觉得男人管钱天经地义。针对这些老年女性而言，资源不是影响其收入自我管理权的主要因素，而是传统文化意识。另外，多年来国家一直宣扬的两性平等意识在年轻一代中也有很大影响，这是她们争取自己权力的一个重要方面。

女性对收入的支配权增加，在年龄分布上呈倒“U”形。在西江村，未婚女性在国家的强制规定下，通常都受过初中教育，接受过一些关于男女平等思想的影响，所以她们在对收入的支配上比较自主，花钱相对自由。她们普遍认为“花自己挣的钱，别人管不着（Fe03）”。“自己想买什么完全是由自己做主（Fe04）”。而对于年龄稍大，尤其是结了婚且孩子年龄较大的妇女来说，其自由支配的程度有所下降，她们认为“一个家，不能你想说买什么就买什么。还是应该有一个商量（BXF）”。虽然她们也直言“我想买什么东西，一般是没有问题的，我老公也不管，反正是我自己的钱(AN)”。“但如果是花钱较多的东西，则需要和丈夫商量一下。(TD)”“而且，有些东西，我们也买不好，要他们去看看。(HDF)”在老年女性那里，她们对收入的自由支配意愿则稍弱，“我这么大年纪了，也没什么要买的，我拿钱也没什么用，我去买什么，我也买不好（YSJ）”。

大部分女性对自己收入都有自由支配的权力，但不同年龄自由支配程度不同。年轻一代受到的平等教育较多，她们认为支配自己收入是理所当然的事。而对年纪大些的人来说，传统性别观念还有着较深影响，在生活实践中，她们未必凡事均与丈夫商量，但在心理上她们却无法自由，她们的回答既反映了她们纠结的内心，也反映了在两种思想的冲突影响下，现代意识或许会越过传统的边界，但在适当的时候，传统理念仍会照进现实生活中，这在老年女性中表现尤为明显。

男性也充分认可女性财产自由支配权的上升。在访谈中不少男性表示，女性自己挣的钱其自己支配是可以的，部分具有平等意识的男性认为："现在提倡男女平等，女性自己花自己挣的钱是没什么问题的。"但他们同时也认为，在购买贵重商品时，还是应该商量一下，应该互相尊重，但对于自己的购买行为，则持较宽容的态度，认为，我想买就买了。

对钱的支配其实也反映了两性间看似平等其实并不完全平等的支配方式，大多数男性对自己自由支配收入的行为是宽容而随性的，但同样的行为发生在女性身上时，却要求女性与之协商，要尊重男性意见。在本质上，男性仍未将女性作为一个社会性"成人"，所以并不愿退出对女性行为的干涉与管理。

此外，女性在经济上资助自己父母有一定自由度。在传统社会中，女儿出嫁后犹如泼出去的水，似乎与自己的原生家庭在很多方面都脱离了联系，尤其是经济上。但随着社会变化，越来越多的女性开始通过各种方式与她们的原生家庭发生联系，最重要的一种方式就是对自己父母进行经济资助。在旅游开发后，由于获得可在一定程度上自由支配的收入，年轻女性对父母的资助行为有所增加。在有可自由支配收入的女性中有超过九成的年轻妇女表示，只要是自己的收入，就可以资助父母，但是频度与力度都不能太大，还不能达到自由资助的程度。HCY告诉笔者："我打工挣的钱，我只告诉我老公工资是多少，我卖酒的提成我不会给他讲，讲了到时候我要给我爸就不方便了，一般给点他不会有什么意见，但是给多了，他嘴上不怎么说，但是他很不开心。我知道的，所以后来我就不告诉他我自己每个月有多少钱，反正我们这个也不固定，这样我爸来赶场时我就给他一些（HCY）。"女儿通过对父母的经济资助加强了与原生家庭的联系，也换来了原生家庭对已出嫁女儿在某些方面的帮助。

2. 女性婚恋自主权

婚恋自主权，也叫婚恋自由，是指婚恋当事人依法自主决定自己的婚恋问题，不受任何人强制或干涉。除了恋爱，女性对于婚姻中的性及婚姻暴力的态度也是能够体现女性家庭权力的重要方面。婚恋自主权反映的是子女在家庭权力格局中的自主权，也是女性获得私人生活领域自主权的一个重要方面。

（1）传统社会中形式上自由的婚姻

传统社会中恋爱方式单一，形式自由。在不少的汉族文字记载中，西江千户苗寨男女青年的恋爱是相当自由的，但这一说法遭到苗族老人的反对。诚然，传统西江男女青年的恋爱一般通过在游方场或马郎场对歌进行。但老人们指出，这只是提供给年轻人一种认识的方式。因为在平常的生活中，大家根本没有机会认识，而马郎场的恋爱也是在公众的监督之下进行的。所以，并不像外界误解的那样是高度自由的，包括对性的态度。JBB 回忆说："原来的时候，我们平时也没接触到姑娘。农闲的时候，一到晚上约起本寨的后生我们就去别的寨，在别人家外面打口哨，如果哪家有姑娘，姑娘听见她会出来，但要等父母睡了才出来。大家就在树下对歌，看好了就让家中老人托媒去讲。有些时候是老人们看好的，去和那家父母讲好，结婚时候我们自己也没有见过，是父母包办的。是到后来，新社会，提倡婚姻自由年轻人就自己谈的变多了。"在择偶的形式上本地的确相对自由，但恋爱大多时候是在公众的监督下进行，所以并非真正的自由。

传统社会女性对配偶选择限制较多，配偶选择具有一定盲目性。在本地各村寨间有着三层的婚姻禁忌，羊排与南贵、也通及平寨禁止通婚，羊排的嫁娶只能与域外村寨进行。南贵和也通是亲兄弟不能开亲，南贵和也薅是干兄弟也不能通婚，只有也薅和也通可以通婚。从传统而言，西江女性的通婚范围相当有限，主要以地缘为基础，实行族内婚。与西江相邻的营上村，虽在地域上与西江最近，但由于该村居住的全是汉族，他们之间来往甚少，有着明显的族群边界，也鲜有通婚。在历史上也曾出现过少量的妇女与其他民族的男性结合，但多数都是读书后留在城市里工作的，但凡留在本地的，其配偶大都是本民族男性，主要以周边的开觉村、麻料村和控拜村为主。因为贫穷、封闭及交通限制，旅游开发前，本地媳妇大多来自周边生活条件相当的本民族村寨。对于是否同一个姓没有特别的禁忌，因为他们的姓氏本就是清乾隆年间才出现的。在西江，对配偶的选择虽然没有明确规定不能与汉或是其他民族通婚，但多年来他们基本上实行的都是族内婚，这是一个不成文的规定，留在本地的年轻人大多自觉遵守这一规则。

在配偶选择上，传统社会中女性具有一定的盲目性。LZH 在描述她自己的择偶经历时是这样说的："我在广东打工的时候也曾经想过要找一个高的、帅的，而且是相互喜欢的才结婚。对我们苗家的爱情方式挺反感的，哪晓得一回来我就把我所有的想象打翻了。那晚像是被鬼推着，我就闪婚了，说是闪婚，真的一点不假，别人起码都有十天半月的恋爱，我就是那晚上大家一起在外面对歌，我和他打赌说，他帮我代了那碗酒，我就嫁给他，后来他喝了，就嫁给他了。（LZH）""现在的年轻人不一样了，有手机可以打电话，又有 QQ、微信可以聊天、视频。"有 LZH 这种经历的女性在西江并不算少，LWF 告诉我，她在与老公结婚之前只见过四次面，每次一群人在一起，两人并没有太多的语言交流。日常生活中，本地青年在两性的社会交往中有太多禁忌，所以，青年男女能够单独相处的机会并不多，而要在很短的时间内选定自己的婚姻对象，就使得部分女性在选择配偶时难免带有一定的盲目性。

传统社会中女性婚姻生活不自由，日常生活深受限制。张晓在研究中提到，在传统社会中，西江一些新婚妇女结婚几年了还不认识自己的丈夫。因为在传统社会中，有的妇女在旁人面前是不好意思与丈夫说话的，也不好意思与丈夫同桌吃饭。[①] 加之西江传统上有"坐家"（新娘嫁到夫家后，只在夫家待几小时或一夜，最多不超过十天半个月，便回娘家，之后只在农忙时候回夫家住十天半月，然后又回娘家，直到怀孕才到夫家常住）习俗，结婚后的新娘很长时间待在娘家，即使回到夫家，很多丈夫只在半夜三更才会与妻子同居一会儿，天亮之前就走掉，[②] 所以出现好几年了女性都不认得自己丈夫的情况，PGM 告诉笔者"我们是父母包办的，之前我没见过他，到他家后我也不敢抬头看他，没和他讲过话，我很害怕，晚上我和他妹妹一起住，有时妹妹去游方了，他就偷偷地来住一会

① 张晓：《西江苗族：妇女与文化互动关系的个例》，载李小江、朱虹、董玉秀主编《主流与边缘》，生活·读书·新知三联书店 1999 年版，第 34 页。

② 同上书，第 30—42 页。

儿，没有灯，也不好意思讲话。过得差不多三年我有了孩子，他来接我，我才偷偷看他长什么样，心里慌得就像偷了东西似的”。PGM 的经历正应了费老“乡下夫妻大多是用不着说话的，实在没话可说”的写照。

两性话题与性行为在女性中有很深的禁忌。性在很多社会都是一个很隐私的话题，在苗族女性中尤其如此。在张晓的《西江苗族妇女口述史研究》中，就记录了这样的故事。一个妇女要生小孩了，因害羞与难为情不敢和丈夫讲起自己在从坡上干完活回来的路上生下孩子的事。而在事后问及妇女时，妇女说害羞不敢讲，而男性也因为害羞直到孩子满“三朝”（即三天）才见到孩子。在西江传统社会对两性话题的高度回避，以致形成性丑陋的观念。所以，西江很多老年妇女声称，她们都是结婚好几年才认得自己的丈夫。夫妻性行为在传统社会中被压缩在传宗接代的特定领域，所以，恩格斯指出：“古代所仅有的那一点夫妻之爱，并不是主观的爱好，而是客观的义务，并不是婚姻的基础，而是婚姻的附加物。”[①]

此外，在传统社会中女性没有离婚的权力。婚姻是家庭的构件，[②] 婚姻“超稳定”，一般女性轻易不会离婚。据村中老年人介绍，在 2000 年以前，“西江怕是十年也见不到一对离婚的”。在村委会访谈时，村委成员就告诉笔者，“原来我们这里哪有什么离婚的，这么多年，也只听说一两对，最多不会超过十对”。“那时候的人没有现在这么多想法，原来那些妇女都没文化，连门都不敢出，有些连雷山都没去过，你喊她跑，她都不会，跑了就没有地方去，不像现在。再说，那时候生活苦，回娘家，哥哥、弟弟不高兴，去外面，自己也害怕。（LBB）”在传统农业时代妇女不敢轻易离婚或是离开家庭，多源于女性一旦离婚就意味着什么也没有。她们离婚后不但没有在夫家应有的一切，在娘家法律上本该属于自己的东西也会随着其外嫁而失去。在流动性很差的社会里，女性不敢轻易冒险。另外，传统社会中血缘与地域的高度重合，使得一般刚有离婚想法的双方会在社会网络作用下，迅速打消念头，这也是已婚女性不敢轻易离婚的又一原因。最后，离婚在西江是名声不好的事情，很多女性会因保护名誉而

① ［德］马克思、恩格斯：《马克思恩格斯选集》（第 4 卷），人民出版社 1995 年版，第 74—75 页。

② ［美］沃尔夫：《当代中国的婚姻、家庭与国家》，载马春华主编《家庭与性别评论（第四辑）》，社会科学文献出版社 2013 年版，第 210—232 页。

放弃，也有的会出于对孩子的挂念而放弃。在西江，离婚以后，母亲不能带走孩子，尤其是男孩，甚至连探视权都没有。

（2）旅游发展后多元而自由的婚恋

传统恋爱方式被摒弃与现代恋爱方式多元化。部分受访者指出："现在哪里还有游方坡？都被搞旅游开发了。（M04）""游方坡早就没有人去了，头几年就没太多人去，现在更没有。（M05）""年轻人都出去打工了，只是过年回来，原先偶尔会有人去，后面开发旅游，有手机了，年轻人都不去了。（LM）"早在 20 世纪 90 年代，西江年轻人由于外出务工就很少再去游方坡，但是在过年过节回来时，他们偶尔会光顾。外出务工之初，他们对外面仍有诸多顾忌，城乡的二元限制及心理的自卑让他们很难融入城市，在游方坡上寻找恋人还是他们主要的恋爱方式。在受访者中，1985 年之前出生的女性，其配偶大多还是通过传统的游方形式认识并结婚的。但是随着在外时间越来越长，其对外融入程度越来越高，加之传统交往空间被侵占，传统恋爱方式被摒弃。随着现代通信方式的介入，交友与恋爱方式越来越多。现在西江年轻一代恋爱的对象要么是在打工的店里或是打工过程中认识的；要么是通过微信、QQ 认识的；还有朋友或游客介绍认识的。与父辈相比，年轻人恋爱方式呈现多元化，西江旅游的发展为这些现代交友方式提供了物质条件。在西江，即使 14—15 岁的孩子都可通过周末到农家乐打工获得收入以购买手机。很多受访者家庭表示，为方便联系，孩子一般到 12 岁进入初中，家长就会给其配备手机，有的孩子甚至 10 岁左右就有手机了。所以 LZH 说："现在年轻人都是 QQ、微信联系，还可以打电话。旅游开发了，大家都忙，哪有时间去游方坡，在这里就可以认识很多人。我店里那些姑娘小伙也不像我们原先那么害羞，有时玩笑开得我都要说他们别太过分，他们和我们很不一样了。"旅游开发虽然占据传统的交往公共空间，但旅游收入却为私人交往便利提供经济条件，年轻人交友方式多元化。M01 与妻子 Fe07 就是 2013 年他从外地打工回来在酒吧认识的，那时 Fe07 刚 16 岁，她是从附近的猫碧岭到西江农家乐打工的，认识没几天他俩就结了婚，现在已经育有一子。

旅游发展后，多元而自由的婚恋方式还表现在婚姻年龄的两极分化上。对于大多适龄青年而言，旅游开发后恋爱年龄推后。农家乐经营者 LMH 说："我才不忙着结婚呢，西江现在机会这么好，很好赚钱，我要多赚些钱，我还有很多想法，不想那么早被家庭捆住。”有类似观点的女性还有不少，如Fe06，她指出“我想多玩两年，女的一结婚，就要生孩子养孩子，就没有自己的空间了。现在自己又不是养不活自己，一个人想干什么干什么，不受管束（Fe06）”。所以，尽管在别人看来Fe06的年龄实在不小了，但她并不介意。还有受访者表示：“我其实想等着打工存点钱，自己要弄点自己喜欢的事情，我要把我们苗家文化的好的一面表现出来，你看到我们这里面那家卖水族东西的店了没，我很喜欢，我就想弄一个那样的店，让游客多了解下我们，我现在在博物馆这里上班就是想自己多学点东西，以后好自己开店，要是结婚，就什么都做不了了。（Fe04）”而继续追问弄好店后她是不是就要找对象结婚，女孩说：“也不是，我觉得这要看缘分，其实，多久结婚都没有问题，这是我自己的事，也是我自己的个人自由，要不，大学毕业后我也不会选择回来。（Fe04）”上文中所谈到的Fe07是婚姻低龄化的代表。她说“旅游开发后，我们西江活动太多，天天都在过节，我也没心思读书，上学时就经常周末去农家乐打工。……我也没觉得我结婚早，我的朋友没读书的好多都结（婚）了”。西江旅游开发后女性婚龄两极分化的现象从受访对象看，与她们的受教育程度有关。受过专科及以上教育的女性与男性倾向于晚婚，而受教育程度低的女性则倾向早婚。晚婚现象，男性比女性更明显。2015年西江各村人口婚姻基本信息显示，当年婚出的女性约有175人（实际数据大于该数据，因为还有一些未满婚龄的女性并未登记），而婚入的仅有98人（见表4－4），间接印证了该说法。

表4－4　　2015年西江各村人口婚姻基本信息

村名	婚入	婚出	>22男	未婚男	>20女	未婚女
东引	21	54	514	116	579	131
羊排	26	40	659	153	741	172
南贵	22	35	542	133	627	152
平寨	29	46	809	236	911	266
总计	98	175	2524	638	2858	721

注：婚入代表从外村嫁入，可反映男性结婚数量，婚出则基本可反映女性结婚数量。

上述材料还充分显示了旅游参与后部分女性对自己角色定位变化而产生的另一种婚恋观。随着经济条件的好转，女性开始享有独立人格，受过较高教育的女性，不再将自己的角色定位于家庭，而是将目光投向更远的志向，像上文中的 Fe04 及 Fe06。她们自我意识及自我实现的觉醒让她们不愿早早进入婚姻状态；另外也反映了传统意识在女性思想中还有很深的痕迹，因为大多不愿早婚的女性害怕婚姻会让她们失去自我及自己对理想的追求。所以，旅游在某种程度上激发了部分女性对主体意识的审视。

旅游发展后配偶选择趋向多元化。本地青年的配偶选择出现了地域上多元性与民族上多元性特征。从地域看，旅游开发后嫁入西江的女性已不仅限于周边村寨。随着家庭生活条件的改善，外来媳妇增多，她们中既有本地青年外出务工带回来的，也有外地女性到此务工或旅游嫁到本地的。就像 WXF，她是在西江旅游时认识其丈夫的。“我和小伙伴来旅游，晚上出来泡吧。看见几个小伙在唱歌，其中有一个唱得很好很打动我。我闺蜜鼓动我，我那时就好大胆地走过去，给他要了 QQ，后来通过 QQ 联系，我把原来的工作辞了，到这边来打工继续交往，后来我们就结婚了（WXF）。”村落中对这种现象并不以为奇，不少老年人表示，“那时候我们没敢找你们客家人，老人说，怕你凶不过他们。现在我姑娘儿子，我就随他们了，只要他们自己喜欢（YZF）”。笔者调研时房东的女儿也曾说：“我蛮不想离开西江，所以如果能在西江这边找一个最好，我说的是到这边来打工或做生意的，你晓得，我们这边是不开亲的，我对那个人也没什么要求，我也不管他什么民族，主要是看缘分。（LQ）”“嫁到外地去我也是可以接受的，我的很多姐妹都嫁到很多地方，最远的有嫁到浙江、广东的。（LQ）”旅游发展后，本地的婚姻圈不仅打破了地缘界限，还突破了族群限制，青年人的婚姻自主性加强，在家庭中的权力得到提升。同时择偶的标准也发生了很大的变化，如果说在传统社会中，女性择偶带有一定的盲目性，在旅游参与后，女性择偶则理性得多，她们会通过各种方式去审视对方各方面条件。

旅游发展后女性婚姻生活中的自主权增加，女性在日常生活中开始释放自我。在传统社会中，苗族青年男女结了婚在家很少说话，一方面是羞涩，另一方面是传统文化对其行为的规范。但是旅游开发后，这种禁忌被打破。当傍晚漫步于西江千户苗寨时，会发现，原来只有老年男性才去的村中亭子，现在偶尔也有女性加入，走在路上的男女，不再像陌生人，大家熟悉地打着招呼。在家庭中，丈夫与妻子交流不像原来那样躲躲闪闪，妻子直呼丈夫名字也不会招来老人的谩骂。笔者住在房东LWF家时，还参与了夫妻俩关于铺面装修材料及风格的讨论，虽然后来在实际的装修中丈夫更改了当晚商量的决定，但夫妻交谈过程平等而和谐。虽然不能说这必然是旅游发展带来的结果，但事实是在参与旅游之后，由于与游客接触增多，与外来游客的文化交往使得生活中原来的一些禁忌被修改与突破。

少数中年女性开始敢于拒绝男性配偶不合理的夫妻性生活要求。旅游发展后，两性间性的话题仍是禁忌，但部分女性已经有保障自己在两性关系上权益的启蒙。小花（此处为化名）是少有的能向我讲述她与丈夫间性关系的受访者。

小花向我们展示了在夫妻生活上，女性从顺从到敢于拒绝、从绝口不提性到可以言说的转变。旅游发展使女性性观念发生转变，小花敢于表达自己的诉求，比以往有了很大进步。学会爱惜自己身体而拒绝丈夫不合理的性需求，在一定程度上反抗了男性主动而女性被动的性话语。对性的讨论虽然还在限定的范围，但是乡村性话语的压抑机制在松绑，不能说这些都是旅游发展带来的，但游客对小花的启示，的确让我们相信旅游发展仍对其起到了一定的推动作用，旅游发展使得人们的价值观发生了变化，尤其是婚前同居现象的出现，对传统的性别意识提出了更大的挑战。

年轻一代性观念变化较大。在村里，对年轻人未婚同居现象大家反应复杂而矛盾。一方面，村民默认这种变化，认为这是一种新形势；另一方面，村民也觉得现在的社会让孩子变坏了，让孩子不好管了。对于女儿17岁就生了孩子，TD说："现在这种的也多了，也不是我一家，很多都是没结婚就住在一起的，有的还是生了孩子才结婚的。现在的大环境就是这样，她学校靠近表演场，没得心思读书，天天心都是花的。一到周末她就去农家乐打工，我们忙也管不了。"这番话不仅表达了作为家长的复杂心理，也暗含了对旅游发展是女儿发生变化的一种诱因的控诉。

离婚率出现上升趋势。据乡政府提供的2015年统计数据显示，过去几年间西江离婚率出现上升趋势，离婚人口232人，但相关人员认为实际数据可能要高于此，有些因没有结婚证自然离婚而无法统计。对此现象，村里的治保主任告诉笔者："现在不像以前了，有人有钱了就开始在外面乱花，有些老婆不愿离，就打老婆，我们去调解，也没多少用，离婚（率）总的来说还是比原来高了。”由于经济条件好转，西江千户苗寨家庭出现了不稳定状况，这其中以男性出轨较为多见，人们对之持一种较为宽容的态度。但如果事情发生在女性身上，情形就会很不一样。

家庭暴力作为体现男女性别等级的一个重要指标，也是分析女性家庭权力的重要内容。无论在传统社会还是现在，家暴都从未杜绝，只是现在比传统社会有所减少。在旅游发展后，这种情况得到了缓解。LZH 是这样描述她丈夫的，“原来没什么事做，他就爱去和人家打点小麻将，输了就喝酒打人，那时候，我真的是很想离婚的，要不是崽小。不过旅发大会后，我们开了这个店，他就不怎么喝了，现在他每天要搞采购，晚上还要结算，有时晚上要搞到一两点钟，也没时间去喝酒，也就不打了（LZH）”。也有男性将家暴看成家庭管理的一种方式，他们说：“老婆不打不乖。（JYS）”“你要不偶尔打一打，她都不知道天高地厚。（JH）”“现在西江诱惑这么多，还是要时刻提醒下。（YJM）”对于家庭暴力，我还访谈了一些男性，他们中 70% 的人坦承，自己打过老婆，尤其是原来经济条件不好时，遇到烦心事就会打老婆。“那时候，一天也没什么事，就爱喝酒，有时喝了，老婆一讲，就挨打。（YJZ）”

在表面上，男人对妻子的家暴似乎是男人的一种家庭策略，是一种试图稳固婚姻的方式。在传统社会中，因为乡村社会的婚姻大多是靠情感以外的东西在维系，所以在离婚时会较多考虑感情以外的事物，地域与血缘相重叠的特点让生活在一个相互间很熟悉的“熟人社会”中的人们很难突破传统规制，形成了一种“超稳定”的婚姻。也正是在这样的情形下，家庭暴力变得更隐私而不易被人们察觉。在传统上，家庭中拥有较多资源及传统文化的支持成为男性家庭暴力的源泉，但如果我们透过性别去分析时就会发现，传统两性的规制才是家庭暴力得以维持与延续的原因。在中国传统社区中，人们对于别人家庭中的暴力往往不愿意介入，有时是怕自找麻烦，有时是怕给当事人找麻烦。在男权体制下，人们认为夫妻打架是再正常不过的事情，女性在这样的环境下，很难通过自身摆脱这种境况，但是旅游业发展让她们获得了觉醒。

诸多的农村女性之所以不敢离婚，与当地的财产、土地分配密切相关。尽管国家在法律上早就规定女性享有与男子同样的土地权利及财产继承权，但在实际情形中，分给女儿的土地，在其出嫁后就不再属于她，而属于娘家，女性对土地没有持续利用的权利。在其嫁入婆家后，由于土地早就包产到户，她们会因为当地没有多余土地而与丈夫共用，即使分到土地，女性一旦离婚就不属于村里的人，土地也会被收回。所以女性无论在娘家还是婆家都缺乏生存保障。村委会成员说："自从包产到户后，每家的土地基本上就没变过，无论后来有多少人口，都是按当时包产到户时的人口计算。没有办法的，怎么弄？有些人家原来女儿多的，现在土地就多，你也不能说，她女儿嫁了就把土地收回来。儿子多的人家就很麻烦，一般耕地都少。也不是只有我们这样分配，这周围都是这样的。（M05）"这些谈话隐含了很深的性别不平等，不仅在家内两性对土地占有是不公平的，在社区里两性对土地的占有也是不公平的。在农业社会，土地是家庭中最大的资源，它会影响家庭的经济前景及家庭生计。如果从社会性别来看，这实际是一种侵犯女性土地权利的表现。当地这种非正规习俗凌驾于国家法律与政策之上，并秉持资源分配男性优先原则，这就构成了当地隐秘而真实的生产资料获取上的性别不公平，这引发了更深层次性别不公平，没有生存资源的女性不敢轻易离婚。

（二）日渐增强的女性家庭事务决策权

沙吉才认为对家庭中重大事务的决策最能体现家庭中的权力格局，而重大事务亦被诸多两性家庭权力研究者所认可，但前提是这项指标表达的是："在重要的家庭决策中，以自身的意志或偏好去影响配偶的能力。"[①][②]而不仅仅针对家庭投资、购房、建房等重大生产的决策，所以在接下来的研究中，笔者将通过考察家庭重大事件的过程及最后结果以说明家庭中的权力关系。

1. 重大事务的决策权

（1）传统社会中家中重大事务由男性长辈决定

传统社会中，家庭作为基本生活单位，不仅履行生活功能，而且还具

---

① Warner R. L., Lee L. J., "Social Organization, Spousal Resources, and Marital Power: A Cross - Cultural Study", *Journal of Marriage and the Family*, Vol. 48, No. 1, 1986.

② Mirowsky J., "Depression and Marital Power: An Equity Model", *American Journal of Sociology*, Vol. 91, No. 3, 1985.

有生产功能。在以生存为第一要务的传统社会中，长辈通过对家庭财产的把控，紧紧将子辈约束并控制在自己的管辖之下。父亲作为家庭中的家长，对家庭中的重大事务有着绝对的权威与决定权。就像上文中提到的，有的家长甚至有决定子女生死的权力而不会受处罚。女性作为婆家的外来之人，在传统社会中，她履行的是家庭生育与养育的再生产功能，没有任何话语权，更谈不上决策权。

（2）旅游发展后家庭重大事务仍以男性决策为主

家庭生计决策中女性崭露头角，而男性权威不减。LWF 是一个很有想法的女性，从最早参加政府组织的表演队到后来自己组织表演队，她凭借的不仅是热情，还有自身的能力，及在旅游发展中积攒的人脉与经验。2015 年春节期间她通过在旅游发展中建立的人际关系，带着她组建的表演队到厦门演出，将西江苗族文化进行传播，让外界了解。在此之前，她一直经营着一家农家乐，直到 2013 年在外打工的弟弟受伤需要人照顾，她离开了家乡将农家乐交给丈夫打理。由于丈夫不善经营管理，生意每况愈下，最终他将农家乐以每年 6 万元的租金转租给他人，并签下了六年的转租合同。她虽不乐意丈夫将房屋出租，但她当时也没办法。弟弟伤好后她回来，想要重新开农家乐，丈夫不同意。丈夫觉得农家乐既辛苦，还会带来一些不必要的麻烦。丈夫把存折看得很紧，害怕她私自拿钱，但这并未阻挡 LWF 开店的决心。于是她与姐姐们商量，用她在外照顾弟弟时打零工的收入加上两个姐姐凑的钱一起开了家农家乐。丈夫知道后，很生气，无奈店是她与姐姐们一起开的，丈夫也只能作罢。但 LWF 的志向并不在此，开农家乐是她为自己事业挣第一桶金的方法，她更想让游客了解苗族文化。所以，她又筹划开了一间手工展示作坊。在她决定开手工作坊时，她决定要征得丈夫的支持，她与丈夫商量，并让丈夫清楚自己未来的蓝图。最后，在 LWF 的劝说下，丈夫帮她装修了小店，她请了绣花、蜡染、纺布人员在作坊中进行展示。员工多了，但生意并没有转好，丈夫建议她转行老老实实卖点小手工艺品，够家用就行了，但她觉得人要有理想。她再次劝说丈夫直到丈夫同意她的想法，丈夫提出了让她换一个房租更便宜的地方开店并从农家乐退股的提议。由于个人精力有限，门店位置不佳，她与姐姐们最后关闭了农家乐。由于合同未到期，丈夫建议将店面转租给别人，以解决手工作坊刚开业时的困境。她将之前农家乐门店转租，自己重新租了房租更便宜的地方开店。对开店事件其丈夫 LXH 说，“妇女就是妇女，她就只知道她喜欢做就往前冲，我不帮她考虑这前前后后的，她到时候拿什么开工资给别人，这店里每个月光开工资都要开出上万元，不把那个房子租了贴补她，到时候她哪里还经营得下去。房租的差价可以开两个人的工资，压力就没那么大了。我那边房子租出去的钱我是不会动的，两个孩子都在读书，那钱要留着给孩子（LXH）”。

在家庭中，重大事务的决定权仍然是掌握在男性手中，最后的决策结果也通常是由男性决定的。但并不代表女性在此过程中只能无所事事与无能为力，LWF 通过其策略与语言技巧影响丈夫，最终获得丈夫对她行为的认可。虽然最终结果与初衷有偏差，但在这一过程中 LWF 认为她实现了自我，她那段时间的微信签名“做了自己想做的事，很开心”便体现了她的心声。决策权只是家庭中讨论的一个权力指数，如果仅以结果为参照，容易得出丈夫独权或是女性无权的论断。因为事件的结果是按照丈夫的安排在执行，但在这一过程中 LWF 也争取到了自己喜欢的事业。从更理性的角度看丈夫的决策并没有错，所以以过程为参照，在具体的情景中考察权力，更能反映女性家庭权力的实际情况。

父与子共享家庭生计决策。在旅游业中年轻女性增强了自己在家庭重大事务中的参与权，并不意味着老年人在家庭的重大事务决策中退出。LGX 在西江开了几家银饰店，每个儿子为其管理一家。当初他并不想把生意做这么大，毕竟每增加一个销售点，成本就是一笔不小的开支，光房租一年就要十几万元。但是，儿子们都想独自为政，纷纷提出分家，最后 LGX 为每个儿子都开了一间店，自己一间。店中经营的银饰由他亲自打制，他不想儿子用其他的货品砸了他多年的招牌。在笔者问及 LGX 在风险并不确定时，他们家进行扩大经营的策略最后是如何决定下来的，他说：“那是大家嘛，最后拿主意是我，但是我也听取他们的建议。经过各位的建议，我再来决定。”“生意不能我一个人说了算，现在儿子大了，都成家了，他们都有自己的想法，听听他们的意见，有时候也没有错，虽然是我定，他们没同意也做不成，就是老婆子不同意，也做不了。（LGX）”

在夫妻均健在的家庭，男性把持家庭重大事务的决定权，但如若家庭中男性长辈已离世，这一决定权通常会落到儿子手中。就像 LCF，当初将房屋出租，就是儿子与其一起做的决定。

应该说，手中还握有资源尤其是经济资源的男性长者在家庭重大事务的决策中仍占有较大话语权。对老年女性而言“在家从夫，夫死从子”是其行为原则，传统的性别规范在老年人中仍然影响较大。而家庭成员中有意或是无意的行为，不会迫使人们采取决定，而会改变关系的结构。

买房与建房还是男子决策的传统领域。在传统社会，房屋作为家庭安身立命之处，不仅是家庭存在与延续的基础，也是家庭最丰厚的财产，因此房屋的建造不仅是家中大事，在传统社会中它还有着很深的意涵与隐喻，房屋在建造过程中对女性的诸多禁忌就是其意义与表征的延续。在西江千户苗寨，由于从夫居与从父居，房屋的修建，一般都是家中男子传统的决策领域。而且，由于当地过去一直处于贫困状态，温饱尚难解决，建房多半是奢望，因而房屋建造更显神圣，女性从未被允许参与在这一过程中。但旅游发展后，房屋建造不再是奢望，短短几年间，西江本地就有20%左右的房屋进行了维修，还有部分新建。

调查中，当问及家中建房以谁的意见为主时，回答几乎都是家中男主人。就连平时很能干的女人，在这件事情上也会“甘拜下风”，就像LZH说的，“这些事是要有技术的，我们女人懂不起，起多高，该怎么弄，怎么装修，要多少沙石，都是老公与师傅商量，我们只能在旁边听着”。建房作为家庭中最重要的事件之一仍然遵循着传统的性别规范，女性在这一领域中处于失语状态。

2. 一般事务决策权

郑丹丹认为家庭权力总是表现为日常生活中的一种关系、事件，所以日常事务的决定权更能反映家庭的实权，[①] 而笔者前期调查也证实了该观点的合理性，所以本书也将其列为考察指标之一。

（1）传统社会中家庭事务为家长赋权婆婆管理

在传统社会中，父亲作为家庭中的权威与权力拥有者，并不会事无巨细过问，加上传统文化对公公与儿媳相处的禁忌。在“男主外，女主内”的性别分工原则与思想主导之下，父亲通常会将家庭中部分琐事及与家务相关的事宜交给婆婆处理，便于大家庭对儿媳劳动进行管理。所以在传统

---

① 郑丹丹：《中国城市家庭夫妻权力研究》，华中科技大学出版社2005年版，第23—26页。

社会中，一般家庭事务的决策是父亲赋权婆婆管理。

（2）参与旅游后家庭事务以女性决策为主

年轻夫妻家庭事务以两性共同决策为主。在西江人看来，一般的家庭事务无外乎一些家庭生活用品的购买及生活中的琐事处理。所以，西江年轻男性通常认为"其实无所谓，有些事情谁做都一样（YBN）"。"家里的事还是要女的管，男的哪有时间去管那些小事？（MWY）""现在都男女平等了，哪还有那些旧思想？（M07）"

老年夫妻的家庭事务决策以女性为主。在年纪较大的夫妻中，一般家里的穿衣、生活用品的购买都以女性为主。大多男性长者认为："那些事情，就是应该女人做，女人家，女人家，女人就是管家的，就是要管这些事的。（JBB）"所以一般的日常采买以女性为主，一般的家庭琐事也多由女性处理。

上述回答充分体现了男性对家庭事务的认知，一般而言，男性普遍认为管理家庭中的琐事是女性职责，是男女分工所规定的，在部分青年男性中，随着两性平等思想的深入，他们也开始参与家庭中琐事的决策，也有部分男性并不屑于这些小事，认为家庭事务的管理权是他们让渡给女性的。如果从性别关系考察，在家庭资源的分配上，仍奉行着男性优先的原则，男性利益多被置于女性利益之上，家庭权力格局及资源配置中仍以男性为主的性别倾向明显。但女性在家中拥有的决定权，至少也表明了某种权力的上升。

（三）从女性为主变为两性共担家务分配

家务劳动，作为一种为家庭无偿付出的非货币化劳动，在本书中既包含一般意义上的家务杂事，也包括经营承包土地中用于家庭自用的那部分劳动成果所对应的劳动。[①] 它是社会、家庭和个人生产得以维系的关键，一直以来被视为女性责任而使女性在劳动力市场中处于弱势，然后被排斥在社会生产之外，形成对男性的经济从属和家庭中的被压迫。[②] 女性主义学者将家务作为家庭压迫的主要面向进行讨论，并指出这种经济从属成为

---

① 朱梅、应若平：《农村"留守妻子"家务劳动经济价值的社会学思考》，《湖南农业大学学报》2005 年第 6 期。

② ［德］奥古斯特·贝贝尔：《妇女与社会主义》，葛斯、朱霞译，中央编译出版社 1995 年版，第 14 页。

男性在家庭中拥有权力的基础，[①] Shelton 及 Daphne 等则更进一步指出家务劳动分工并非只是单纯的性别差异，而是家庭内不平等关系的重要体现，[②] 具有深刻的权力内涵，家务劳动对理解性别不平等具有重要作用。[③] 在本节中，我们将审视家务分配与家庭权力间的关系。

1. 传统社会中家务劳动女性化

在传统社会中，女性是家务的主要承担者，但两性在家务时间长短、家务类型及家务时间安排上是有差异的，具有清晰的性别特征。

首先，女性用于家务的时间比男性长。在访谈中，部分受访者在回忆未参与旅游前自己每天的生活时说："那时，天不亮就去挑水、回来后做饭，喂猪、上坡、煮饭、带崽……一直要忙到睡觉。（LM）""一起从坡上回来，他还要等到你做给他吃。（SH）"在传统社会中，一起出门，一起归家，同是劳作一天，回到家中女性还必须承担起煮饭、喂猪等其他家务，而男性回到家中后，其劳动时间就算结束，在时间长度上两性之间并不平等。

其次，男女承担的家务类型不同。在传统农业社会，并非男性不参与家事、女性不参与农活，只不过男性是农事主要承担者，女性是家事主要完成人（见表4－5）。苗族学者李廷贵曾这样记载两性分工。

表4－5　西江千户苗寨传统的两性家务分工

类型／承担者	农事	家事
男女共担	撒谷种、薅土、放水、施肥、割草	砍柴
男性承担	放牛、犁田、运秧、打谷子、修沟	建房、修补房屋
女性承担	插秧、捞鱼、收割	喂猪、喂牛、做饭、缝洗衣服、带孩子、照顾老人、挑水、种菜、绣花、织布

注：本表依据访谈资料整理。

① 张志尧：《双薪家庭中阶级与夫妻权力关系之探讨》，《应用心理研究》2003 年第 17 期。

② 刘爱玉、佟新、付伟：《双薪家庭的家务性别分工：经济依赖、性别观念或情感表达》，《社会》2015 年第 2 期。

③ Hook J. L, "Gender Inequality in the Welfare State: Sex Segregation in Housework, 1965 – 2003", *American Journal of Sociology*, Vol. 115, No. 5, 2010.

“小家庭的自然分工是，夫主外，妻主内。家庭中的吃喝穿戴，儿女婚事由妻子出面料理，丈夫一般不公开露面。而家庭中一切涉外要务，由丈夫出面解决。农业生产上的犁耙田土等重要农活由丈夫独立操作。而栽种薅锄、秋收冬藏等农事，则夫妻共同参与。另外，像挑水做饭、晒谷舂米、纺纱织布、浇园种菜、染布缝衣、洗衣浆线、喂养禽畜等事务，则由妻子一人完成。”① 以上描述也显示，传统社会中男性所从事的家事是有“技术”含量的（如建房、修理农具等），女性是以辅助劳力形式进入农业生产的，较少涉及农事中具有明显男性特征的事务（如犁田等）。家庭中的事务则是妻子独力完成，男子较少参与，两性分工明确。

最后，女性家务劳动内容相对固定，在时间安排上不及男性灵活。农事本身具有季节性，家庭中房屋新建、修缮等技术性事务具有偶然性，所以男性所从事的家务不仅少，在时间上也较灵活。但做饭、洗衣、带孩子、喂猪等女性家务则天天重复，很难因从事其他劳动而削减，女性每日家务时间也较固定。即使在主干家庭，② 婆婆能借助传统所赋予的权威及权力支配并监督儿媳的家务劳作，使自己的家务通过对媳妇的转嫁而获得某种程度的减轻，家务在本质上也还是属于女性。女性，尤其是年轻女性，在家庭中仍处于弱势，两性家务分配不平等明显。

2. 旅游参与催生了家务分工多元化

旅游就业使当地家庭的家务分工在时间、类型及分配上都发生了变化。首先，两性的家务劳动时间及劳动负荷均有不同程度减少（见表4－6）。旅游收入的增加使得本地家庭经济条件大为改善，电磁炉及煤气炉的使用使两性从“砍柴—生火—煮饭”等复杂、费时、费力的劳动中解脱出来，简化了做饭程序，减少了每个家庭平均每天用于家务的时间。就像受访者所言：“现在用电，不用去砍柴，方便多了。原先一家人的衣服，要洗一早上，现在丢进洗衣机，（洗好后）拿出来晒就行

① 李廷贵、张山、周光大主编：《苗族历史与文化》，中央民族大学出版社1996年版，第386—387页。

② 主干家庭：既包括父母和一个已婚子女或未婚兄弟姐妹生活在一起所组成的家庭，也包括父或母和一对已婚子女及其孩子所组成的家庭。

(LWF)。”其次，家务种类减少。当地不少家庭在参与旅游后，出于人手及经济收益考虑，放弃了农业生产，传统上属于男性与女性的“农事家务”减轻或消失。最后，一般家庭男女共担家务，妻子略多，部分家庭出现男性承担家务多于女性的状况。电饭煲、洗衣机的使用，使得传统上属于女性的工作对男性而言也能轻易完成，部分家庭中的男性在女主人无法兼顾家务时承担起这些事务，而成为家务主力。另外，以旅游经营场所为家的家庭，吃住都在店铺里，其自身家务通过付薪给雇员而减轻。总体来看，旅游就业，使西江千户苗寨的家务分工发生了显著变化，不仅是两性家务时间及种类均有减少，还出现了女性为主、男性为主、两性共担及雇工承担等多元家务分配形式。

旅游发展后，年轻男性的家务承担普遍高于老年男性。在旅游发展后，由于大多女性所从事的职业基本集中在农家乐、景区迎宾、环卫、餐饮或是旅游纪念品商店等这类时间限制较强的工作上，而男性则多从事运输、采购，甚至赋闲在家，所以很多男性参与了家务工作。尽管在思想上一时很难变化，但因为女性“她忙不过来，看她太辛苦了也不忍心（MXH）”“她要上班、搞生意，没有时间，孩子要吃(YJM)”等原因，男性也承担起以往由妻子完成的家务。但对于老年夫妻情形就有所不同，66岁的HM，在每天上午、下午的迎宾表演完后都要赶着回家给71岁的JBB做饭，她的收入对这个家庭极其重要，她也会抱怨累，但她却不认为JBB该做家务，“因为几十年都是这么过的(HM)”。刚结婚的年轻人在家务分担上就平等很多，MWY最初与新婚妻子在同一家农家乐打工，他认为：“家务是两人的事，现在讲究男女平等。有些游客还给老婆背包，我做家务不稀奇，那些不做的是老观念。(MWY)”

女性家务分工能否减轻与丈夫的职业有很大关系。在访谈对象中，如果丈夫与妻子职业性质相似，但时间限制不强时，丈夫承担的家务相应会多一些。但是，如果两者职业地位相差较大时，尤其是丈夫有国家正式工作而妻子没有时，无论收入情况如何，其对家务的参与程度都不会太高。家务的参与程度与年龄也有很大关系，年轻男性的家务参与度比老年人普遍要高。

表 4－6　部分受访者家庭经济角色及家务承担情况

编号	受访者	年龄	性别	职业	月收入（元）	家庭角色	参与旅游前家务承担	参与旅游后家务承担
F1	LXY	19	女	农家乐员工	2800	女主人	少	夫妻共同
	MWY	23	男	景区运输	2000—5000	丈夫	不	夫妻共同
F2	LHY	22	女	零售店员	2500	女主人	少	较多
	JH	36	男	保安	2000	丈夫	不做	少
F3	LX	29	女	景区及零售	3000	女主人	婆媳共同	少
	LJM	40	男	无（房租）	无	丈夫	不做	较多
	LJM02	63	女	景区环卫	800	婆婆	婆媳共同	少
F4	LZ	41	女	农家乐经营者	20000	女主人	婆媳共同	少
	YJM	47	男	农家乐经营者	20000	丈夫	少	少
	YJM02	70	女	无	无	婆婆	婆媳共同	少
F5	YZF	47	女	客栈经营者	9000	女主人	较多	较多
	YYL	49	男	景区执法	4000	丈夫	少	少
F6	LM	43	女	农家乐主	8000	女主人	较多	较多
	YML	52	男	小学教师	4000	丈夫	少	少
F7	HM	66	女	表演	400	女主人	较多	较多
	JBB	71	男	无	300*	丈夫	少	少
F8	SH	50	女	零售、餐饮	3000	女主人	较多	较多
	LBB	76	男	退休教师	4000	丈夫	少	少

注：表中*为景区发放的文物管理费，家务参与的多少是夫妻相对而言。

3. 旅游减少女性家务劳动，但增加了家外劳动

无论以何种方式参与到旅游接待中，女性并不认为自己现在的劳动强度与时间比原先要小。无论是外出摆摊、演出或是打工，她们的家务劳动

的确是减少了，但她们每天在外摆摊或是劳动的时间增加了。LCF 在景区卖炒饭，她告诉笔者："每天我都是早上 9 点左右来到这里，然后晚上一般要到 10 点左右才回家，还好我没有卖早餐，要是卖早餐，我还必须再早一点。"现在其实她每天的工作时间超过 14 小时。"因为每天回家后，我还要准备第二天的原材料，所以每天都要弄到 12 点以后才能睡觉。"我问她每天这样，吃得消吗？她说："有时也感觉很累，比原来干农活累，原来，农闲的时候还可以在家休息，现在即使是淡季，也舍不得在家，因为要生活。"农家乐的经营者 LM、LZH 也说，"淡季轻松点，但压力大，因为要开（给）员工工资。旺季压力小，但是人很累，有时凌晨一两点还没得休息"。

参与旅游经营后，女性由于时间、体能等限制，既无暇顾及家内也无暇顾及家外。出于旅游经营接待中的事务更适合女性操作以及家庭经济的考量，男性不得不参与家务劳动。但如果仅从劳动时间本身对女性进行衡量，则发现女性的劳动时间及劳动强度不仅没有减少，在某种程度上还比以前变得更多。只不过这种劳动从家内无价值的状态走向了家外可以货币衡量其价值的方式，但这恰恰隐匿了女性的不平等从家内走向家外的事实。

参与旅游让两性劳动内容异质化，女性因为性别上的刻板印象，更多参与了家外经营，有的男性也因此退回家中承担了原先属于女性的带孩子与做家务等事务，像文中提到的 LX 丈夫 LJM 等。这样的劳动分工，打破了传统中"男主外，女主内"的说法，也暗示着"男主外，女主内"并非一条不可跨越的界限，它是有弹性而模糊的。家庭生计成为传统性别规范重构的最大动力，而这种重构又是不完全的，它还受其他因素的影响。无论如何，女性获得收入及其劳动价值凸显，使其对家庭经济的贡献得以显现，促进其自信心与独立人格的发展。

五　小结

旅游发展后，当地家庭发生了复杂的变化，这些变化相互关联，互为条件，相互促进。

首先是旅游为主的生计方式对传统农业为主的生计方式的替代。女性因为性别上的优势在旅游业中大量就业及获得收入，使原先在家庭中被隐藏的女性劳动价值显现，女性成为家庭经济的扶养者，促进了男性更多的家务参与。在旅游中获得收入还为小家庭从大家庭分离，为传统家庭关系从父子关系转向夫妻关系提供了经济上的支持与空间上的可能，婆媳关系也因为两代人空间的隔离变得更简单。在旅游参与中，游客的示范效应，加上收入的增加让年轻人独立意识增强，经济的独立，让子辈实现了在家庭中的自立与自主，父子关系弱化，亲密关系显现，婆媳关系趋于平等。家庭传统功能的变化与家庭结构核心化发展，使亲属群体的影响力下降，姻亲关系得以发展，双系并重但连接松散的亲属关系形成，但亲属关系网并未打破，相反通过旅游，其族群认同被加强。所以，一旦在村庄中出现违规或是有损群体利益之事，这张网又能很快恢复功能。总之，旅游发展带来的经济收入为小家庭从大家庭中独立出来，女性摆脱对男性的依附提供了物质基础。独立的小家庭与大家庭在空间上的分离与生活上的分开，使得小家庭间的夫妻关系得以发展，传统父子关系与亲属关系在此过程中被弱化，而婆婆对儿媳的压制也失去了物质基础，为年轻女性在家庭中获得权力提供某种可能。

家庭的变化也引发了家庭权力的变迁，总体上女性家庭权力在这一过程中表现出了由缺失到凸显、由弱到强的变化，但在自主权、决策权与两性分工中又各有不同。

女性自主权实现了从无到有的变化，女性经济自主权显现。总的来说，在旅游参与后，女性在对收入的管理权、支配权及对家庭财产的所有权方面都实现了从无到有的变化。在对收入的管理上，年轻女性普遍实现了收入的自我管理，而老年女性只有部分实现了自我管理，男性对收入的自我管理权普遍大于女性，尤其是老年群体。在收入支配权上，年轻人对收入的支配权普遍大于老年人，男性大于女性，老年女性的收入支配权最低。女性对收入的支配权增加还表现在部分年轻女性实现了对原生家庭父母的经济资助。在家庭房产所有权上，极少女性有属于自己名下的家庭房产，总体上财产仍控制在男性手中。

年轻夫妻在家庭事务的决策中以夫妻共同商量为主，虽然家庭中重大事务的最后决定权仍以男性意见为主，但在旅游参与后，女性已经开始在部分事务上崭露头角。对一般事务的决策是家庭中变化较大的领域，老年女性在该领域获得的权力大于其在别的权力领域获得的权力。

两性家务分工在女性参与旅游后出现了多元变化，夫妻共担、婆媳共担及男性主要承担的情况都有出现。

女性在恋爱上获得的权力比在婚姻中多，旅游扩大了她们的择偶范围，提高了她们择偶的标准，也使初婚年龄两极分化，不愿外嫁成了西江女性的选择倾向，但社区对处于婚姻中的女性行为规范比对男性的要多得多。

综上，女性在旅游参与后，其家庭权力在各个维度上展现了不同程度的提升，在总体上女性家庭权力是得到提升的（见表4－7）。

表4－7 旅游参与后的女性家庭权力变化

<table>
<tr><th>权力维度</th><th colspan="2">具体内容</th><th>变化趋势</th></tr>
<tr><td rowspan="7">女性自主权</td><td rowspan="3">经济自主权</td><td>收入管理权</td><td>从无到有，男性仍是管理主体</td></tr>
<tr><td>收入支配权</td><td>获得自由支配权力</td></tr>
<tr><td>房产所有权</td><td>男性为主，部分女性开始争取</td></tr>
<tr><td rowspan="4">女性婚恋自主权</td><td>恋爱</td><td>形式自由到实质自由</td></tr>
<tr><td>择偶</td><td>家长参与到自我主张</td></tr>
<tr><td>婚姻生活</td><td>被动接受到主动改变</td></tr>
<tr><td>离婚</td><td>离婚率上升，女性离婚困难</td></tr>
<tr><td rowspan="3">家庭事务决策权</td><td rowspan="2">重大事务决策权</td><td>家庭生计</td><td>男性做主到夫妻商量</td></tr>
<tr><td>建房、买房</td><td>丈夫仍是主要决策人</td></tr>
<tr><td>一般事务决策权</td><td>日常事务</td><td>婆婆为主到夫妻共商</td></tr>
<tr><td>家务分配权</td><td colspan="2">家务分工</td><td>女性为主到两性共担及多元化</td></tr>
</table>

第五章　中国西南非旅游社区女性家庭权力：黔东南白碧村案例

本章试图通过与西江千户苗寨在文化上同源、在地域上相近、在环境上相似、在起源上同宗的白碧村为例，说明没有旅游开发的苗族村寨的家庭及女性家庭权力的变化。当下的白碧村已非典型的封闭而传统农业社区，村中大多数年轻人已被卷入到外出务工大潮中。在西江旅游未发展之前，西江千户苗寨的年轻人也曾大量外出务工。因白碧村与西江千户苗寨两个村的初始状态非常相似，其分异大多发生在西江千户苗寨旅游开发后。今日之白碧村，或许可看作西江千户苗寨未开发旅游的写照，所以，选择白碧村旨在通过旅游社区与非旅游社区的比较来透视旅游开发的影响。

一　白碧村概况

（一）自然地理

白碧村在行政上隶属西江镇，坐落于与西江千户苗寨公路里程相距11公里的海拔1883米的大山深处，与雷公山东北部相连。距雷山县城22公里，距州府凯里30公里，与西江千户苗寨隔山相望。据寨老LYCH介绍，在苗语中“白”指半山腰，“碧”有两个含义，一为平地，另一为杉木板。所以，“白碧”合在一起则意为“半山腰上的一块平地”（见图5-1），还有另一说法认为，因为这是块平地，原来四面八方的人们都到这块平地上来晒杉木板，远望去白白的一片，故名白碧。该村辖白碧大寨、赶雷、根赶和白坡4个自然寨，11个村民小组，共339户，1371人，苗族人口占本村人口 98.5%。[①] 该村占地面积为 6.76 平方公里，其中耕地面积为 1126 亩，人均 0.8 亩。山底河道旁到山腰，一块块顺山而列的梯田是白碧村主要的粮食来源地。

图 5-1　白碧村的白碧大寨

（二）历史沿革

白碧村与西江千户苗寨有着很深的血缘与亲缘关系，据该村老人李玉成提供的家谱考证（见图 5-2），在 300 多年前，西江“引公”带领儿子“西”7 月从西江也通来到白碧，并定居于此。这一说法在西江学者杨夫林手稿《西江溯源》中也得到了考证（见图 5-3）。西生四子：栾、往、保、心。其中栾生有一子，其子孙分散各处，往生有三子里、相、条，如今白碧的李姓子孙大多为里与相的后代，至今已有 16 代。在白碧村的 339 户中有 239 户为李姓，其中以相的后代为多，在白碧大寨的 158 户李姓中有 98 户是相的后代。除了李姓，村中还有江、龙、宋、蒋、文等姓（见表 5-1），但他们或是从别的地方迁徙而来，或是在此躲避灾难最后定居下来。

表 5-1　　户籍调整后白碧村主要姓氏及户数

村名	总户数	主要姓氏户数小计	主要姓氏及户数
白碧	339	326	李（239）、江（49）、蒋（15）、杨（9）、龙（9）、文（5）

注：根据当地政府提供人口资料整理。

① 据白碧村村委会提供资料整理。

关于白碧村李氏一族的起源，其家谱这样记载："我们的引公携家带口从西江出发，一路查勘上来雷公山脚下，看这里古木参天，野果丰盛，百兽齐全，战可以防，退可以守，是得天独厚最理想的地方，故栖身定居下来；因公的儿子就是我们的故启祖考李西引公公，该公生前住西江也通，后有一些子孙分支居住白碧和掌卡。至今已发展到十四世子孙，成了一百六十多户（包含在外工作的）。（摘自白碧村李姓家谱）。"在西江寨老杨夫林撰写的手稿《西江溯源》中也专门记载："从引（寅）公到灰孙有8代，36人，分别居住在长卡13人，白碧11人，也通12人。从灰孙到94年又有13代的末孙，其中：长卡有40户，白碧78户，也通45户，共160户。"在手稿中还记载了"曾祖飞公约于1374年从榕江出发经虎公到1398年迁至西江，西是虎公的儿子引之子，迁往白碧，成为白碧村先祖"（详见附录2）。

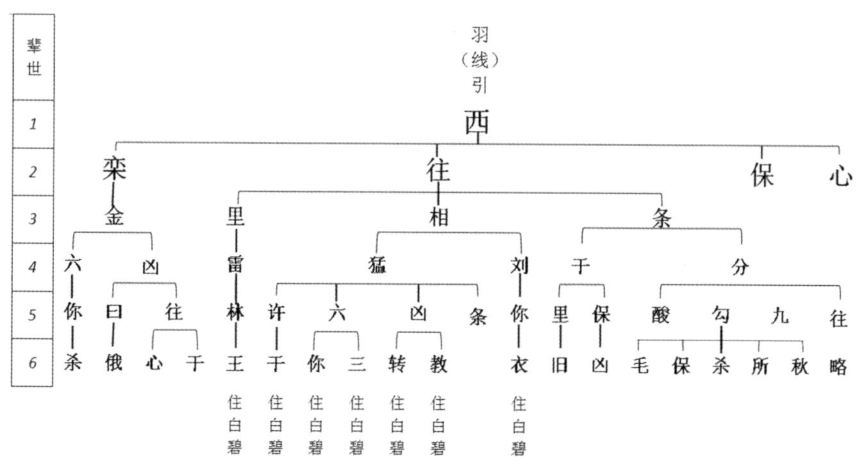

图5-2　白碧村李姓家谱

（三）社区组织

本地在社区管理及组织上与西江千户苗寨有很大相似之处。因为其主体是从西江迁徙而来，所以在鼓社组织制度、议榔立法制度（长老会议，议定习惯法）和理老（寨老）评裁制度等方面，这里有一套与西江相似的制度，"方老""寨老""族老""理老""榔头"在村寨中有着绝对的权威。虽然早期的榔规现已无处可寻，但通过其村规民约仍可窥其一斑。地缘性和血缘性的高度重叠，其"方老""寨老"就是族长，他们管理着

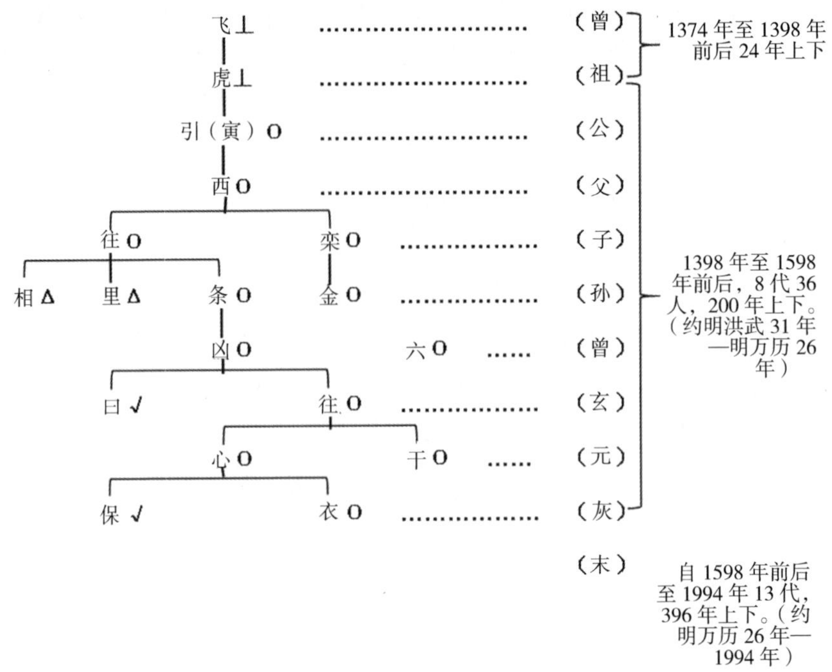

图5－3　也通李公“西”家谱

寨中各类事务。由于其祖先源自西江，本地没有牯脏头与活路头，牯脏头与活路头分别由羊排唐家与蒋家世袭。所以大型的宗教祭祀仪式、每年一度的节庆活动或是生产劳动等，白碧村都与西江同步。但也正因为血缘与地缘的高度重叠，白碧村的居民具有浓厚的家族意识，每个小家庭以男性的辈分和年龄排列。就像李氏家规盟约所描述的：“是骨是肉，先骨后肉，先爷后父，兄弟姐妹分明，称爷称父，称兄道弟，以礼相待，以家谱为依归，不随便倒置称呼。”每个同姓大家庭，遇到有红白喜事时，同宗的叔伯婶娘是一定要出席的，一旦不出席，该户人家在家族中的声誉会受影响。白碧大寨中就有“里”这一支因对老人不尊而招致人丁不旺的说法。家族的强烈联系还表现在，姓氏间一旦出现冲突，家族观念会远远强过是非观念，左右人们的判断。

（四）婚恋习俗

在白碧村，李姓间禁止通婚，但并不禁止与其他姓氏的婚姻关系，所以，在这里村寨内部通婚普遍。据村主任介绍，村里有70%以上的人家都是亲戚，形成了当地复杂的亲属网络。虽然他们来自西江，但白碧村并不禁止其青年与西江通婚，哪怕是西江的李姓人家也是可以的。除此之外，白碧与周边猫鼻岭、乌尧、羊吾、南瑶、赶雷、大龙、小龙等地通婚的也较多。

在20世纪80年代前，年轻人的婚姻还多为老人包办，到了现在则基本是自由恋爱。偷婚，同样是白碧村在20世纪较为流行的一种婚姻习俗，但现在由于年轻人大多外出打工，这种传统的婚姻习俗已经越来越少有人关注。

（五）社会经济

长期以来由于地理位置较为偏远，地处山地斜坡地带，周围山高谷深，人均耕地面积小，本地经济难以发展。所以一直以来，白碧以传统农耕方式为主，农业与外出务工一直是该村村民的主要经济来源。本地主要种植的农作物有水稻、玉米、油菜及蔬菜等，因为田地大多位于半山腰上，其粮食产量低而不稳，容易受自然影响，故而，多年来本村居民一直生活困苦。一项对村民收入的抽样调查显示，即使到2012年前后，本村仍有47%的被调查村民家庭年收入在2000元以下，很多村民家庭的月平均消费在400元以下。[①] 远低于隔山相望的西江千户苗寨，也比其周边村寨低，贫困发生率在西江镇也是较高的。

该村地处偏远，与外界的沟通主要靠一段长约6.7公里的盘山水泥路，与西江至雷山的二级公路相连，该路2005年修通，2013年才硬化。[②] 迄今为止，本村并无公共交通工具，大多数居民的物资全靠肩挑背驮，交通的不便大大制约了各项产业的发展。

随着社会的发展，白碧村大量青壮年劳动力外出务工。白碧村外出务工者大都选择到比较远的城市，在西江千户苗寨打工的人员很少。一方面，白碧村与西江村虽然从直线距离来讲不远，但如果走山路，要走2个小时左右，爬坡上坎，很不方便。如果他们到西江打工，他们大多都只能

① http：//www. cuncunle. com/village - 642558. html 2015 - 12 - 12。

② 据村委会及西江镇提供资料整理。

做餐馆服务员或是工艺品店店员，这些工作对时间要求较严格。所以，除非雇主提供住宿，一般他们很难在西江谋得务工机会。另一方面，即使有公路相通，但因为没有公共交通连接，也大大阻碍了白碧村居民到西江谋生。所以，更多白碧村民选择到外地打工，同样是离家，他们会偏向收入更高的沿海地区。

村内建有小学1座，无幼儿园、托儿所。村委会才新建不久，为一层平房，平时很少有人在，基本只有上级检查时才能见到相关工作人员。村里暂无卫生所，有村医一人，村里也无敬老院等。村里有小卖部两家，基本能满足村民需要。没有文化体育娱乐设施，缺乏公共活动场所。

村里生活用水有自来水但未经处理，生活电网已建成，输电线已经入户，个别家庭装有电话，手机、小灵通等网络已铺设。村中大多人家仍以柴草为主要燃料，少数人家实行了沼改气，村里的厕所基本都为旱厕，无垃圾处理厂和污水处理厂，生活垃圾随地堆放。

村里老年人较多，呈老龄化趋势。据村委会提供的人口资料，1371人中，55岁以上老人有292人，占全村人口的21.3%。村中男性略多于女性，现在村里绝大部分适龄儿童能及时入学接受义务教育，村民文化程度普遍在初中及初中以下。

在整体上，白碧村的民居布局比较集中，村内空地不多。村内建筑以木楼为主，上层存放物品，下层人居住，因常年失修，一些房屋现已成危房。近年来，由于村民外出打工，逐渐出现了一些平房。

二 非旅游社区的苗族家庭：流动与留守

（一）留守核心家庭与隔代家庭共存

据当地政府提供的2013年户籍调整后人口资料统计，白碧村现有人口1371人，339户，人口在4口及以下的家庭占了当地家庭总数的65%（见表5-2）。如果只看数据可判定白碧村是一个以核心家庭或主干家庭为主的村落。而笔者对11个村民组中第1小组人口资料进行详细统计时也发现，在49户中，主干家庭为26户，占家庭总数的53%，似乎更加证实本地家庭结构以主干家庭为主的结论。然而，随着对村落深入的实地调查，却发现这样的判断有失偏颇。

表 5－2　白碧村每户家庭人口状况

家庭人口数（人）	9	8	7	6	5	4	3	2	1
户数	1	3	17	31	65	109	65	29	19

自 1978 年党的十一届三中全会以来，中国农村就开始了巨大而深刻的社会变迁。家庭联产承包责任制给很多村庄带去了活力，白碧村也不例外。但这种喜悦很快就被现实冲淡，白碧村人均耕地面积只有 0.7 亩（见表 5－3），耕作条件差，即使正常年份亩产也仅有 800 斤左右。一旦发生气候灾害极易造成歉收，一年粮食最多只够吃半年。直到 2012 年，该村仍有大部分人家月消费水平不足 400 元，成为当地政府重点扶贫区域，外出打工成了当地很多家庭眼下解决温饱的最好方式。自 20 世纪 90 年代起，白碧村陆续有人外出务工，本村在外务工人数最多的时候大概占村中适龄劳动力人口的 80% 左右。即使是现在，白碧村 16—55 岁的适龄劳动力中，也有 65% 左右的人在外打工。

在这样的背景下，白碧村出现了多样的家庭结构。部分家庭夫妻双双外出，留下孩子与老人组成隔代家庭；有的则是夫妻双方一方外出，留下另一方与孩子组成不完整的核心家庭。当然，多数还是夫妻双方都外出打工，留下孩子让老人帮忙照看。所以，现在白碧村实际的家庭状况大多是一个或两个老年人带着孩子组成的留守家庭。这些孩子一般是原生家庭中幼子的孩子，也有其他已经分了家但夫妻都外出务工的儿子将孩子寄养在爷爷奶奶处的情况，每个月孩子的父母寄回一定的生活费。由于这些孩子来自不同的核心家庭，于是现在村里出现了很多这种由不同核心家庭暂时组建而成的隔代家庭，这种家庭形态随着在外务工父母返乡而结束。但据村中老人介绍，很多年轻人外出打工多年，有的已经几年没回来过。今年已经 60 岁的 YDY 和 LSM，膝下育有三子，都在外打工。名义上，分家后两老与小儿子一起住，但几个儿子的小孩这些年一直都与两老相伴，最大的孙子现在已经与父母一起踏上打工之路，最小的还只有 3 岁。而 LSM 的话将这种特殊的家庭结构存在的必然性讲得更清楚，“我们在手续上早就分了家，但是他们都外出打工了，孩子带不走，要帮他们带。家里五口人的田全是我和老伴在种，不种吃什么，平常吃饭有 8 个人，如果全在家有 14 人，不去打工怎么办”。从定义上看，这种家庭算不上真正意义的联合家庭，子女与父母无论在居住还是在经济上都是独立的，但这些来自不同家庭的孩子的确又是与老人同吃甚至共住。所以，白碧村的实际家庭结构应是不完整的核心家庭与隔代家庭为主。

表 5－3　白碧村人均耕地面积

人均耕地（亩）	0—0.3	0.31—0.4	0.41—0.5	0.51—0.6	0.61—1.0	>1.0	总计
户数	43	43	32	31	106	73	328
百分比（%）	13.1	13.1	9.75	9.45	32.3	22.3	100

注：村子里还有 11 户是后面迁移进来，所以此处户数比总户数少。

（二）父子与夫妻并重的家庭关系

费孝通在对比中西文化中亲子关系时，曾用公式 $F_1 \rightarrow F_2 \rightarrow F_3$ 表示西方的亲子关系，而用公式 $F_1 \leftrightarrow F_2 \leftrightarrow F_3$（$F_1 \rightleftarrows F_2 \rightleftarrows F_3 \rightleftarrows F_n$）代表中国的亲子关系。在公式中，F 代表世代，→代表抚育，↔则代表抚育与赡养。公式表达了西方是一种父母对子女有抚育义务而子女对父母没有赡养义务的抚育模式。在中国，父母不仅对子女有抚育的义务，子女同样对父母有赡养义务，这是一种“反馈模式”。①

白碧村是地缘与血缘高度重合的社区，家庭中实行幼子养老制度，即家中最小的儿子继承父母的财产，同时也要担负起养老的责任。已经分家的儿子，在赡养义务上少于幼子，正是这样的养老制度使本社区中仍有大量主干家庭存在。家庭关系自然比单一核心家庭要复杂一些。在这类家庭中，传统父权仍未陨落，父亲在很多家庭事务上依然保持着权威。家中房屋的修建、祭祀及农业生产上的事大多还是父亲决定，父亲决定并不意味着忽视子辈的意见，只是最后的决策权还掌握在父亲手中。在年轻夫妻刚结婚的前几年里，儿媳作为家庭的外来者，对家庭尚不熟悉，一般不会去挑战父母的权威。受访者 JFS 是家中幼子，按照当地习俗，他继承了父母的养老财产，他也必须赡养父母。结婚前，每年过年他都会将自己打工挣来的钱交给父亲保管。结婚后，他仍然还保持着这个习惯，只是将钱分成

① 费孝通：《家庭结构变动中的老年赡养问题——再论中国家庭结构的变动》，《北京大学学报》1983 年第 3 期。

了三份，一份自己留着，一份给父母，另一份给妻子。他认为："我之前都是交给我父母管的，现在不交，我父母会有想法，尤其我妈那个人，会说我有了媳妇忘了娘。他们也不会乱花，都给我存着的，我花钱大手大脚的。再说父母养我也不容易，在农村没什么收入，给他们钱也是应该的。(JFS)"这样的家庭在白碧村并不少见，不少年轻人外出后仍给父母寄钱，只是数额不定。虽然外出造成地域上的分离及经济上的独立，年轻一代可以暂时逃离父辈的经济控制，但传统孝文化的思想及家庭生计却是无论身在何方，始终都较难短期改变的信念。所以，父子关系并未完全衰落。

在外出务工过程中，夫妻相处时间变长，相处方式纯粹许多，也带来夫妻关系的变化。JFS 与 YYF 在结婚后一起到福建打工，YYF 认为那是她最幸福的时光，没有孩子，丈夫疼爱她。他们在一家泳衣加工厂上班，丈夫学了制版，工资收入不错，她在生产一线，虽然辛苦，但小两口每天日子过得甜甜蜜蜜。尽管陌生的城市没有她想要的家，他们也会有许多苦恼，但她认为，有丈夫一起打拼就是最幸福的日子。城市文化对小夫妻的熏陶与身处他乡的孤独让他们相依为命，夫妻间容易发展起较为亲密的关系，而在地域及空间上逃脱传统社区及族群文化监管，也为夫妻亲密关系的发展提供条件，但夫妻间亲密关系在他们重回到传统社区时便产生了适应性问题。

在丈夫外出妻子留守且与父辈已经分家的小家庭中，父子关系相对要弱于夫妻关系。虽然在一些传统事务上，儿子有时会去征询父辈的意见，但因为少了那份继承的财产，他们在家庭事务的处理上比幼子的家庭更重视夫妻间的意见，更有利于夫妻间关系的发展。所以，在这一类的家庭中，父子关系衰落较明显。尤其是那些经自由恋爱而结成夫妻的小家庭，年轻的夫妻在恋爱及一起外出的过程中，渐渐养成相互依赖，彼此关心的亲密关系，使原先传统家庭中的父子关系逐渐被夫妻关系所弱化。

（三）碎片化亲属关系中姻亲关系加强

国外汉学研究早就指出亲属关系对于中国家庭与社会研究具有特别意义，父系亲属制度在中国家庭中具有特别的重要性。家族关系作为主宰所有其他关系的重要原则，是汉人社会生活的支配性组织原则。白碧村，作为西南大山深处的苗族村寨，虽一直远离汉文化，但清政府实行改土归流后，儒家文化作为主流文化思想不断渗透，对它产生了重要影响。对于苗族女性而言，少年期是其最美好的时光，这是她与原生家庭联系最为紧密的时光。刚出嫁时，苗族女性往来于娘家与婆家之间，大部分时间在娘家居住。怀孕后，其与原生家庭的联系因回到夫家而实现了空间上的隔离，情感也因空间隔离被消解，与娘家的互动变少。在有重大事件发生时，娘家会出现，而此时女儿与娘家的联系大都是靠微弱的情感与道义维持。

近年随着男性劳动力向外流动，女儿与娘家的联系发生了变化。农业是有季节性的，稻子一旦成熟，就必须在很短的时间内收割，如不能及时完成收割，接下来的阴雨天气会让整个家庭一年的辛苦付诸东流。而当家庭中只剩下老人、妇女及孩子时，在这样的收获季节完成收获任务就会显得力不从心。为此，很多外出务工男性在这个时候会赶回家，但有时因来回成本太高，也会花钱雇人。但大量青壮年外出的事实让现下农村并非花钱就可以雇到劳动力，这也催生了秋收时节劳动力费用不断走高。本来农田亩产就不高，若再花高价雇人显然有违家庭经济学原则。此时，姻亲之间的互助就变得很重要。在传统社会，闲散劳动力多，家族内相互间的帮忙与换工是收获季节解决劳动力短缺的主要办法。但大量青壮年劳动力外出，在村庄里留下的多是老人与妇女。而且青壮年外出后，每家在收割季节任务都加重，家族兄弟间已自顾不暇，根本无暇他顾，女性只能邀请自己娘家人进行互助，而平时较少开口的女儿一旦请求，娘家很难拒绝，姻亲关系得以凸显。

随着生活条件好转，特别是计划生育政策实施以来，农村家庭子女数减少，父母与女儿的关系开始紧密起来。首先，经济条件好转的父辈，在女儿结婚时，会通过嫁妆给女儿提供更多经济上的支持，以期能让女儿"在婆家腰板够硬，不让人看轻了"。其次，在平时往来中，女儿也会通过对父母的经济补助与出生家庭加强联系，姻亲关系得到发展。调查中当问及"在农忙季节或是你最需要帮助的时候，你通常会得到哪些人的帮助?"时，男性通常回答是自己的兄弟或是女方亲戚，而青年女性中60%左右的人都回答了"娘家"。

男性外出弱化了家族间家庭与家庭的联系，亲属关系碎片化。女性作为一名外来者，在以男性构筑起的亲属关系中没有发言权。就像 ZHXY

所说："在房族中，要老者说了才算数，我们说什么都没用。(ZHXY)"改革开放30多年后，"60后"和"70后"的农村壮劳力不仅自己在外务工，很多人的子女也开始加入务工行列。传统乡村是一个熟人社会，每家多少人口，每家发生什么事大家原都彼此了解，但随着大批劳动力外出，乡村从原先熟人社会向半熟人社会转变。白碧村原老村长李老对村里之前的事了如指掌，哪家在哪年发生了什么事，也记忆犹新。但这个记忆到2000年左右，就戛然而止了。他说："现在的年轻人都不认识了，原来哪家几个孩子在干什么都很清楚，现在都不清楚了，有些连名字都叫不出来了，包括我房族中的小孩。"笔者在调研中，希望受访的年轻人能推荐几位同龄人，但对方表示无能为力，乡村亲属关系随着社区空心化、人们空间上的隔离、家庭生产关系连接的弱化已经出现碎片化。

（四）留守儿媳主导婆媳关系

在中国传统文化中，婆婆与儿媳是通过同一个人进行定位的。"儿媳"与"婆婆"这两个无任何血缘关系的人通过婆婆的儿子得以连接。在以年龄划分阶序的传统伦序中儿媳是家庭中地位最低之人。上要服侍公婆，下要照顾子女，还要做好丈夫的贤内助。在20世纪90年代之前，白碧村由于经济困难，大多家庭处于贫困状态，年轻人没有实力要求早分家，所以很多结了婚的儿子仍与父母一同居住，家庭中不仅有兄弟、妯娌关系，还有婆媳、翁媳等关系，家庭关系复杂。公公虽是家庭中权力最大之人，但传统社会中对翁媳的行为规范，使男性家长管理儿媳有诸多不便，所以对儿媳的管理一般是交由婆婆执行。受访者ZHXY说："我来他们家六年才有仔，我家奶（婆婆）很凶，我要去挣工分，还要服侍老人，我服侍了他们家这边两辈老人（包括丈夫的奶奶、爷爷），我真是够了(累了)。"

改革开放后，年轻一代在经济上脱离对父辈的依赖，婆媳间的关系发生了一系列变化，这种变化在不同家庭表现出不同质却同向的变化。在白碧村大致有三种类型家庭。

一是丈夫外出，妻子留守并与老人一起居住的主干家庭。在这类家庭中要么孩子小，要么是家中老人缺乏劳动能力。妻子留守通常是因为家庭中的农田及家务劳动需要劳动力，孩子需要照顾，但农业产出低，收入有限，妻子在家庭中对丈夫仍然存在着较强的经济依赖。在这样的家庭中，婆婆还保留一定的权威和权力，对儿媳仍有一定支配权。但相比传统社会，婆婆权力少了很多，儿媳权力有所增加。就像受访者 WXM 所说："现在的媳妇不敢惹哦，一个个都很凶。你说她，她还顶嘴，我们真是命苦，年轻的时候受婆婆管，老来还要受媳妇的气。"

刚结婚不久的新媳妇与老年人组成的留守家庭是另一种情形。新媳妇往往会因男方父辈在结婚时对小家庭的经济支持，权力会在家庭中受到制约。但婆婆也不会明目张胆地指挥儿媳，有一位婆婆这样告诉笔者："现在找个媳妇太难了，那些姑娘们出去打工都不回来，有些都嫁到别处去了，不是儿子自己在外面找到，我们在家也给他讲不了。你看村里还有好多和我家崽一样大的都还没得找到（媳妇）。要是骂跑了，我儿子回来不恨死我。（LYF）"而且，新婚后留守的儿媳通常都怀有身孕。所以，儿媳会谨慎行事，婆婆也会因为多重顾忌而减少对儿媳行使婆婆权力。家中只剩下婆婆与儿媳的，情形也类似，因为在白碧村，很多老年妇女不识字，也没有外出过，儿子打工的收入通常是通过媳妇来进行控制，由于存在对子辈的经济依赖，使得婆媳关系呈现了地位上的变化，缺乏资源使婆婆很容易陷入看媳妇脸色的"痛苦"中，而使家庭中的婆媳关系向着媳妇强而婆婆弱的情形翻转。

如若儿媳与婆婆分开居住，婆媳关系则会很弱。这种情形通常是非幼子家庭，个体经济相对独立，儿媳不用顾忌父子关系下父辈对家庭经济的控制，空间上的分离是儿媳逃脱婆婆管理与限制最好的方式，而婆媳间也因为没有明显的财产纠葛、经济联系甚至是责任纠缠而变得平等许多。而一旦发生养老资源的争端时，婆婆则会因为经济的劣势而处于家庭权力中的末端。因此，在白碧村有些婆婆在家庭中的权力与媳妇实现了部分转换与倒置。

（五）农工结合成为家庭主要生计方式

地处偏远，地形险峻，加之周边无工矿企业与其他谋生方式，多年来，传统农业一直是白碧村主要产业、村民收入来源与谋生手段。伴随农业生产所出现的，是他们依照农业节令形成的散淡生活方式。由于农田多散布在河谷两岸的坡地上或是山地间，离家较远，本地村民在上山劳作前会将家中事务安排好后才进山或上坡耕作，晚上很晚才归家。辛苦劳作一年，很多人家还必须面对粮食短缺的事实，这样的日子年复一年。因为没有别的办法，他们只能将自己附着于土地上，没有流动，生活也没有起色。

随着中国经济的高速发展，加工业及城市建设的需求，发达地区劳动力欠缺，为这些生活在偏远贫困地区的人打开了一条农业之外的谋生之路。先期外出务工者的“衣锦还乡”对守土的农民是不小的诱惑，外出务工逐渐成为本地人的一种生存选择。经济困难促使家庭成员主动到社会中寻求增加收入的机会，“男工女耕”就在这样的条件下形成。据雷山县统计局提供的统计数据（见表5-4），农户在当地的人均收入远低于外出务工收入。所以当地家庭但凡有多余劳动力的，都加入外出务工行列，务工成了当地家庭经济增收的主要手段与生计方式，传统农业则成为副业，但仍在家庭经济中占有重要地位。家中劳动力充裕或是家中老人尚有劳动能力的，家中农业就会通过家庭中的老年人继续维持，并成为家庭中留守老人主要经济来源。有部分人家，实在劳动力欠缺，就会将家中大部分土地租给或借给别人。起初还有人愿意租种，但随着精壮劳力大量外出，家庭经济条件好转，再加之本地耕地质量较差、靠天吃饭、农资价格上涨、农业产出既不稳定也不高、收益小、风险大，逐渐无人愿意租种，部分家庭只能选择性地耕种或是将其免费送给房族或是家中亲戚耕种，希望田地不要就此荒废。只剩老人与小孩的家庭，多会选择性地进行耕种，估计稍有盈余粮食，就不愿多种而是将土地荒芜。74岁的LZHZ的三个儿子全都在外务工，他与老伴将包产到户时8口人的责任田全承担下来，村里人都夸这两老能干。但自从去年老伴的腰直不起来后，他们不得不放弃部分农田。无论家庭中劳动力如何分配，几乎所有家庭都不会完全放弃农业，农工结合成为当地主要生计方式。

表5-4　雷山县农户现金收入情况

年份	本地劳动收入（元）	人均（元）	外出务工劳动收入（元）	人均（元）
2007	40074.5	143.64	153311.4	549.5
2008	58281.2	203.07	190725.8	664.55
2009	69400.3	243.5	197909.5	694.4

续表

年份	本地劳动收入（元）	人均（元）	外出务工劳动收入（元）	人均（元）
2010	120834	411	231966	789
2011	172630	630	224428	819.1
2012	207136	741.1	254180	909.4

自 2011 年中国政府推出增长转型目标后，沿海大量企业转型与外迁，劳动力需求量下降，部分年轻人开始返乡。但对“85 后”尤其是“90 后”的年轻人而言，种田已经让他们感觉到很陌生，离他们很远，不是他们的选择。所以 LYCH 说：“不晓得他们老了怎么办，打工终究有一天是要回来的，田也不会种了，以后去哪点讨生活。（LYCH）”回乡后，他们中很多人想到西江千户苗寨打工，尽管工资少些，但起码可以照顾家。但因为两地并没有公共交通相连通，住宿成了他们在西江就业的一个大问题，西江千户苗寨无法成为他们最好的选择，他们中很多人不得不再次踏上外出务工之路，也有的再拾农业，继续以农为主的生活。

三　非旅游社区苗族女性家庭权力：依附与他致

（一）依附性增加的女性自主权

1. 女性经济自主权

（1）女性收入管理权

年轻女性收入管理权上升，老年女性权力相对下降。在白碧村，中青年未外出的女性收入大致有两种来源。一是农业收入，主要是主妇们在家饲养畜禽到市场上交易获得。因为缺少劳动力，白碧村大多人家的粮食只为自给自足，极少拿到市场上交易换钱，很多人家实际上也没有多余粮食拿到市场上交易。二是源于外出务工丈夫每月提供的生活费。LXY2 今年虽只有 25 岁，但她已经是两个孩子的母亲，因为接连生育且幼子尚小，她已经多年没有外出务工，而是与婆婆在家带孩子，偶尔与婆婆一起下田干活，家里喂了猪和鸡。因为男性都在外务工，家里没有养牛。她是白碧村附近赶雷村嫁到本村的媳妇，娘家家境比丈夫家殷实，丈夫比她大 9 岁。丈夫的父亲在丈夫年幼时就已过世，丈夫还有一个未婚的弟弟与他们共同生活。弟弟也在外务工，平时家中就只有她与婆婆两人。婆婆没上过学，村里没有储蓄所，只有到西江村才有。没结婚前，丈夫每年回家会将打工挣的钱交母亲存放，结婚后则每月将钱打进一张用丈夫身份证办的银联卡中，卡由 LXY2 保管，家中日常费用也由她开支与管理。丈夫还有另一张卡，上面是家庭的所有存款。她很清楚，一旦丈夫回来，她手中的卡就是废卡一张，上面就不会有什么钱。她说："他平时不在家，这个钱就由我管着，他回来了，这卡上也就不会每个月都有钱了。"丈夫一般不过问她怎么用这些钱，但婆婆总嘀咕她爱乱花钱。虽然婆媳间并未因此吵过，但婆婆偶尔会表达她的不满，叫她不要乱买东西，少买些衣服。丈夫不说她，她有时就自动屏蔽婆婆的话。她说："我给孩子买点奶粉，我奶（婆婆）就说我乱买，说是乡下孩子哪个不是吃白米饭长大的，买奶粉花冤枉钱，她晓得哪样？奶粉你们城里的孩子不是都吃吗？我懒得理她，我也不会和她吵，吵起来人家要说我。（LXY2）"而婆婆对此事却是另一番解释："我老了，又没钱，管不动了。她花钱买那些衣服，我们这农村穿给哪个看嘛。不过也不讲了，现在娶个媳妇光彩礼都好几万（元），儿子打那么多年工存的钱都花光了，连他弟弟让我放的钱都用光了。我是泥巴都埋到脖子的人，管不了那么多喽，随便他们年轻人喜欢怎么弄就怎么弄了。（WXM）"她的境况并非孤例，村里的婆婆秉持这种观点的人也不在少数。据 LYCH 回忆，1975 年他结婚时，彩礼钱是 28 元，最高的是 48 元；到 1980 年彩礼钱涨到 120 元左右；1990 年到了 2000 元左右；2000 年时是 5000—8000 元，而现在最差的人家要 5 万元，8 万元是当地普遍的标准。这还没算上修建新房的花费，如若算上，在本地娶个媳妇最少也需花上 15 万元左右，给当地人造成了极大的经济负担。

LXY2 与 WXM 的婆媳家庭经济管理权争端显现了几层内涵：首先，透射了在白碧村女性是家庭经济的被动管理者，其管理权由男性决定，在内涵上女性对家庭经济管理更应称为"看管"，与西江村女性的自由管理相去甚远。其次，老年女性对家庭经济的管理权的丧失。在白碧村，同样是没有直接工资收入的两代女性，自从 LXY2 与丈夫结婚后，原来属于婆婆的管理权现在落到了她的手上，婆婆在家庭中的权力式微，婆媳之间的权力关系出现了转换。最后，婆婆在家庭管理中之所以心甘情愿让出位置，与当下中国农村男性婚姻被挤压，当地近年来儿媳妇不好找及一路走高的彩礼有很大关系。在当地，年轻人要筹够娶妻的钱，如果仅靠自己在外务工的收入，最少也要 6—7 年的积蓄。如果遇上乱花钱工资又不高的年轻人，借债娶妻便是必走之路，给当地父母造成极大的经济负担。而进了门的媳妇因不满婆家经济状况或别的原因偷偷离开，再也不回来的事件在本村时有发生，更让婆婆有所顾忌，出于家庭利益、继嗣及为不破坏与儿子之间的情感联系，婆婆一般都尽量克制自己，不与儿媳发生冲突。在 LXY2 家里，婆婆是文盲不会使用银行卡，也是其将经济收入的管理权让渡给媳妇的原因。

在此，妻子对收入的管理权是建立在丈夫给付的基础上，丈夫一旦停止这种供给，妻子的管理权将会减弱甚至消失，所以这是一种不稳定的权力，是一种“他致性”权力，丈夫才是家庭经济的主要管理与支配者，妻子只能算使用者。

女性收入管理权婚前大于婚后。在白碧村，女孩大多上完初中就开始外出务工，其务工收入通常是自己管理，每月寄给父母的生活费大多依赖其孝心与传统文化的约束。LXY2 在回忆她没结婚前外出打工的情形时眉飞色舞：“那时候，我在中山那里打工，进的一家电子厂，每个月也没多少钱，好的时候有 2000 多元，不好的时候就 1000 多（元），但是我很开心。我自己那时候想买什么衣服都可以，我弟在读高中，我爸他们没要求我往家寄钱，只让我不要乱花，但我每个月还是会寄点钱给我妈他们，我弟读高中还是要花好多钱的。现在，我自己也没钱，我就没办法帮他们了。（LXY2）” YSHF 的想法也很相似，她说：“像我现在成了家又有两个崽，有时自己都顾不了自己，哪里顾得了我父母。我现在虽然也是自己管自己的钱，但是总要先把自己管好了，才有能力去管父母。（YSHF）” 女性获得自由管理收入的前提条件是要自己有收入，但婚后短期内无法外出打工，收入主要来源于丈夫，形式上自己获得工资支持家用与丈夫给予的家庭开支并无多大差异，但在实质上当事人的心理感受会不同，而其作为家庭权力的基础资源所引发的行为表征自然相异。

老年男性对收入的管理权在同代间不减，在代际间减弱。在白碧村，我们看到即使没有务工收入来源，家中老年男性的权威同样存在，就像上文中曾提到 LZHZ，三个儿子在未结婚前外务工的收入都是交到他手上，他也分别用这些钱为三个儿子建房娶妻，他家的几栋砖房是村里少有的混凝土结构房屋。仅凭此，村里人都很羡慕他，尤其是老人都夸他的儿子孝顺。名义上分家后他与幼子同住，但现实中他们并未分灶，儿子与媳妇常年在外务工，孩子们一直是二老照顾。平时儿子媳妇很少回家，每年过年回来，老人都把大家聚在一起吃饭，只是晚上回各家居住。在小儿子结婚前，他们一直未分家，老大、老二两家每年都会将在外务工余下的钱交予老人保管，LZHZ 自认也很公平，每家的钱在最后建房时又用到了每家。但三媳妇年轻，嫁过来后要求钱要自己管。开过家庭会后，儿子们与老人达成了协议。经协商，每家给老人寄钱按孩子数目寄，最初每月每个孩子300 元，之后生活费用上涨，大家达成一致，变成 500 元。有时孩子们也会多寄一些，说是孝敬二老的。老人心里虽有些失落，但 LZHZ 对此较为理解，他说："我们分家手续是办了的，他们都是自己有家的人，我要是硬收来管起，儿子没啥，媳妇到时候闹起来也不好看，要照顾家庭和谐。(LZHZ)" 在 LZHH 家里，随着小家庭与父辈家庭在地域上的分离，逃离了监管的小家庭也开始为自己计划将来，年轻的三媳妇具有较为现代的意识，率先提出分家，家庭中老年男性的管理权在代际的对比中式微。而女性在这一过程中，并非被动的个体，运用自己的策略，女性为小家庭争到经济管理的权力，虽然这个管理权未必最终落到女性手上，但年轻夫妻的管理权在家庭权力格局中上升。

老年夫妻间，老年男性的收入管理权没有变化。上文中的 LZHH 一直在家庭中管理着儿子们给两老的钱，老伴买东西拿钱时，一般都要告诉他。而访谈中，寨中也有不少老年男性告诉笔者："家里的钱女人管不来，她连字都不认识一个，自己名字都不会写，她咋管？去取钱，要输个密码也不会，我不管那肯定不行。(LYCH)" 老年女性既无收入，受的教育也少，所以在收入的管理上她们是家庭中最无权力的群体，在家庭权力的较量中不具备资源优势的她们只能处于权力的末端。

(2) 女性收入支配权

随着收入管理权的变化，白碧村女性对收入的支配权也发生相应变化，在总体上表现出与管理权相类似的特征。

年轻女性收入支配权超过老年女性。JFS 和 YYF 是夫妻，她与丈夫是在凯里打工时认识的，她娘家住在凯里市郊的三棵树村。因距离城市较近，父母平时在市里做些小生意，家中日子过得也算殷实。与丈夫结婚后，他们一起去了福建打工，在外出期间，夫妻俩的收入都是交由她管理与支配。丈夫只要求支出较大数额的钱之前与他商量一下，她喜欢买衣服，丈夫从不反对，还说女生就应该把自己打扮漂亮点。一年后，他们迎来了儿子的降生，YYF 就没有再外出打工，而由丈夫自己单独外出打工。结婚之前，JFS 每年会将剩余的收入交给父母管理，结婚初期两人一起外出时，丈夫就把钱交给了 YYF 管理。YYF 婚前因家里条件不错，家住市郊又一直在上学，所以，在娘家她既没干过农活，也很少做家务。丈夫走后，她时常觉得很孤单与不习惯。公公原来也在外打工，但自从那年为给他们建新房结婚从屋顶摔下来后，就基本丧失了劳动能力，干不了农活，家里家外的事都靠婆婆一人在支撑。由于她不会干家务，婆媳间经常发生矛盾。她知道，现在丈夫的钱是分成两份的，一份给了父母，一份给了她。为此，她心里很难受，她说："我又不是那种不讲道理的人，他为什么要这样呢，难道把钱给了我，我还会不给他父母用吗？之前我们一起在外打工时，他要给他父母寄钱，我也没反对过啊。(YYF)"终于有一天，为了公公的药该谁出钱买引发了婆媳间的争吵，她在电话中对丈夫委屈地大吼要离婚，并要丈夫立刻回来。JFS 从厂里请了假，回到家里，并向她保证，以后的钱全部交给她管理和支配。在母亲那边，JFS 则一边劝说，一边私下保证，他还是会给他们钱，只是以后会更隐蔽，免得惹起不必要的麻烦。母亲把 JFS 痛说了一通，埋怨儿子找了个不会干活的媳妇。JFS 表态要是不行就离婚，这把母亲吓坏了，母亲并不愿儿子离婚，最后她同意了儿子的提议。在笔者见到她时，她说："没结婚前，儿子的钱都是交给我们管的，结婚后交给她我也没什么意见。只要儿子欢喜就行，但是他爸爸身体不好了，儿子给点也是应该的吧。她不干活，漂亮有哪样用，家务都不会，养个儿子你说有郎样用？唉，不过我也管不起这么多了，是他喜欢的，也从孙子的份儿上考虑，我就算了，真要离了，以后也不好找，孙崽也可怜。再找一个又是一大笔钱，付不起了，你看现在这个情况，我家老头子又做不成活路。(LYF)"此时，父亲在旁边则表示："现在我是个病人，我也讲不起那个，等儿子处理就好了。他们在外面的人有更多的想法，他也是成了家的，我不能一直管着。(JWL)"笔者在访谈完婆婆往回走的路上，正好遇到 JFS 在路边与堂哥谈心。我问他："妻子的要求并不完全合理，为什么要答应？"他说："老婆生孩子时我是在旁边看着的，太受罪了，我觉得一个女人为了你，受这么大的痛苦，所以我要好好对她。老婆原来家里条件好，她不会做农活也正常，慢慢来。现在农村媳妇不好找，别说好地方的，我们这里的姑娘都巴不得嫁出去，根本都看不上我们。你看我这堂哥都快 30 岁了，还是单身。我就打算赶快多存点钱，有了启动资金回来弄个养鸡场，你看西江景区那边每天要用那么多（鸡），应该不愁销路的，我堂哥已经开始养了，我就是在这里给他讨经验的。（JFS）”笔者问他会怎么处理父母这边的问题，他说：“老爸老妈的工作要做，我也不可能不要他们，他们养我这么大，我不孝顺他们不行的，我就想快点回来，我也和我媳妇说了，别老和我妈吵，我也让我妈理解下，她带孩子，现在还做不来家务，以后我会让她做的。（JFS）”

透过 JFS 妻子与婆婆的争端并从不同当事人的角度进行考察，发现：婆婆一方的让步主要是儿媳生了个男孩，虽然没有直接宣称，但是男婴偏好在村落传统的继嗣思想中根深蒂固，在访谈中婆婆提到了孙子去留与扶养的问题；另外本地不断走高的彩礼也是婆婆做出让步的原因。虽不情愿，但为家庭考虑还是将原来属于自己的家庭经济管理权让给了媳妇。在儿媳一方，外出打工期间与丈夫发展起来的亲密关系让丈夫在这场争端中偏向了她；另一方面凭着婚前自己家庭条件的优势，不会做家务的她也获得了丈夫的谅解。在 JFS 看来，夫妻间的感情是自己愿意把家庭经济支配权交给妻子的主观原因，而自己在家庭中的缺位，是他把家庭经济的支配权交给妻子的客观原因。即使这样，他依旧是家庭经济的分配者。作为父亲，因为劳动能力丧失，不得不将其昔日在家中的权力移交给儿子。所以，这一事件投射了家庭中权力最大的还是男性，只是由父辈转移到了子辈那里。在媳妇与婆婆的较量中，媳妇获得了“胜利”，媳妇的“胜利”既是由其本身资源所决定，也因受到传统孝文化限制而无法从丈夫手上获得真正自主，婆婆将昔日的经济管理权力转让给儿媳，则是多因素决定的。

子辈收入支配权大过父辈，男性大过女性。JFS 的案例表明，在子辈获得可自由支配的收入且收入成为家庭主要经济支柱时，子辈收入支配权力大过父辈。父亲在劳动力受损以后，自觉在家中无话语权，也自愿放弃了对儿子收入进行分配与支配的权力。除了 JWL，村中受访的老年男性中大概有 70% 的人表示自己愿意把这样的权力交给孩子。一方面，外出的孩子往家里寄钱的越来越少，为维护自己作为家长最后的尊严，也为维护小家庭在族群中的颜面。老年人主动表明是自己放弃了对孩子经济收入的支配权而非儿子不愿给，但其实大多数的人都心知肚明，只是彼此间也不愿意捅破，带来大家难堪；另一方面，稍开明些的老年人认为，儿子外出打工后，见识广了，家庭经济条件也比自己年轻时好了很多，出于家族兴旺的原因，自己愿意将手上的支配权力让渡给孩子。所以，子辈对家庭收入的支配权大过父辈。

相较于男性，老年女性对家庭经济的支配权则明显较低。LZQ 打工的钱虽是交给妻子 WXH 管理，但 WXH 并不能自由支配。她告诉笔者："我虽然管着，要买什么东西还不是他说了算，小样的没问题，但大样的还是要他点头。有时他自己花了记不得，还说你把钱花哪里去了。（WXH）"而 LZQ 认为："男管外，女管内，我不想管钱，我都交给我老婆，我要买什么从她那里拿，管钱，麻烦，而且家里的家务都是她在做，买点什么都给你要钱，麻烦得很。生活费还是给她管起好点，要不一天她也爱念。（LZQ）"年龄再大些的女性则表示自己没收入也不需要钱，丈夫管着就行了。在 LZQ 与妻子间，看似妻子管理及支配着家里的钱，但实际上还是 LZQ 做主，妻子仅是丈夫的代言人而已。综上，老年女性在家庭经济的支配与管理上是处于权力的最末端，与媳妇权力的上升形成鲜明对比。男性对家庭收入的支配权与管理权仍在家庭中占有主导地位，决定了女性的权力大小。

（3）房屋财产所有权归男性所有

中国农民对土地有着强烈的附着性与依赖性，并通过对固定居所的建造体现出来。建新房是农村大多家庭一辈子的追求与愿望，也是农村家庭最多与最重要的财富。在白碧村，虽然很多家庭的男性都外出务工，但由于文化素质普遍偏低，收入较低，而一个男性的收入通常要养活家中好几口人，所以这么多年过去，建造新房的人家并不多见。本地严格的随夫居居住制度，是家庭财产男性所有最主要的原因。查看白碧村户籍登记笔者发现，在户籍登记中，如果家中男性长辈尚在，户籍以男性长辈为户主，若长辈只剩下女性，户主则由儿子担任（见表 5 – 5），夫居制及父居制的特点明显。而女性对这样的制度安排并无异议，故在问及如果离婚是否会夫妻均分财产或是妇女会不会去争取时。男性表示"这房子是我们家的，她要离婚，她就走了。这房子怎么会是她的？（JWL）”而女性表示“如果离婚，不会去分房子，因为这里没有谁分过房子（JDL）”。笔者提出婚姻法规定家庭财产有女性的一半时，大多受访女性认为，那些从来都没有人执行过，本地的规矩才有用。

表 5－5　　父居制户籍

组名称	档案号	户主姓名	姓名	性别	民族	出生日期
1 组	1	李志×	江文×	女	苗	1950/××/××
1 组	1	李志×	李志×	男	苗	1973/××/××
1 组	1	李志×	李××	男	苗	1975/××/××
1 组	1	李志×	李××	男	苗	1983/××/××
1 组	1	李志×	范仰×	女	苗	1972/××/××
1 组	1	李志×	李家×	男	苗	1992/××/××
1 组	1	李志×	李佳×	女	苗	1997/××/××
1 组	1	李志×	李晓×	女	苗	1995/××/××

房产登记的制度实际反映了中国传统家族制度中，女性无继承权及所有权的事实。虽然有违法律，但在农村，真正执行政策的村干部多为男性，他们通常深受父权制思想及传统文化影响，生于斯，长于斯，他们的行为早就被传统性别文化所俘获。他们对村落的管理也是依据其传统文化理念进行。在土地分配与管理上也遵循同样理念，在上一章已述及，女性出嫁后即失去娘家的土地，在新的村落也因土地承包早就已经完成而无法获得土地使她们成为无产者。

2. 女性婚恋自主权

（1）恋爱自主，择偶自由

由于地处崇山峻岭中，地理环境决定了白碧村与外界隔绝程度很高，即使现在，仍没有直达村里的公共交通，村里人外出需步行或骑摩托到6.5公里外的公路边才能坐上通往雷山或是凯里的汽车。早年间白碧村青年在长期隔离的环境下，多通过较为传统的方式恋爱及寻找配偶，配偶选择也较大受到地域限制，邻近村寨的本民族群体是主要来源。自20世纪90年代后，随着大批青壮年劳动力外出，本地婚恋情形发生了变化。

年轻人恋爱自主性增强，父辈在子辈择偶上权力弱化。在 20 世纪 80 年代初，白碧村年轻人的婚恋与相隔不远的西江千户苗寨有着很大同质性，但这种同质化现象在 20 世纪 90 年代后发生变化。首先是恋爱方式从单一的传统游方变成多方式并存。原先通过游方或媒人介绍的方式现在基本不复存在，更多的年轻人通过外出务工认识婚姻对象。QQ、微信是他们常用的联系方式，马郎场因为年轻人的外出被废弃，现代城市流行的浪漫爱情被他们追逐与模仿。LZHH 告诉笔者："我和老婆是朋友介绍，通过电话谈成的，电话联系了半年见面，那时我们各在一处打工。（LZHH）" YYF 告诉笔者，JFS 在追求她时，他们在同一个地方打工，每天 JFS 会给她很多短信与电话，还有 QQ 问候。只要有空，他们会约着看电影、吃饭。与他们的父辈相比，我们已经很难在 JFS 与 YYF 的恋爱中寻找到传统方式的迹像。像 JFS 这种"80 后""90 后"，虽然长在农村，但是比起他们的父辈，所受的教育程度普遍要高，加之他们中很多人的父辈在他们年幼时已经外出务工，尽管在农村生活，但他们从小获得的物质条件要远远优于他们父辈，他们的生活观念、思想意识都发生了很大变化。在思想上，他们比父辈更崇尚自我与自由，追求享受；在恋爱方面他们具有更大的自主性，一旦喜欢便会大胆追求，他们通过鲜花、短信或电话向对方示爱。尤其是"80 后""90 后"的女性，她们不像上一辈那样羞涩，她们大胆地接受男性的约会，享受浪漫恋爱。LXY2 告诉我："他这个人比较笨，恋爱时每天给我发短信，他很少打电话给我，一打电话他就紧张，有空他就到我上班的地方接我下班。""也没有什么甜言蜜语，觉得他很本分就嫁给他了。（LXY2）"老年人的权威在年轻人的婚恋选择中慢慢被消解。LZQ 无可奈何地说："现在我们这地方，不是我家这样，小孩十六七岁就出去打工了，他们自己有钱了，就管不着了。要结就结了，早晚也要结的。（LZQ）"长辈在年轻人婚恋中权威被消解主要有两个原因，一是年轻人外出后，地域上与家乡的脱离，空间上的分离，使家中长辈对其择偶有些鞭长莫及，无法进行有效的管理；再就是外出务工后年轻人经济获得独立，家中长辈无法控制其生存与生活资源，转而无法再操控其婚姻。

女性择偶的地域分布比男性广，恋爱对象选择多于男性，情感因素凸显。自从外出务工后，本地年轻人恋爱就很少征询家长意见，不少年轻人由于逃离了家长监管及受城市生活的影响，在择偶时会更多考虑对方的年龄、性格、人品以及恋爱的感觉，女性表现得更明显。BFe01 在外务工时就结了婚，但对于她的婚姻，村里人一直觉得是一个谜，他们声称自从 BFe01 结婚后，她们家日子明显过好了，BFe01 现有两个孩子，但是她丈夫只和她回到家乡一次，其余时候都是她带着孩子回来。村里人爱在背后猜测她的婚姻。她在接受我的访谈时却直言不讳，“我知道村里人怎么想我，我也不愿意去和他们多说什么，我老公年龄是有点大，但他喜欢我，照顾我，对我好，我就满足了。而且我觉得嫁给他我就不用干农活了，父母重男轻女，不是老公拿钱帮我父母把这个房子重新修了，我哪里能带孩子回来住这么长时间，每次回来我也是拿了钱的，否则哥嫂哪会有好脸色。（BFe01）”在 BFe01 的叙述中，情感因素突破了族群的界限，这是她选择配偶的首要因素，而对丈夫经济的依赖也是她选择婚姻的重要因素。对男性而言，虽然择偶范围也变得多元，但由于男性外出时与城市融入度普遍低于女性，交际圈狭小，工作场所又往往具有同一性，其配偶仍以家乡或工厂周边女性为主，出现一种学者们所称的“下向婚”（一种配偶条件比自己低的婚姻）的趋势，女性群体则出现了“上向婚”的趋势。据白碧村提供的人口资料显示，在 2013—2015 年共有适龄女青年 55 人因婚姻将户口迁出，而只有 11 人因婚姻迁入（见表 5－6）。村主任告诉笔者实际的女性迁出比这要多许多，因为还有一些没到年龄的并未进行登记。早在 1990 年人口普查时，10% 抽样资料统计就已显示，在贵州有 50.33% 的迁出人口是婚姻迁出人口，这从另一侧面反映了女性择偶范围大于男性。与 BFe01 有着相似经历的还有一位女性 BFe02：“我刚开始是在珠海酒店工作，我老公经常到我们那里住，他也是开酒店的，时间长了，就认识了，后来我就嫁给了他，他年纪比较大，但是如果我想离开这里我就不能太挑，再说他对我很好。（BFe02）”与女性形成鲜明对照，男性在择偶上有很多无奈。JFY 今年已经 35 岁，由于性格比较内向，在外打工多年一直也没有找到合适的，就把自己的终身大事给耽误了，在村中，他已经是标准的“困难户”。笔者问他，为什么没有在打工的地方找一个，他说，“打工的那些姑娘，好多眼光都高得很，要找长得帅的、有钱的、城里的，哪会看得上我们。”笔者说道：“那就回来找一个啊。”他说“是，我一直想能在附近找一个最好，但是现在很多都出去打工了，年纪差不多没结的，基本都没有了。小的又太小，都不好意思找。而且小的，人家眼光很高，都想着往外飞。（JFY）”如果BFe01、BFe02能代表当地的一些年轻女性，那么像JFY这类的男性，已经不是她们理想的选择对象。上述讨论，不仅展示了年轻女性希望婚姻以感情为基础，个人的选择由家庭本位向个人本位转变，将个人本位置于传统之上的内心对情感婚姻的渴望，也展现了她们期冀将婚姻当作她们跳出农村的跳板的工具婚姻的无奈。

表5-6 白碧村未婚青年数

村名	>22男	未婚男	>20女	未婚女	婚入	婚出
白碧村	586	123	687	177	11	55

注：截至2015年10月。

婚姻中出现女性年龄大过男性的情形。虽然并无明文规定，在婚姻中男性年龄一定要大过女性，但在传统上男性总是倾向于选择比自己年纪小的女性结婚，而女性也常会选择比自己年龄大些的男性结合。仅通过一般的数据进行解读会发现，现代社会的发展，已经扩大了当地人的交往范围与空间，婚姻圈随之扩大，但在实际中本地男性的婚姻可选择范围却不断萎缩。在全国大范围适婚男女性别比失衡情况下，年轻女性的“上向婚”已成趋势，即使本地适婚女性多于男性，但女性外嫁及向经济较好地区的流动，使这些处于西部贫困农村边缘地区多重边缘群体的男性，只能沦为婚姻市场中被边缘化的人物，从而出现不少女大男小的婚配状况。在碎片化的现代社会中，传统秩序不断衰落，个人私密生活的变革，使苗族女性的婚恋生活在传统延续和现代冲击的作用下发生转变。

（2）不同年龄的婚姻及性观念差异性明显

农村留守家庭的婚姻是一种“高稳定而低质量”的婚姻，因为经济发展相对落后，农村夫妻通常拥有基于共同家庭本位的价值认同及整体主义倾向的价值观，所以，即使他们长期分居，婚姻也相当稳定。但这种认同在丈夫外出流动的前几年或许正常，随着时间的推移，夫妻双方分居时间过长、相互交流机会减少，再加上城市生活的诱惑、长期的性压抑都会不同程度地影响当地女性的婚姻。

在白碧村，结了婚的女性很多面临着婚姻生活质量低下的考验。WBX 16岁时父母就为其订了婚，在父亲的观念中，女孩读书没用，所以才读了一年级，父亲就让她辍学在家学习绣花、做家务，订完婚当年她就嫁给了丈夫。丈夫当时还在凯里上学，为等丈夫毕业，她在家不分白天黑夜干活，伺候公婆，希望丈夫毕业后自己能过上好日子。毕业后，丈夫并没有在外谋得职业，回到村里做了村干部，并计划着要干些事业，但天不尽如人意，丈夫学会了赌博。由于欠债太多，丈夫辞掉村里工作，走上了外出务工之路。丈夫外出到现在已有 10 年，女儿已经上大学，儿子也在上初中，但他从来没有寄过钱回家，平时也从不打电话回家。每年过年，他要么在外不回，回来后也从未给过家里一分钱。因为第一胎生的女儿，婆婆之前一直嫌弃她，加之丈夫是长子，她与婆家便无多少联系。她只能在父母支持下，勉强将孩子拉扯大。她已经不知道有多久没有与丈夫说过话了，夫妻关系只剩空壳，但丈夫与她，谁也不提离婚。于她，离婚是一件她现阶段还无法接受的事情，她觉得离婚后自己没有地方可去，现在起码还有房屋住，还有地种。但如果离婚外出打工，孩子就没有地方去了。加上 WBX 很年轻就嫁给了丈夫，从来没有外出过，书念得又少，她也很担心自己在外无法生活与赚钱养孩子。

婚姻不稳定性也困扰着白碧村女性。结婚后，出于家庭实际与经济理性考虑，家中通常会选择妇女留守而男子外出。前些年，白碧村不通电话，很多女性既担心丈夫在外花心抛弃自己，也担心丈夫安危。近年，虽然手机已经普及，但因长途电话费用较高，这些女性与丈夫间的联系也不紧密。通常他们每月通话 1—2 次，如遇家中有事，则随时通话。由于疏于联络，再加上丈夫外出外部信息获取及收入的增加，两者间差距加大，中年女性婚姻变得不稳定。据西江镇数据，白碧村近几年离婚夫妻数达 47 对，离婚率高达 9.9%，2015 年离婚 10 对，30—40 岁的占离婚夫妻数的 60% 以上。

此外，年轻女性的性自由与中老年女性的性压抑形成反差。近几年，随着外出人员的增加，女性对性的态度出现了反差，一方面年轻一代对性的观念相对开放，而另一方面则是中老年对性的压抑与压制。村中老人时常感叹："现在这些年轻人不像原来了，有些仔外出打工，在外面就怀孕了（是使女方怀孕），带回来，你还不给他结了？还有的姑娘没结婚就跑到别人家里与男孩同住，不像原来了！（LYCH）""原来要是哪家姑娘先有了再回来，老人们都要骂死，全寨子都要讲这个人，有些老人还要杀鸡来驱邪，现在多了，哪家也不管哪家了。（LZHQ）”无论老年人接受与否，年轻女性未婚先孕已成为本地一种现象。对两名年轻女性的访谈反映了她们对这一问题的看法：“我觉得也没有什么，喜欢就在一起，不喜欢就分开，现在这个社会哪还有从一而终。（BFe01）”“我觉得只要是和自己老公也没什么，早晚是要结婚的，只要自己中意，早和晚其实有多大区别？（LXY2）”与年轻人对性的开放形成对比，中年妇女对夫妻间性生活的表述要含蓄许多。青年女性认为性是一种情感表征，而中年女性则将其看成义务。在行为上，中年女性较被动，甚至躲避，这也是村中女性有妇科病长期不就医的重要原因。在外务工的经历在对年轻一代自主化观点的形成及他们在对两性观念的态度上充分显现。

对待离婚，年轻人与老年人态度不同，男性与女性也相异，年轻女性对待离婚态度比中老年女性宽容。离婚决定权通常掌握在男性手中，年轻女性比中年女性更能接受离婚。由于长时间分居，夫妻间缺乏交流，加上各自生活在不同环境，受到不同生活观念及生活方式影响，处于开放与动态中的丈夫与处于静态、封闭状况下的妻子间在生活观念及方式上差距加大，从而影响夫妻关系而离婚。这种情况下妇女通常会被动接受离婚，村里有老人曾向笔者叙述过这样的故事。村里有位男性在外打工多年一直未回，同去的老乡都知道他在外面有了新欢，回家之后，他提出与妻子离婚，妻子不同意，他就打妻子，打到妻子住进了医院，被迫无奈，答应离婚。虽然法律裁决了妻子应该有一半的财产，但因家中全靠妻子一人支撑，除了几间破房，一无所有。而依据习惯，这个房屋并不属于他们共有的财产，女方到最后什么也没带走。自己也踏上外出打工之路，孩子丢给爷爷奶奶。所以，留守妻子在婚姻变动中通常是被动而地位低下的。当问及婚姻并不幸福的妇女为什么不离婚时，她的回答是“我也想过要离婚，但是有时想着我要是走了，他（孩子）爸爸又不在家，小孩子太可怜了，我就不忍心离了，我总是盼他能回心转意，反正，他不提，我也不提。（WBX）”在传统性别意识浓厚的地区，没有经济来源或经济拮据的妇女一般不会轻易离婚，不仅因她们通常无处可去，生活易发生困难，更重要是在观念上她们更无法接受自己将成为一个离了婚的女性这一事实，因为在乡村，离了婚的女性通常会被认为行为不端或是没有本事，无论是哪一种，都让女性无法承受。更何况，离开夫家，娘家也往往不是她们的久留之地，再加上人们对于离异女子的非议，使得她们为了摆脱经济、家庭及社会舆论的压力，不得不忍受婚姻中的诸多不平等与暴力。

但年轻女性与中年女性看法就不太一样，年轻女性对离婚的接受程度普遍较高。她们认为，“这个嘛，婚姻本来就是你情我愿的事情，合得来就在一起，合不来就分喽（YYF）”。当继续问，你会考虑孩子吗？“孩子？当然要考虑，他家愿给我就要，不愿给也无所谓。现在电话这么方便，给他（孩子）打电话就行，出门打工不是一样管不了，也只是电话联系，我总不能为了孩子，把我自己的一辈子贴进去。（BFe01）”“现在你们城市离婚的不多吗？离了婚就不活了？你们城市的离婚可以，为什么我们就不可以。（LXY2）”由于受教育程度普遍提高，年轻女性离家后，易受到外界冲击，对离婚的接受度也较高。白碧村年轻人更多以感情为婚姻的归依而中年人更多会考虑婚姻中的非感情因素，也体现了年轻一代与中年一代不同的婚姻家庭观。

（二）他致性的女性家庭事务决策权

在白碧村，由于尚未完全摆脱自给自足的生产模式，家庭经济收入是非连续与不稳定的，因而其支出通常谨慎而事关家庭生计，体现了个人在家庭中的地位与权力。在这种经济欠佳的乡村，两性对家庭日常事务的处理通常能反映其在家庭中的地位与权力。

1. 重大事务决策权

（1）已婚女性与丈夫共享家庭重大事务决策

由于丈夫常年外出，地域上的分离与疏于联络，使很多女性在碰到一般问题时不得不自己处理，变成家庭事务的重要决策人。LFJ 常年在外打工，家里就只剩下妻子带着两个孩子与母亲共同生活。LFJ 认为，“我平时在外打工虽说也辛苦，但家里这老老小小的，都是靠她操心，还要种 3 个人的田。我妈现在年纪大了，也帮不了她多少，顶多也就是在家看看孩子，有时帮喂喂猪，剩下的活路都是她一个人在做。我们这边又不像外面那些地方，我在东北看人家收粮食、栽苞谷都是用拖拉机。我们这边山高，要一锄一锄地挖，一天搞下来，腰都伸不直，不比在外面轻松。但是你说等她去外面，她又挣不了我这么多的钱，我在工地上干，只要不下雨，好的时候有六七千，但她们去厂头干，一个月两三千块钱 ，除下生活，也剩不下好多。所以还是要我们男同志出去才行。再说，女人家，女人家，这个家就是要女人在家才行。我晓得她在家辛苦，又是老又是小，不得功劳也有苦劳，所以两个人要互相尊重。有时有些问题她找我商量，我就让她自己做主了，我常年都不在家，你说要请人插秧这些的，花多少钱我也不了解行情了，我就跟她说，你决定就是了（LFJ）”。

对于妻子来说，她认为，“其实也没什么，就是农忙的时候忙点，有时候我也做不了，我就出钱请人，你像耙田，我们这里就没有哪个女的去耙田，这是男人做的事情，像这种事情我就拿钱请人，所以我也没干多少，平时闲了，还可以绣绣花。有时候有人来收就卖点钱，得点盐巴钱。农闲的时候，我有时候还和我家叔妈她们去西江那边玩玩。孩子都在上学，我文化程度低，我也懂不起（不懂），也辅导不了，都是靠他们自己读，学习好不好我也不清楚。家里面的事情刚开始我还爱打电话问他，后来他老是说，让我自己处理，我有时候也就懒得打电话了，自己处理就好了，也没什么大不了。只是他家我家这边的人情该怎么送，我还是要和他商量，这些外面的事我也把握不好。再说，这些东西礼尚往来，我们去多少，到时候我家有事人家也要回的。像家里买电视、冰箱这些的我还是等他去买的，我一个女人家我懂不起这些（LCHY）”。

丈夫外出，妻子在家庭决策中发挥着越来越重要的作用，尤其在农业生产领域。空间上的隔离，传统家庭权威主体缺席，留守妻子不得不在此期间担负起一定的家庭责任，自己对家中的重大事务作出决定。在丈夫看来，女人本来就属于家庭，所以在可选择的情况下，他主张妻子留守而自己外出。当然，在家与在外的经历使他了解妻子的辛苦，加之外出时自己无法知道家中实际情形，故 LFJ 把家中本该他处理的农业生产决定权转交给妻子，妻子成为家庭中“传统重大事务决策”的新主角。在此类家庭中，夫妻在家庭重大决策方面的共享已凸显。在妻子方面，传统性别意识的内化使其在诸多事务上会主动与丈夫商量，尤其是在妻子认知中或村落传统文化中被界定为“外”的事务。所以，生活中夫妻对重大事务的理解存在一条模糊边界，边界的划定有赖于夫妻对内外的理解。虽然留守妻子因参与农业生产活动，积累了资源实现了家庭决策权的提高[①]，但新主角的出现并不意味着男性在家庭中决策权的丧失。按照现代人们的理解，男性外出后，传统农业生产与日常生活均属“内”，女性的决策权与边界极相关。更为重要的是留守女性大多经济不能独立，妻子的权力只是一种暂时性与他致性权力，一旦丈夫回到家中，这种权力就可能会进行移交，这种权力是不稳定的。

（2）老年夫妻重大事务决策权以男性为主

在老年夫妻中，男性仍旧保持着对重大家庭事务的决策与决定权。当然也会分情况，如果男性年轻时曾外出务工，而女性一直未外出过，无论从见识、信息及知识等相对资源的掌握与获得，还是从传统性别文化对两性在家庭中行为的规范来看，男性在家里都占有绝对优势，拥有家庭的绝对主导权，大小事务都由他们决定。LZHW 就曾这样描述他的妻子，“她一个女人家，能懂什么，给她张银行卡她都不晓得咋输（密码），又不会说你们客家话，平时在家连电视都不敢开。我自己定了就定了，你问她她也不晓得个郎样（什么）（LZHW）”。但如若男女双方均未外出打过工，家庭会严格依照传统性别分工对权力进行划分，家庭中的大事自然是男性做主。他们认为：“男人力气大，对家里贡献大，三个女人不敌一个笨男人。（LZHZ）”他们还认为，“男人是顶梁柱（LZHX）”“女人能力再咋强，无论她咋狠（能干），也比不过男人（LZHQ）”“女人要是管了家，会要人笑话（LYC）”。而在女性看来，“（男性）再没好（再怎么不好），也是个老头子（YDM）”。“女人在家要是压过了老公，他就没有威信。（YDY）”传统性别观念在两性认知中根深蒂固。本村人大量外出务工始于 1995 年以后，对现在 55 岁以上的女性而言，那时她们正好处于家庭养育高峰期，所以她们中大多人没有机会外出，孩子大些，她们则已失去了外出的动力及勇气，缺乏流动的她们在男性面前显得落伍，加之传统性别规范对其价值观的内化，她们便坦然接受男性在家庭中的决策角色及自己的依附角色。不懂汉语，使她们很难从电视或其他媒体中弥补她们对外界了解的不足。调查期间，我曾问过多位老年人，他们平时会关注哪类电视节目？男性以新闻和战争片为主，女性以战争片为主，因为“很热闹，

---

① 陈志光、杨菊华：《农村在婚男性流动对留守妇女家庭决策权的影响》，《东岳论丛》2012 年第 4 期。

不需要听懂”。因此，老年群体是比较封闭而缺乏信息输入的，传统性别意识在这一群体中得以很好保存，家庭中仍表现出男性在重大事务中的决策权威。

（3）建房及大笔消费仍以男性决策为主

在白碧村，外出务工挣钱建房是最重要的生活目标之一，而建房在当地有着重要意义。在白碧村房屋建设中遵循着比西江村更加严格的性别限制，而女性对此也表示：“盖房子这种事，当然要他（丈夫）回来决定，怎么盖，请谁来盖，都是要他决定的，我嘛，如果不包工包料，就在家给他们做饭，要是包了，就平时去看看。盖房子，我们也不会。你看我这房子还没弄好，还差些钱，我家那个出去打工，等今年回来就可以把地板的水泥弄了。（WWT）”

在城市，电饭锅、电冰箱、电视、洗衣机、电脑等已成为日常消费品，但在白碧村，除了电饭锅，大多的电器仍属家庭中的“奢侈”消费品。在受访的20多户里，仅1户有电脑，3户有冰箱，有电视的人家有17户，但平常开的机会并不多。在当地人看来，一方面这些大件电子产品对他们来说并非生活中的必需品；另一方面对大多数家庭而言，家中并无多余的闲钱购买这些物件，这类商品对很多当地人来说尚属“奢侈品”。所以对大型电子商品的购买，妻子认为：“那些东西要他们男人才搞得懂，都是他去买，平常也是他们用，电视我不会开，我怕把电视弄坏了。他们开什么，我就看什么，反正也看不懂……（YDY）”

大额消费男性决策权反映了两层含义：一方面，在白碧村，家庭中的资金管理与控制权力仍保留在男性手中。另一方面，在白碧村男性外出时，女性虽获得部分家庭经济的控制权，但传统的性别意识让女性不愿轻易越过性别规范的界限行使自己决策的权力，她们将家庭重大消费的项目自愿地留待男性决策。所以，女性对经济的控制权并不是女性家庭中权力获得的最主要的核心要素，女性的意识觉醒才是关键。

（4）老年男性在家庭事务决策中的权力弱化

在以农业为主的社会中，农业生产的一整套规律需要时间、经验与知识的积累。尤其在贵州这种山高谷深的地区“庄稼活是一辈子都学不完的”。LYCH凭借他对村里农田灌溉均分改革及山林划分处理中的智慧成为村中最受人敬重的老人之一，这一系列事件奠定了他在家庭甚至家族中的权力。

他有三个儿子，全都在外打工，儿子们将孩子交给二老抚育。现在二老年岁渐大，体力大不如前，所幸大儿子的小孩已成年并与父母一起外出打工了，二儿子的孩子在县城读高中，只有小儿子的孩子还在本村上小学，因此二老平常的事就是带孙子及在家里做农活。通常，二老都是一起上坡（干农活）及回家，回到家中，老伴负责做饭及喂猪，他则劈柴，然后看看电视。虽然使用锅盖（电视卫星接收器）信号不稳定，但这已成为他多年的习惯，他从电视中了解更多知识，村中及十里八乡村民遇到纠纷，尤其是法律纠纷时，都会请他帮他们打官司。他还有一门手艺，就是建房，村里很多房屋都出自他手。但由于村子不大，建房需求少，家里收入主要靠农业。在外打工的儿子媳妇虽然会寄生活费来贴补家用，但频率不高，数额也不多。他认为，现在年轻人比原来有见识，有出息。原来儿子遇事会主动征求他的意见，但现在大多自己做主。他抱怨："你说，老二上次回来，把他的地给了他媳妇娘家那边种，也没有和我商量一下。还说，怕我不同意，我年纪大了，种不了这么多，他知道什么？我种了，他们回家还有吃的，别个种，看他回家来吃什么？（LYCH）"

农业产出作为传统农业社会全家主要经济来源与生存之本，是老年人在家庭中获得权威与权力的重要保障。一方面，在生产中积累的栽种技术与经验知识，使其在生产中成为有权威的生产决策者；另一方面，在传统农业社会中，本地因为环境限制，生活资料与生产资料的家庭积累很少，而这些资源都由家里男性长辈进行分配与处置，对子女而言尊重权威，在某种程度上而言就是生活资料的获得。但是，随着年轻人在地域上与老年人分离，在经济上摆脱对老年人的依赖后，他们很快学会反对家中权威，自主性增强，老年人在家庭中权力下降。LYCH 的不满更多源于儿子对自己权威与权力的挑战。

2. 一般事务决策权

年轻夫妻家庭中的一般事务决策以女性为主。白碧村很多家庭的丈夫都在外务工，这类家庭一般是妻子作为家庭中的主事人，有时必须自己作出决定。就像受访者 LL 说："你像我老公在外面，这家里的事你不自己决定？难道你还要等着他，有些事等得，有些事等不得。像崽生病，你顶多只是打个电话给他说一声，要钱他就给你打点过来，去医院或者去打针还不是要你带去？他不在家，你有郎样（什么）办法？还有，家里每年种多少糯稻，家里喂不喂猪，你还能都问他？还不是自己决定就算了。（LL）”在丈夫方面，由于离家在外，也愿意将家庭中的一般性事务交给妻子处理。这在客观与主观上提升了妻子对家庭事务的处理权，但若丈夫未外出务工或已经回到家中，受访者表示还是愿意夫妻一起商量处理。

在老年夫妻家庭中，家庭事务的一般决策以夫妻共同决策为主。男性认为“现在不像原来，买点盐都要去西江，老太婆不想去我就去，现在不一样了，村里有了小卖部，家庭中的日常用品不需要跑远去，她就可以去买（LYCH）”。“这个，女人爱吵，就让她点，由她决定，这些事情她是家里的领导，最后再和我商量一下，我拍板就行了。（LZHQ）”但在女性这里，她们的想法却是“家里这些事情，其实哪个说都行，都算数，不过一般还是要两个商量起做（ZHXY）”。“小事也没什么商量的，大事才商量。（WXH）”无论男女都认为家庭一般事务无关紧要。所以，男人不在乎谁最后作出决定，从另一个侧面看，则恰恰说明男性具有某种隐形的权力，或者说是组织的权力，他可以决定家庭中什么样的事务由谁去处理，或者说，男性因为一般决策比较琐碎而将家庭一般事务的决策权让渡给女性。

（三）以女性及老人为主的两性家务分配

1. 家务劳动以老人及妇女为主

随着大量男性劳动力外出，家务内涵发生变化，农业生产与家务分工发生变化。原先“男外女内”的分工模式发生意义上转变，“外”变成男性外出务工挣钱，“内”则意指留守女性必须承担家庭中包含农活及家务的所有事务。男性外出，以男性为主的农活自然转嫁到女性身上，如果与老人同住，则意味着家中缺乏劳动力，老人与孩子都需要照顾，妻子负担则较重。她们既要承担原先属于丈夫的农活，还要兼顾家务，照顾家中的老人、孩子，女性由传统“半边天”，变成家里“顶梁柱”。平时还好，若遇农忙，则劳动强度与劳动时间剧增。笔者在白碧村期间，尚有部分农田未收割完，我仔细观察了房东女主人一天的劳作（见表5-7），其劳动时间长达12小时以上，家务负担沉重。而在稻谷的收割过程中，也体现了劳动分工的性别化特征。当稻禾收割到一定量的时候，要将谷粒脱下以方便运回家中，这时男性负责用机器脱粒，女性则负责搬运，这细微的分工进一步证实了上文中提到的男性在家庭中主要从事与机器和技术相关的家事与农事，女性则是辅助性劳动力，也体现了传统家务分工已深深地被性别化及内化。

表 5－7　WWT 的一天

时间	内容
6：30	起床、刷牙、洗脸。
6：45	劈柴、生火、打扫门前。边打扫边与来往的妇女们大声地打着招呼，相互问好，谈论天气，询问今天会去打哪块田的谷子。
7：03	砍猪草，将其放到大锅里，煮猪食。一边煮猪食一边和我唠叨，刚才与她打招呼的那些人及她们家里的事。
7：25	喂鸡，然后上楼把前几天收的谷子摊开晾晒。我询问，可否要我帮忙，她笑答："你哪里做得了我们农村这些。"我走上前去试了试，我的确搬不动，WWT 告诉我，这每一包都有 100 斤左右，我便作罢。
7：40—8：10	晒好谷子后，下楼淘米，煮饭。然后到房屋边上的菜地里摘菜，回来后洗菜，炒菜，把昨天晚餐的剩菜热了。
8：35	喂猪，顺便把猪圈扫了一下，拎了两桶水去冲，猪圈就在一楼，不时散发出一股臭味。WWT 说，不每天冲洗，蚊子会多得出奇，怕我在楼上睡不着。
8：50	吃早餐，并把剩下的饭菜装进口袋里，准备带到坡上中午吃。
9：03	收拾农具、打电话给自己的姐姐、父亲、哥哥，约着一起去收稻谷，今天先帮姐姐家收山里那几块田。
10：00	一路上 WWT 向我介绍，哪块田是谁家的，并会大致说上那家的情形，家里几口人，是不是都去打工了等。路过一块长势较好的田时，她告诉我，"这块田是我家的，一会帮我姐姐家收完，就回来收我家的。这些都是我一个人种的，但是有些长了这种黑乎乎的东西，也不知道是什么"。花了将近 1 小时，我们终于到达她姐姐的田边。她的父亲、姐姐和哥哥已经开始收割了。

续表

时间	内容
10：00—14：00	她们一边收稻谷，一边谈论哥哥家的两个儿子。大儿子在凯里打工，经常回家，也经常带女朋友回来，他们说大儿子换女朋友就像换衣服。他哥哥说了很多次也没用，那些女孩也真是，没结婚就使劲往别人家里跑，老人家看不惯也没办法。哥哥说，今天大儿子说带他的女朋友一起来收谷子，结果走的时候就不吭声了。小儿子成天嚷嚷要他爸爸给他些钱，他要做大生意，天天也是在县里混，没个正业。哥哥说起来很生气，反而是爷爷要宽容许多。中途休息了2次，每次10分钟左右。
14：00—15：00	到旁边还没放完水的田里抓鱼、烤鱼，吃中午饭，接着说哥哥家儿子的事。吃完饭休息了20分钟。
15：00—19：00	继续收稻谷，这之后，话题变得很宽，也很漫无边际，有时是用苗语说，大抵都是在讨论其他的人或事，中途休息了2次，每次5—10分钟。
19：00—20：10	收工回家，看得出父亲已经很疲惫，但是他坚持和我们一起走路回去而没有坐哥哥运谷子下山的三轮车。路上老人家与我谈起他在外工作的儿子与女儿，甚是自豪。
20：15—20：40	回到家，先烧火把猪食热了一下，很快地喂猪，打扫了一下猪圈，换了件衣服去姐姐家。
21：00—22：00	到姐姐家吃晚饭，哥哥的儿子带着女朋友出现了，大家使劲地挤对哥哥儿子与女孩。
22：15—23：30	生火，烧水，绣花，并一边和我聊天。评论哥哥儿子带回来的女孩，现在这些女孩子脸皮真厚，没结婚就往别人家跑，昨天就来的，我哥哥、嫂子都不喜欢，不给好脸她都住得下去。
24：00	冲凉睡觉，星星在天空中眨着眼睛。

在由妻子与老人、孩子组成的留守家庭中，老人也并非完全是被照料对象，除非年纪很大或疾病缠身，无法劳作，否则家中老人无论男性、女性都会帮助儿媳料理农活及家务，以稍微减轻儿媳负担。就像房东WWT的丈夫在外打工，其收割就是由她的娘家哥哥、姐姐及父亲帮着完成的（见图5-4），她本人的婆婆则因为要在家中照顾丈夫弟弟的两个孩子而

无法参与到这场家庭劳动中。如若家中无老人，妻子则需完全承担起家中及农田里的所有劳动及孩子的照料，异常辛苦。

图 5－4　房东家收谷子（左）及运脱粒机上山（右）

2. 老年夫妻共同分担家务

在青壮年夫妻均外出，由孩子与老人组成的家庭中，老年人成了家务劳动的主要承担者。老年夫妻在家务的承担上基本延续传统性别分工方式，男性以农业生产为主，女性以家中事务及带孙子为主。但两者并没有明显的界限，通常男性也会在女性忙不过来时参与家务，而女性也会参与到农事中。

3. 婆媳同住，年轻女性家务负担小于婆婆

年轻女性，指那些生于 80 年代末期及“90 后”，在近些年才结婚生孩子的女性。她们通常都受过初中甚至高中教育，虽然生于农村，但她们与“70 后”甚至更早期的农村女性有较大差异。她们 16—18 岁以前大都在校上学，毕业后出去打工，农活鲜有人会干，也不愿干。80 年代中国开始实施计划生育政策后，生在农村的她们得到长辈很好的照顾，不舍得让她们做家务，常年在外上学让她们也不谙农事。婚后，丈夫外出，她们与公婆一起居住则难免会因家务与婆婆发生矛盾。加上第二波生育高峰带来的 80 年代后适婚男女性别比的失调，农村男性处于婚姻双边缘市场也部分导致了婆婆出于家庭经济考虑愿承担比儿媳多的家务，出现年轻女性在家庭中家务少于婆婆的倒置现象。

四　小结

在白碧村，家庭结构比较复杂，有些青壮年夫妻均外出，留下老人和孩子留守形成隔代的主干家庭，还有是丈夫外出留下妻子与孩子组成核心家庭，或是妻子、孩子、老人组成主干家庭。当夫妻双双外出务工时，由于在空间上逃离了地方文化及父辈的监管，夫妻间较容易发展起亲密关系，在某种程度上削弱了父子间的关系。外出后年轻人独立拥有远超过农业生产的经济收入，使其在经济上不受父辈的控制与监管，增强了年轻人的独立性与主体性，大大削弱了父辈对年轻一代的管辖权力。外出务工造成的与父辈空间上的隔离，使建立在血缘与地缘上的亲属关系遭到削弱并出现碎片化现象。因为男性的外出，原先亲属关系网络上的节点断裂，亲属关系的碎片化向着不可逆及难以修复的方向发展。而且由于女性在男性亲属关系中无足轻重的位置，让女性有可能充分利用其能动性通过劳动互助及经济互帮等方式发展起与自己原生家庭的关系，姻亲关系得到加强与凸显。留守儿媳与婆婆间关系的变换是白碧村家庭近年来表现出来的一个主要特征。由于老年人对家庭经济支配权与管理权的陨落，儿媳开始成为家庭经济的管理者。对自己是否能老有所养的担心与近年出现的农村青年男性在婚姻市场的双边缘危机及传统家庭本位思想的影响，婆婆不得不放弃在家庭中对儿媳的某些控制与管理权，婆婆在家庭中权力逐渐减弱，形成了儿媳主导的婆媳关系。最后，大量男性外出，生计方式得到扩展，重构了当地“男主外，女主内”的两性分工新内涵。

家庭关系的变化引起了家庭中权力关系变迁。男性向外流动，留守女性挑起家庭生活的全部重担，劳动负担加重，并不得不在家庭生活中独自对家庭事务作出决策，在这一过程中女性被迫培养起自主性与独立性。但“男主外，女主内”的性别观念与对家庭分工传统认知的束缚使女性在一些重大事务上终究无法摆脱传统文化的影响，出现了在重大事务决策上夫妻共同协商的双主角或是男性决策女性执行的双主角现象。虽然年轻女性对家庭经济的支配权、管理权与决策权都有上升，但她们这种权力的获得，更多缘于丈夫的缺位与经济支持，妻子在家庭中依附者的角色并未因丈夫的外出而改变；相反，农业生产与外出务工收入的差距进一步掩盖妻子劳动的价值并强化了妻子依附者的形象。所以在丈夫回到家庭中后，很多女性很快退回原先在家庭中“主内”的位置。因而白碧村女性的家庭权力更多是一种对家庭的责任和义务，在表象上所观察到的权力提升，更多表现为一种依附性的权力提升，具有不稳定性。

年轻女性的外出，培养起其自主性与个人本位，青年女性获得婚恋自主权，择偶由家庭本位转向个人本位。年轻女性对故土的逃离，当地男性沦为婚姻市场中的双边缘群体。婚后年轻女性随丈夫回到本地，外出培养起的自主性及其与丈夫的亲密关系使其在家庭中占据优势，主导家庭生活，婆媳关系出现转换，婆媳权力出现倒置。但如若女性长期不能经济独立，依靠丈夫，那么其在家庭中获得的这种暂时性权力极易回归到传统的循环中，其家庭权力出现回落。已婚家庭夫妻两地分居，导致更多的家庭问题，留守女性的婚姻与家庭缺乏情感保障。

综上，白碧村在男性外出务工后，女性家庭权力出现了复杂变化，在总体上也得到了提升，但是一种依附性上升，表现出极大的不稳定性（见表5－8）。

表5－8　白碧村女性家庭权力

<table>
<tr><th>权力维度</th><th colspan="2">具体内容</th><th>表现</th></tr>
<tr><td rowspan="7">女性自主权</td><td rowspan="3">经济自主权</td><td>收入管理权</td><td>依附性上升，男性是管理主体</td></tr>
<tr><td>收入支配权</td><td>依附性上升，支配权凸显</td></tr>
<tr><td>财产所有权</td><td>男性为主，女性并不争取</td></tr>
<tr><td rowspan="4">婚恋自主权</td><td>恋爱</td><td>形式自由到实质自由</td></tr>
<tr><td>择偶</td><td>女性自主权大于男性</td></tr>
<tr><td>婚姻生活</td><td>被动与不稳定共存</td></tr>
<tr><td>离婚</td><td>离婚率上升，女性被动接受</td></tr>
<tr><td rowspan="3">女性家庭事务决策权</td><td rowspan="2">重大事务决策权</td><td>家庭生计</td><td>双主角与男性为主并存</td></tr>
<tr><td>建房、买房</td><td>丈夫仍是主要决策人</td></tr>
<tr><td>一般事务决策权</td><td>日常事务</td><td>女性为主与两性共同</td></tr>
<tr><td>家务分配权</td><td colspan="2">家务分工</td><td>两性共担与婆媳家务转换</td></tr>
</table>

第六章　中国西南地区女性家庭权力：自致与他致

在第四章、第五章的论述与分析中，已讨论了在不同的社会经济背景下，西江千户苗寨和白碧村家庭及家庭中的女性家庭权力的变化，本章将通过对比检视两者之间的异同并分析形成差异的原因。

一　西江千户苗寨与白碧村自然社会状况

（一）相似的自然文化背景

西江千户苗寨与白碧村在自然、历史及经济基础上有诸多相同之处，主要表现在以下两个方面。

（1）两村有相似的自然环境与社会经济背景。从自然环境来看，西江千户苗寨与白碧村均位于贵州省雷山县东北部雷公山西麓的河谷坡地上，两者在地貌、水文、植被、气候等方面具有较强的一致性。在公路里程上两村仅相隔 11 公里，在行政上同属西江镇管辖。两村人均耕地面积均不足 1 亩，属于典型的“一方水土养不活一方人”的贫困区域。从社会经济方面来看，在西江千户苗寨旅游开发前，两村发展水平相当，农民人均收入较低。21 世纪前，农业是两村大多居民的主要生活及经济来源，传统精耕细作是农业生产的主要方式，但由于田地大多位于半山腰上，喀斯特地区保水性差，耕地质量不高，农业产量低而不稳，容易受自然影响，村民生活困难。社会管理方面，两村也保持着极大相似之处，以方老、寨老、族老等组成的民间管理组织在地方事务的管理中发挥着重要作用。在与外界的沟通交流上，在 2008 年前，两村差异较小，均通过西江车站的往来班车与外界连通，手机普及率不高，基础设施相对落后，青壮年劳动力大多外出务工。

（2）两村历史与文化上同源。从历史起源看，两村最早的祖先可追溯到蚩尤部落。但若从在西江居住算起，其历史则可追溯到明洪武时期。通过家谱对照，白碧村先祖是西江也通“西引”（寅）公之子西率其子孙迁至白碧村最终发展形成，白碧村李氏家谱详细记录了这种亲属关系（附录2）。从民族构成看，两村苗族人口都占本村人口的95%以上，是典型的苗族村落。在亲属关系上，两地都是血缘与地缘高度重叠的地域，具有浓厚的家族意识，每个小家庭以男性辈分和年龄排列，宗族制度保存较为完好。在文化内涵及传统习俗上有着许多相似之处，在婚姻上，两村都遵循同宗不婚的法则，在传统上年青人的恋爱方式以游方为主。在仪式方面，白碧村没有单独的鼓脏头与活路头，其宗教及生产仪式遵照西江进行。

（二）相异的社会经济发展水平

2008年贵州省第三届旅游发展大会在西江村召开后，两村无论在经济收入、村容村貌、民间管理、社区文化还是产业结构上都发生了较大分异，两个村沿着两条不同的产业道路发展，并在经济文化上表现出不同的特点。

（1）西江千户苗寨经济发展水平远超白碧村。2008年贵州省第三届旅游产业发展大会在西江召开后，几年间西江千户苗寨农民人均收入从旅游开发前的不足2000元发展到2014年的8200元，六年时间农民人均收入翻了两翻，是原来的4倍，人民生活水平迅速提高，到2017年更是达到了22120元（西江村委会提供）。而白碧村则像西部大多的农业村落一样，外出打工成为当地居民摆脱生存困境的唯一方法，大多青壮年劳动力外出，但其人均收入水平仍较低，据西江镇提供资料，在2012年，其人均收入仅为3700元，与11公里之隔的西江形成较为明显的对比。

（2）传统“男外女内”的两性就业结构出现分异。旅游开发后，西江千户苗寨在外务工的青壮年劳动力大量返乡并参与到旅游就业中，据西江管委会提供资料，西江旅游开发为本地居民带来大量就业机会，形成了以旅游为主的就业结构，由于女性在旅游就业中的优势，本地更多的就业机会被女性获得，形成“女旅男农”的就业结构及“女外男内”的家庭分工。在白碧村，由于大量青壮年外出，女性承担起家务与农业生产，形成“女农男工”的就业结构与“男外女内”的家庭分工。

（3）两村的民间组织管理能力均被弱化，但弱化原因相异。中华人民共和国成立后的一系列国家政策虽然对村庄的内生秩序产生了冲击与改变，但民间管理组织在地方事务的管理中发挥着重要作用。在旅游开发初期，西江“老人会”还曾积极配合政府征地动员村民搬迁，旅游开发后，由于在发展目标及项目内容上与开发方有分歧，“老人会”被相关部门取缔。现虽将其恢复，但因其传统的权威性与有效性已经受损，其维护乡村生活秩序的能力也发生衰退（罗章，2014）。再加上，旅游发展后大量游客的进入，让平日散淡的农村生活陷于忙碌之中，疏于往来的亲属，关系变得越来越松散，政府及公司的介入，大大影响了民间管理组织的权威与功能，管理能力减弱。在白碧村，由于大量青壮年劳动力的外出，村落出现空心化，家庭产生分化，亲属关系碎片化，村庄民间管理组织的管理能力亦减弱。很明显村落组织对村庄管理能力的弱化，在两个村的诱因是不同的。

通过两村对比发现，在旅游开发后，原先两个文化根底及经济现状极相似的苗族村寨发生了分异，进而带来当地其他社会要素的一系列变化。本书欲研究旅游对目的地女性家庭权力的影响，选取白碧村作为对照以凸显旅游的作用与影响，是客观而具有科学性的。

二　多元与流动：西江千户苗寨与白碧村家庭

（一）家庭结构从联合到核心与残缺的分化

如若仅从变化结果看，西江千户苗寨与白碧村在家庭结构上都朝着小型化与核心化发展，但是在不同的社会经济背景下两者受到的影响因素并不完全相同，衍生出的家庭结构也不尽相同。

在传统上，这两个在文化上同源，自然经济背景相似，在血缘上同宗的村寨是以核心家庭及主干家庭为主的。按当地传统习俗，家中其他儿子结婚后要与父母分开居住，只留下幼子及其家庭继承父母的遗产与父母同住，并对父母进行养老。但在生活中，大家都清楚对于土地的占有实际影响到小家庭的经济前景。由于生活在环境恶劣的贵州喀斯特高原山区，土地面积有限，粮食产量低，所以大多家庭中儿子结婚后并不愿很快与父母分家，父母出于对家庭劳动力的统筹通常也不会催促已婚儿子分家，直到幼子结婚生子后才会真正进行分家。在过去，这些区域结婚较早，加上医疗条件差，孩子一般较多，在幼子成年时，兄长的孩子或已成年。所以很多家庭实际上大部分的时光是在联合家庭或主干家庭中度过。故有研究认为之前的家庭是以大家庭为主也并非空穴来风。在旅游开发与外出务工后，两地家庭结构发生了分异。

西江千户苗寨在旅游发展后，由于年轻人有自己可自由支配的收入，小家庭摆脱了对父辈家庭的经济依赖，他们渴望迅速逃离父辈在经济、行为、思想及其他方面对自己的控制，所以，在婚后，很多小家庭提出分家。另外，为使旅游的发展能尽可能地惠及更多的村民，景区管理处以户为单位进行景区文物保护费的发放，也促使很多家庭快速分离而小型化，核心家庭增多。最后，父辈经济条件好转，能为小家庭提供属于小两口的私密空间，也为家庭的小型化提供了物质条件。在旅游中建立起来的其他形式的家庭结构也相继出现，家庭结构朝多元化发展。在西江千户苗寨，由于旅游的参与可以“离土而不离乡”，获得支持家庭生存的资源，所以在旅游中发展起来的核心家庭是完整而稳定的。

在白碧村，年轻人收入的增加，也带来了这个村落的家庭小型化和核心化。但因为子辈的经济独立是建立在外出务工基础之上，必须“离土又离乡”家庭才能获得自由支配的收入，所以就产生了非典型意义上的只有妻子和孩子组成的核心家庭，还衍生出了以祖父母与孙子女联合组成的隔代家庭。家庭的小型化在子辈获得收入并可自由支配收入后在两个村落中都已不可避免，但其结构的变化在家庭成员的组成上却有些不一样。

（二）家庭关系由父子关系为主向夫妻关系为主迈进

在家庭关系上，西江千户苗寨与白碧村的变化极相似，传统社会中以父子为主轴的关系逐渐转向以夫妻亲密关系为主轴。家庭中更多的决策是在夫妻间进行，而不是在父子间进行，但两村在夫妻关系与父子关系的变化上的诱发因素与表现形式又有所不同。

在西江千户苗寨，旅游的参与让大多女性能从旅游中直接获取经济收入，女性成为家庭经济收入的合作者，甚至是主要支柱。女性在旅游中获得的经济收入成为家庭中不可或缺的部分，而她们在旅游参与过程中培养起来的独立个性与主体意识，让她们在处理夫妻关系时学会了运用策略并努力去争取获得夫妻平等的机会。通过主体意识觉醒而实现的夫妻关系一旦形成会比较稳定，不易反复。

在白碧村，夫妻间关系模式要复杂一些。在男性外出而女性留守的家庭中，虽然女性承担了所有的家务及之前由两性共同承担的农活，但由于本地人均耕地少，粮食的种植受到自然状况影响较大，对于维持家庭较好的生活仍有困难，在极端年份，粮食的种植甚至不能维持家庭的生活，女性劳动的价值难以体现。加之男性在外务工的收入远高于土地产出，男性还是家庭经济的最大贡献者及家庭主要扶养者。所以，留守女性在经济上对男性总还存在一定依附性，其在家庭中无法完全自立、自主，在夫妻权力关系上就会表现出一种他致性特征，具有很大的不稳定性。在夫妻均外出务工的家庭中，由于逃离地方文化与父辈的监管，很容易发展起亲密的夫妻关系，但这种关系也较不稳定，会随着家庭生命周期变化，最终以女性留守与外出的交替来应对与解决家庭中出现的经济与劳动力困难，致使女性在经济上收入上处于不稳定状态而最终又回到对丈夫的经济依附。

（三）亲属关系从父系紧密向松散双系过渡

从经验研究来看，中国农村的社会关系大都是通过亲属关系来表述的。西江千户苗寨与白碧村都是血缘与地缘高度重合的社区，在这样的社区中，亲属关系不仅是人们之间情感的纽带还是社区管理的重要工具。在传统社会中，像这样从夫居的规范对创造相关男性地方共同体，剥离女性与其原生社区亲属关系的关联起到作用，所以以男性为中心的居住方式成为日常乡土生活性别化的决定性因素。[①] 但近年来，随着乡村居民对土地依赖性的减弱，其亲属关系发生了变化，从原先传统社会的紧密联系向现在的松散联系变化，姻亲关系得到某种发展，但在白碧村与西江千户苗寨其变化的驱动力是不同的。

---

① ［加拿大］朱爱岚：《中国北方村落的社会性别与权力》，胡玉坤译，江苏人民出版社2010年版，第47—48页。

在西江千户苗寨，旅游发展后游客及外来经营者的进入削弱了社区亲属间原来的紧密关系。据西江镇政府统计，西江千户苗寨常住人口有8000人左右，外来经营户及务工人员就有3000多人，占常住人口的37%左右，大量外来人口及游客的到来，破坏了其传统的仪式空间，也破坏了社区通过仪式及公共交往等方式联结起来的亲属关系。由于旅游发展，原先的交往空间被废弃与占用，忙于生意的亲戚走动越来越少，父系亲属关系变得松散。而在旅游中发展起来的业缘及在生意的互助中发展起来的以女性连接的亲属关系开始显现，这些关系都表现出松散的特征。

在白碧村，由于大量青壮年男性外出，通过男性建立起的宗亲关系在男性缺席、小家庭经济独立并与大家庭在空间上隔离后变得碎片化。在白碧村，女性虽然可以处理族内家庭之间的人情往来，但亲属关系仍然是由相关男性来定义的。另外，家庭中男人外出了，女性在行为上需要格外注意，她们与家族中其他男性的交往会受到较大限制与非议。所以，为避免非议，在生产互助中女性多会求助自己娘家而促使姻亲关系强化。

父系亲属关系在两个村都变得松散，在西江千户苗寨村民平时忙于旅游接待，疏于联络而产生了一定的心理距离，但亲属关系网并没有破碎，而是被泛化，亲属关系、地缘、业缘及其他人际交往网络形成一张关系网，亲属成为网上节点。这张网呈扁平状，一旦有越轨行为发生或是需要争取共同利益时，亲属间的紧密联系又会重现，这张网就会收紧。例如2013年国庆前夕发生社区居民与景区管理局冲突时，亲属间立马紧密团结就是一例。在白碧村亲属关系的松散，更多表现为空间上的隔离及亲属关系网的碎片化，因为青壮年男性外出，继嗣群体间的联络减少，多年的外出将乡村熟人社会变成半熟人社会，亲属关系碎片化。在这样的社区中女性在亲属网络中是没有位置的，但女性如果在亲属关系中有行为不妥，不仅家族与房族不认可，还会受到来自他们的指责，所以留守女性很难维系这样的亲属关系。这种碎片化的亲属关系可逆性较差，一旦破坏很难修复。

（四）婆媳关系从压制到平等或婆媳倒置的分异

婆媳关系作为婚姻媒介所建立的一种代际关系，它既没有血缘关系的稳定性，也没有夫妻关系的亲密性，所以婆媳关系一直是传统社区中女性间经久不衰的话题。从性别关系看，婆媳间的关系不仅反映了两代女性间的平等关系，也深刻地影响着家庭中性别权力的变化。

在西江千户苗寨，非农化削弱了家庭原有的生产功能，使作为生产单位领袖的男性“家长”大权被削弱。而在旅游中崛起的女性可通过直接参与旅游获得经济的独立，也可通过公司对门票收入进行的二次分配获得收入。在参与旅游中，年轻女性获得的收入普遍高于老年女性，婆媳关系发生较大变化。在媳妇一方，由于在旅游中获得的收入足以让她们摆脱与大家庭或是父辈家庭的经济依赖，所以，大多媳妇在具备经济实力后会“怂恿”丈夫提出分家，在空间上与婆婆实现分离，婆媳两者的关系实现某种“脱嵌”，没有朝夕相处的机会，自然也就少了磕磕碰碰的可能。在婆婆一方，旅游开发后，地方政策的变化让大多的老年人即使没有能力与资源直接参与旅游，也能获得旅游公司分配的文物保护费，收入虽然不高，但对节俭惯了的农村家庭来说，已经可以衣食无忧，减少了老年人对子辈养老的依赖与养老资源的担忧，自然会减少对儿子的控制。整体收入的增长，使两代人间从对家庭资源争夺的敌对变成对家庭收益增长的共同体，关系自然和谐许多，以往婆媳争端的焦点在旅游收入获得后弱化。小家庭独立，年龄与辈分的等级制度弱化，也利于婆媳关系像平等方向发展。

在白碧村，夫妻一起外出使小家庭与大家庭在空间上“脱嵌”，但若妻子留守照顾老小，则小家庭与大家庭通常会有一个重新入嵌的过程。媳妇想要留住小家庭的资源，而婆婆却想通过血缘联系及传统孝文化的规定获致养老保障，自然容易发生冲突。如果媳妇曾外出打工或是年龄较小，通常还会出现价值观的冲突，就像 YYF、LXY2 与其婆婆的争端。近年来年青一代在外期间发展起来的夫妻间亲密关系在某种程度上弱化了亲子关系，会让儿子对妻子与母亲的争端保持一个相对公平的判断，而农村男性娶妻难的婚姻市场双边缘状况，会使婆婆因顾忌家族传承、儿子感受等又会容忍与退让，而使其与媳妇关系发生倒置，出现媳妇强过婆婆的情形，老年女性成了家庭中权力最弱的一位。

婆媳关系所反映的是女性在其生命周期不同时期的权力状况，并不是每个阶段其权力与地位都较低下，它涉及比较的对象。在传统社会，家庭作为生产单位，家庭中财产分配被父辈掌握，子辈在婚姻早期对父辈的经济依赖与母子间的情感纽带，[①] 会让女性的权力随着儿子的出生与自己年龄的增大而不断有所提高[②]，但如果将其放在两性的系统中进行对比，则会发现中国女性在家庭中的权力总是会在男性之下，所以婆媳关系更确切地说反映了中国两性的等级制度不仅是以性别为归依，也是通过年龄和辈分建立的等级秩序。[③] 在案例中，不同的文化浸润，使得老年女性更多表现出以家庭本位为指导思想，而儿媳则会表现出更多的个体主义。当两者之间没有资源争端时，婆媳间能和睦相处，但如果发生争端，婆婆的家本位“伦理责任”就会促使婆婆出于家庭和谐而作出让步最终处于婆媳关系中的弱势一方，书中描述的白碧村更多属于这种情形。

（五）家庭生计从农业到“旅游为主”与“农工结合”分化

家庭生计方式作为人们基本生存模式，与经济和文化密切相关。由于外部机遇的变化，西江千户苗寨与白碧村出现了不同的生计方式，并影响了两地家庭的变化。

在西江千户苗寨，由于旅游的发展，传统农业生产方式被消解，旅游成为大多数家庭的主要生计方式，并给两性带来了三方面变化。首先是两性家庭经济角色的变化。女性由于参与旅游的文化及性别优势，不仅变成家庭经济的主要支柱，她还从传统的家庭依附者变成家庭经济的扶养者。其次，女性在思想上变得更自主。旅游促使女性从家内走向家外，在家外旅游经营或服务中通过与游客交往，女性思想发生一些变化，为其在家庭中获得权力提供心理与经济支撑，LZH、LM、LWF 等都是明显的例子。最后，老年男性家庭权威的削弱。当传统生计方式在家庭中的重要性降低后，老年男性通过传统农业建立起来的传统权威被削弱。旅游参与后，家长更是无法通过控制家庭有限的资源来维持其权威，其家庭权力自然减弱。

① 左际平：《从婚姻历程看中国传统社会中家庭男权的复杂性》，《妇女研究论丛》2012 年第 3 期。

② Wolf M.，“Marriage，Family，and the State in Contemporary China”，*Pacific Affairs*，Vol. 57，No. 2，1984.

③ 笑冬：《最后一代传统婆婆?》，《社会学研究》2002 年第 3 期。

在白碧村，家庭生计方式的变化给两性带来的变化主要有两方面。首先是女性家务负担加重。在大量男性外出后，当地留守女性不得不担负起家务与农活，家务负担加重。其次，男性经济地位进一步上升，女性依附角色更凸显。出于家庭策略考虑大多家庭都选择男性外出务工，而女性留守，女性的收入仍然主要来源于产值很低的农业及丈夫的给予，其依附性地位并未发生变化。故其在家庭中所获得的权力是丈夫让渡的他致性权力，具有很大的不稳定性。

家庭生计中"男性外出，女性留守"与其说是一种家庭策略，更确切地说是一种性别制度。以男性外出，妇女留守进一步强化原先"男主外，女主内"的性别分工，将女性禁锢于家庭。而在不同生计方式间的收入差异，则进一步强化了这种性别分工制度。

三　自致与他致：西江千户苗寨与白碧村女性家庭权力

（一）自主权的自致性与他致性

作为衡量家庭权力的一个面向，自主权不仅体现女性在家庭权力关系中的位置，也体现女性的主体能动性。通过不同层面的自主权，西江千户苗寨与白碧村分别展示了女性间不同的家庭权力图景。

西江千户苗寨女性在经济上的自主权总体比白碧村的女性上升程度要大。旅游收入的获得是西江千户苗寨女性从传统依附者变成养家者或是共同养家者的主要原因，而这一变化打破了传统性别角色分工。在旅游中，女性与游客的接触还让她们获得了信息，增加了知识，增强了女性的自信心与决策能力。就像AN曾这样告诉笔者，"原来他打银子我在家帮他做下手，经常被他看不起。动不动就说，你一个女人家，你懂郎样。我出来开店后，他不说了。没有我，他打的首饰没这么好的销路，我看市场比他准，现在店里面要哪种款式我喊他打，他不说了（AN）"。另外，旅游参与对于西江千户苗寨的女性经济收入的获得、管理及支配都有很大改善。但对于家庭共有财产的管理，西江千户苗寨只有部分女性实现了与丈夫在社区外财产的共有，社区对女性仍然有着太多的文化规范与禁锢，她们并没有突破之勇气。

白碧村女性一旦留守，其收入主要源于外出务工丈夫的给予。虽然只是劳动分工不同，但农业劳动产出的低经济回报与家庭中家务劳动的无酬化，让女性劳动价值被隐匿，所以在她们自己及丈夫看来，她们还是属于经济上的依附者及被扶养对象。女性经济的自主权是建立在丈夫缺位及丈夫经济给予的基础上，丈夫一旦返家，妻子的管理权将会减弱甚至消失。所以，白碧村女性的自主权是一种他致性的自主权，是丈夫暂时让渡型的自主权，是不稳定的。

女性对收入的支配权说明女性在自主性与自我意识上有了提升，但在家庭财产管理上的缺位，则反映乡村性别关系在总体上还是维系男性对财产所有权，国家法律在乡村财产分配中的失效，社区内土地与宅基地按男性分配的原则，成为阻碍女性拥有家庭财产的障碍，也影响了女性在婚姻中的权力关系，村落中的女性不敢轻易离婚也有这方面的原因。

对于年轻人的婚恋自主权，无论是白碧村还是西江千户苗寨，都发生了很大变化。在两个村寨，年轻人的恋爱都比原来更自由、自主。在西江千户苗寨，无论女性还是男性在十几岁就可以到农家乐打工，接触各种新鲜的资讯与知识，九年义务教育的普及，经济条件的好转，使年轻一代受教育程度普遍高于年长者，所以，年轻人婚恋自主权得到较大提升。而已结婚的女性对离婚会有更多顾忌，在西江千户苗寨，女性由于与外界接触较多，受到现代思想的影响总体上要大于白碧村的女性，所以她们对离婚的接受程度要高于白碧村女性，在笔者对她们的一个小范围调查中，在西江千户苗寨回答可以接受离婚的女性比白碧村要高出20%。普遍而言，两地的女性对离婚所秉持的态度，都还深受传统意识的影响，这也说明两性的婚姻与家庭更多是受文化规范与当地价值观的影响，而不是外界因素。

婚恋的自主权，还反射出性别规范中最基础也是最严厉的组成部分是性规范。性规范具有双重标准，对男性鼓励，对女性则压抑。性别规范是一种潜规则①，既没有明文规定，也没有明确的制度，它依靠人们自觉遵从，并通过“生于斯，长于斯”的日常实践不断内化成人们的价值观。村落性别规范的运行，在村落文化与评价机制的协助与配合下显示出双重体系。男性与女性各有一套，这种鼓励男性而压抑女性的机制支持与维系

① 吴小英：《探寻性别关系和性别研究的潜规则》，《社会学研究》2005年第3期。

了乡村社会中不平等的性别关系。

（二）家庭事务决策权的两性平权与双主角

在家庭事务的决策权上，两个社区的女性都获得了不同程度的提高，尤其是对一般事务的决策，但重大事务决策的某些方面仍然是男性的传统决策领域。

在西江千户苗寨，女性对家庭经济的贡献及经济地位的上升加之大家庭与社区对女性行为限制减弱，使女性能在一些重大事务上崭露头角。如在家庭经营中，LZH、AN 等女性通过事实证明了自己经营能力与经营决策的正确性，并在这一过程中树立了自信，增强了自主性，个人本位价值观得以发展。但在传统性别分工较清晰的领域，如建房、祭祀，包括与房族之间的关系处理等领域都是以男性决策为主。在一般事务的决策上，则延续了传统上“男主外，女主内”模式，通常以女性决策为主，在年轻人中则以夫妻共同决策为主。

在白碧村，丈夫外出，妻子不得不在家庭中担起重任，出任主角。在重大事务决策上出现双主角，夫妻共同做主或是丈夫做主妻子执行。妻子在重大事务中出任主角，并非女性主动争取，而是男性外出后作出的不得已选择，在更大的程度上，是丈夫家庭权力的一种让渡，是一种不稳定的权力，在丈夫回到家中后妻子极易丧失这种权力。在一般家庭事务的决策上，白碧村基本延续了传统的家庭性别分工方式——“男外女内”，传统性别意识及价值观念是其关键影响因素。

（三）家务的两性分担与女性全担

在西江千户苗寨，两性的家务分工从原先以女性为主变成现在的两性共担。因为参与旅游经营活动，西江千户苗寨部分女性在时间和精力上都无法顾及家务，男性不得不参与到家务中，成为家务的参与者甚至主要承担者。现代技术革新，使很多家务工作无论在时间上还是程序上都变得比原来简单，为男性参与家务提供了物质条件，而年轻一代在社会生活实践中所接受的平等思想为其家务的分担提供了思想基础。最后，女性在与游客不断接触的过程中，不断增长知识与见识，使她们平等意识获得发展。所以，西江千户苗寨年轻夫妻家庭两性的家务分担比老年人要平等，老年夫妻家庭的家务分工仍然还是维系着“男主外，女主内”的分工模式而无论女性是否成为家庭经济的主要扶养者。

在离土不离乡的旅游参与中，西江千户苗寨的性别分工实现重构。由于女性在旅游就业中的性别优势，出于家庭经济收入的考虑，男性不得不担起家务以支持妻子的旅游经营，传统“男主外，女主内”的两性分工方式变成“男主内，女主外”或“两性内外兼顾”的情形。很明显，西江千户苗寨的性别关系出现了某种重构，但丈夫的选择在家庭中一直是被优先考虑的，就像LX与其丈夫家务劳动的转换，所以，西江千户苗寨性别关系的重构有赖于丈夫的选择与家庭将何种资源看成首要资源。

在白碧村，男性大量外出，传统性别分工中由男人承担的农活就压在了女性肩上，形成妻子家务、农活一肩挑，劳动负担加重。如果夫妻都外出务工，家务与农活则转嫁到家中老人肩上。在年轻人与长辈一起的主干家庭中，则形成了婆媳共担家务，婆婆为主的情形。

在男性外出务工后，白碧村传统的乡村性别结构同样被重构。丈夫外出，在某种程度上增强了妇女的独立意识减轻了其对丈夫的依赖思想，承担起原先由丈夫承担的义务与责任，另外，丈夫的外出，也重新诠释了白碧村传统意义上“男主外，女主内”的分工模式，性别关系实现重构。这种重构在价值观念与文化规范上仍旧遵从传统“男主外，女主内”的性别观念，但在形式上已发生了很大变化。有的家庭由于劳动力稀缺，在男性收入足够抚养家庭时，会将家中土地转给别人租种，女性的家务负担得到减轻，但在经济上却更加依赖男性，从属地位仍然没有改变，这深深地影响了留守女性与外出务工丈夫平等地位的建构。

四　小结

通过对比，两性在家庭权力上都有不同的变化，西江千户苗寨与白碧村尽管存在着差异，但也有共性：

（1）在经济上，女性更多的是参与金钱的管理，而男性则是对金钱的控制。所以钱看似女性在管理，但大笔的钱、多余的钱是控制在男性手中，存折和房产登记中的男性姓名为主就是明证。在两个村的比较中，西江千户苗寨女性在家庭经济支配与管理上比白碧村女性的自主性更强，权力更大，收入获得途径的差异固然深深影响了两个村女性家庭权力的变化，传统性别意识的变化也是重要的影响因素。

（2）在婚恋上，两性自由恋爱与结婚都已经没有问题，但是在离婚、婚姻内的暴力及性关系中，女性还是弱势群体，白碧村的女性尤甚。所以，在家庭内更隐秘和私密的关系中，女性仍处于弱势地位。在血缘与地缘高度重合的社区，传统性别意识深深内化于人们的价值观念与认知中，思想的改变非一朝一夕之事。所以传统农业社区直接迈向现代旅游社区时，虽然文化与传统会遭遇很大冲击，但正如以往研究者所指出的那样，文化内核不易发生改变。

（3）在家庭事务决策权上女性普遍获得了提升，但在西江千户苗寨与白碧村情形并不相同。西江千户苗寨女性的决策权大多源于其经济的独立与平等意识的觉醒，而白碧村女性家庭权力的获得更多源于丈夫对权力的让渡。女性在个体层面权力获得的增加较多，在家庭层面则相对较少。如女性自主权随着收入的增加有较大增长，但是对家庭事务决策权的增加却并不多。

（4）在家务分担上，西江千户苗寨女性看似获得了家务的解放，但其代价是家外劳动的增加，女性在获得家内相对平等的同时，却通过旅游进入了一个更大的性别不平等的体系之中。在白碧村则表现为女性对家务与农活的双担，经济上的弱势加重了其劳动负担，在不同代际之间家庭权力出现了倒置的现象。

所以，总体而言，两个村的女性家庭权力均获得了提升，但存在着代际差异，西江千户苗寨与白碧村展示了两种不同生计方式对家庭权力的影响。西江千户苗寨女性的家庭权力在整体上获得提升，但老年女性提升程度要小于年轻一代，总体上女性家庭权力仍小于男性。白碧村，年轻女性的家庭权力获得了较大提升，而老年女性却没有，甚至有些老年女性的家庭权力比未娶媳妇前更低，婆媳之间的权力出现了倒置，男性始终是家庭中权力最大的人。

两性分工的内外弹性制度在流动与留守之间的变化，深深反映了白碧村不平等的性别关系，传统性别文化总是试图贬低女性的劳动价值，塑造了男性在劳动力市场上的优势地位。而传统的性别角色期待对男女不同角色期待和标准，迫使女性在角色冲突中委曲求全。社会性别排斥造成了女性外出务工的机会少于男性，女性家庭权力的变化是多向而不均质的。为什么会出现这样的差异与结果？下一章本书将从资源、文化、意识等对其进行解释。

第七章 理论解释：资源、文化、意识

早期对两性家庭权力的研究，其分析通常建立在男性赚钱养家的“男主外，女主内”的性别分工基础之上，所以大多研究得出家庭中的决策以男性意见为主，家务主要由女性承担的结论，并在实际中以夫妻相对资源的多寡对比解释他们间权力大小。罗德曼在研究南斯拉夫及希腊等国的夫妻权力后指出，社会文化同样会对女性家庭权力产生影响，并指出：“在两性平权的社会中，夫妻间的权力更多受夫妻所拥有的相对资源影响，而在父权制社会中，传统性别角色的规范更重要。”① 这两种理论被诸多研究者不断重复与证实，并形成学界对家庭权力的解释理论，资源理论与文化规范理论。但通过本书的两个案例发现：无论是资源理论还是文化规范理论在案例中均有一定解释力，但又不能将其解释清楚。因此，在接下来的叙述中，本书将先沿袭西方理论路径，然后结合中国实际一点点揭示各案例中影响女性家庭权力的因素，以期能在两性婚姻家庭及两性关系上提供一种新的理解。

一 资源与女性家庭权力

尽管有研究者欲将资源泛化为无所不包的概念，但诸多研究表明：收入、受教育程度、职业地位或社会地位是影响两性在家庭中的权力分配最重要的资源。在本书的研究设计中已指出，笔者所选择的两个案例地均处西部偏远山区，之前一直处于较封闭状态，文化教育落后。故研究对象受

① Rodman H., “Marital Power in France, Greece, Yugoslavia, and the United States: A Cross – National Discussion”, *Journal of Marriage and the Family*, Vol. 29, No. 2, 1967.

教育水平及职业影响并无多大差异，在西江千户苗寨旅游开发前，两村均以农业为主，兼有外出务工。旅游开发带来两村的分化，其最大差异表现为女性收入差异。所以本节将重点论述“收入作为重要资源是如何分别影响旅游社区与非旅游社区女性家庭权力分配”，社会地位及教育程度的影响并非不涉及，只是在此不重点论述。

（一）旅游社区：经济资源与女性家庭权力

经济资源是女性与男性进行家务协商的基础。旅游开发后，女性由于参与旅游具有性别及文化上的优势而成为旅游接待主力军。在西江千户苗寨，女性活跃于旅游餐饮、住宿、表演、商品售卖、景区环卫等职业（见图 7－1），并从中获得收入。在受访家庭中，妻子表明其收入占家庭收入一半或以上者约有 60%。LX 作为两个孩子的母亲，白天在旅游公司工作，下班后推着小车到表演场附近售卖旅游纪念品。其丈夫 LJM 赋闲家中，尽管不太乐意，但他还是承担起了家里煮饭、照顾女儿、接送儿子上幼儿园等家务。对此 LX 认为：“他不出来赚钱，就应该在家带孩子，做饭。（LX）”而每天在景区进行餐饮经营的 TD 也认为：“我每天在这边要从早到晚，他不做就不得吃，又不是要他服侍我，他自己管自己。我一天忙到晚的，家都回不去，我也没办法给他做。我要是不做这个回家去，家里经济就困难，他不同意我搞生意也没办法，他们男的又搞没成（做不了）这些。（TD）”自从参与旅游接待后，大多女性工作时间从早上 8 点到晚上 10 点，在精力与时间限制下，无法顾及家务，只能与男性进行家务协商与调和，LX 及 TD 丈夫对家务的参与就是这种协商的结果，女性收入对家庭经济的支撑成为重要原因。在调查中，笔者还发现，在西江千户苗寨女性收入越高，两性绝对收入差越大，通常丈夫卷入家务程度会越深。当然，也有部分家庭男性对家务的卷入程度有赖于丈夫的选择，在这类家庭中丈夫职业地位通常比妻子高，如受访者 LM、SYH 的丈夫都是有公职的人员，其丈夫对家务卷入较低，后来，LM 忙不过来就把自己经营的农家乐租了出去。虽然 LM、SYH 丈夫收入在家庭收入中占比不大，但他们有被社会群体所认可的体面职业，这是他们拒绝家务协商的重要资源。就此而言，本研究同样也支持了以往研究所指出的丈夫在外职业地位越高，其家务参与越低的结论。但却无法支持丈夫受教育程度越高，其家务分担会上升的结论，乡村与城市情形并不相同。

图 7－1　活跃于旅游接待中的西江女性

经济资源为女性自主权提高及决策权增加提供了客观条件。女性个体自主权是指个体的女性行动不受制于她无法控制的力量或原因，表现为有自由选择生活方式的权利，可以自主地处理自己的婚姻、职业、家庭、人际关系等个人事件。它内生于女性心中对个人权利的要求，是女性主体意识和自我的本我意识。传统农业社会，像在西江千户苗寨这样农业产出较低的村子，父辈牢牢把控着土地及生存资源，子辈通常不具备自主权与决策权。尤其是女性，作为父系家庭的外来者，她对男性继嗣家庭的功能更多以劳动力再生产为目的。通过生育她或可被父系家庭认可，也能随着年龄的增加，获得比年轻时更多的家庭权力，但个人的自主性早被淹没在家庭之中。财产男性所有及“从夫居”的居住制度，让女性成为一个彻底无产者，在夫家，其生存性资源靠与丈夫的婚姻关系及其在家中的生育地位维系，一旦离婚，这些生存性资源会随着婚姻的解体而失去。没有生存性资源，女性在心理上与行动上都很难独立。但参与旅游经营获得经济收入后，传统上以男性体力为优势的家庭经济结构被打破，西江千户苗寨女性从家庭走向社会。尽管部分女性收入较低，但其职业的变化，标志着女性劳动变成具有完整价值的职业，它给女性带来了个人的自我认同与满足，也带来自信，这种自信让她们敢于在家庭经营决策中与丈夫一较高下，如 LZH、LWF。经济的自给也让 LQ、Fe06 在对恋爱与婚姻的决策中能优先考虑自己的感受。女性进入了传统上属于男性的外部生产领域，她们与男性在同样的环境条件下进行劳动，创造同样的价值，有属于自己的收入之后，她们发现，与过去劳动成果归丈夫和大家庭所有相比，旅游收入的获得的确凸显了其劳动价值。短短几年时间，很多家庭的积累超过之前几十年，女性在家庭财产积累中发挥了较大作用，也开启了她们对个体劳动价值的认知。旅游参与的确在客观上为女性提供了个人自主性成长的社会空间及条件，为女性在家庭之外的发展提供了一个可供选择的领域及角色转变的可能，女性重新找到自我定位与认同的社会性支持。所以，拥有资源并且知道如何运用这些资源在某种程度上是女性个体能否获得权力的关键。

经济资源使家务价值凸显，唤醒了女性在家庭中的权力意识。在传统农业社会，女性家务劳动并不被当作经济行为，但家务劳动以服务的形式进入旅游市场后，这种认知就受到质疑。SH 是西江较早经营农家乐的女性，第一次接待客人时，她心里很忐忑，对未来经营的不确定性及出于经济考量她不敢请厨师，但也不愿眼睁睁看着机会溜走，她按照自己想法弄了些新鲜蔬菜，煮了酸汤，做了腊肉，不曾想竟获得了导游与游客的好评。“我也想不到我炒菜还能卖得到钱，还有那么多客人喜欢，平常在家都是乱做的。不过也是从那次开始我晓得我们女人也不是没什么用的，我们农家的这些东西也可以卖钱，后来我有空也绣点东西卖，我们还是有价值的。(SH)” 原先家庭中的日常事务，在旅游中成为可用价值衡量的技能，使其原先被隐匿的市场价值凸显，也使女性及与之相关的意识被唤醒。

所以，女性参与旅游后，能从旅游中获得属于自己的收入并在很大程度上实现经济独立，摆脱对丈夫的经济依附，极大地促进了女性自主权、决策权的提升，也唤醒了女性自我认知与主体意识。就像前文中提到的

LX，通过协商与丈夫互换了在家庭中的角色，丈夫带孩子，LX 在景区上班挣钱养家；年轻女性 LQ、Fe06 等更是认识到只要经济自主，自己的婚姻才能不受制于人。这些说明经济资源就某种角度而言的确是西江千户苗寨女性获得家庭权力的客观物质基础。

（二）非旅游社区：经济资源与女性家庭权力

经济资源是家庭中两性家务分配的基础。在农业社会，因为生产的物质多用于家庭消费，家庭既是生产单位也是生活单位。土地作为重要生产资料及经济来源被男性家长控制，不仅决定了两性的家务分工，也奠定了男性在家庭中的权力与地位。就像 LL 所说，"原来没分家之前，他的钱都交给了他爸，买什么都是婆婆买，我从来都没有保管过钱（LL）"。"他打我，生气想离婚，但我不晓得离了婚去哪点。（WXH）"生产资料及生存资源所有权被剥夺，使女性在传统角色中因缺乏经济资源而处于依赖和从属地位，权力地位也较低。

经济资源仍是家中权力分配的重要因素，留守妻子经济劣势不变。20 世纪 90 年代后，白碧村年轻人开始外出务工，大量劳动力由传统农业转向现代工业。原本具有高度连接性的家庭生产与家庭产生场所及心理上的分离，土地经济效用降低，当地社会经济结构发生改变，传统"男耕女织"的两性分工模式被新的"男工女耕"的性别分工方式替代。虽然男性在家庭中的缺位使原先属于男性决策的一般事务转嫁到女性身上，但土地产出远低于务工收入，女性对家庭经济贡献有限，男性仍是家庭的抚养者及经济支柱。男性外出务工所引致的两性收入差异进一步强化与巩固女性在社会经济结构底层的位置[①]传统依附者角色难以改变，女性在家庭中的权力现状难以改变。随着男性的外出，女性不仅要照顾家人，还要管护农田与进行生产，其家务负担加重，但由于女性仍旧生活在一种比较自然的环境中，常规的生活方式、常规的生活境遇、常规的财富积累方式及对外部世界变迁的常规处理方式使她们虽未生活在完全封闭的世界，却因为其内心是常规性的，则会用一种本身所具有的常规性方式解决她们生活世

① ［日］洛合惠美子：《亚洲现代性中的"亲密和公共领域的重建"：家庭主义及其超越》，载徐安琪《中国家庭研究（第七卷）》，上海社会科学院出版社 2012 年版，第 1—19 页。

界中的矛盾与问题，[1] 而致使原有家庭常规状态极少发生变化。

外出女性资源末端位置使其家庭权力的获得不稳定。对于夫妻均外出打工的家庭，尽管年轻人经济的独立会使男性家长权力式微，但身处陌生环境，与男性的体力差距，身无一技，使难以真正融入城市文化的乡村女性大多仍在劳动力市场及经济结构中低阶层的非技术性行业就业，导致收入较低。女性仍是家中经济的辅助角色，妇女地位也很难因其收入对家庭经济微弱的支持获得实质性改变，家庭中的权力仍掌握在男性手中，但在外出期间发展起来的夫妻亲密关系则有利于其家庭权力的获得。随着家庭生命周期的变化，孩子出生或是父母衰老，女性回到乡村成为留守之人，当回到传统社区，她们在外所获得的那点自主思想与自由意志迅速被社区内的价值观同化，而恢复到一种常规生活中。在传统伦序中，年龄与辈分是较容易突破的界限，所以父子关系与亲属关系发生变化，但性别的藩篱却难突破。因为除了传统的伦序，文化的规则，还有一套常规的生活方式在维系性别制度的运转。

乡村社会中资源决定的权力反映了一种弹性的性别制度。在传统认知中，人们总将两性分工与两性生理差异相连。但在白碧村，男性外出时女性不得不担负起家庭中几乎所有家务与农活的事实，从某种角度说明性别分工具有一条可移动的界限，是社会依照男性利益建构的产物。当男性在家务农时，女性是适合干家务的，家是“内”；而当男性外出时，田里的活自然演变成“家内”的活，而不管女性是否愿意接受这样的分工。所以两性分工并非完全建立在两性生理差异之上，它是一种家庭策略，也是传统性别观念在经济为导向的社会分工体系下所作出的调适，它展现了两性分工是有弹性与强制性的，各类社会力量才是将女性禁锢于家庭中的关键所在。

农业劳动女性化是性别制度的强制性结果。如果仅从劳动本身看农业女性化，并不能反映两者间的性别关系。但隐匿在农业劳动女性化后面的社会机制才是考察两性关系的关键。男性外出，强化了其与妻子在城与在村的高与低的二元模式，这些差异将女性排除在一种较好的发展机会之

① 杨善华、程为敏、罗沛霖主编：《当代中国农村家庭的社会关系》，中国社会科学出版社2005年版，第19—51页。

外，不平等的性别关系由此产生。而这样的做法，与中国农村城乡二元结构的户籍制度及农村土地制度密不可分。土地交易障碍及土地使用的均等权使土地作为生产要素的功能在衰弱，而保障及抵御风险的功能却在增加。在农村家庭中，土地仍是最后的保障，只要土地还是家庭中重要的资源，就必须留下人员保障这一权利，女性因要抚育孩子成为留守的最佳选择。在女性留守这种看似“合理”的家庭策略后面实际是人们对于乡村性别分工与关系的理解与建构。当男性是农业中的主要劳动力时，女性是属于家内家务的，而当男性外出务工后，女性则变成适合农业的人，但其角色并未从家内转向家外，因为这时人们从一个更广的范围界定“内与外”。家内与家外的界定，内与外的变迁实际是以男性利益为归依，所以，性别制度的变迁基本还是两性不平等的。

二　文化规范与女性家庭权力

在性别和权力的建构过程中，主流文化对制定权力规范起着至关重要的作用，并无时无刻影响家庭成员对各种权力的认识以及他们相互间运作权力的方式和程度①②。在历史上，西江千户苗寨与白碧村虽然长期与外界隔绝，但清政府以来的改土归流及中华人民共和国成立后国家一系列改造运动与改革项目对它产生了深刻影响。所以，在下文中将首先回溯中国传统文化及苗族传统社会“如何规定女性传统角色”，以更好理解当今女性在家庭中的角色及权力变迁，并在此基础上考察文化规范对旅游及非旅游社区女性家庭权力的影响。

（一）中国传统文化语境下的女性

1. “卑、从、贤、隐、内”的传统文化女性规范

男尊女卑是传统性别文化核心。中国从宗法制的奴隶社会起，就已树立女性修身的标准，形成了男尊女卑观念。在后世奉为礼制总规范的

① Rodman H.，“Marital Power in France，Greece，Yugoslavia，and the United States：A Cross - National Discussion”，*Journal of Marriage and the Family*，Vol. 29，No. 2，1967.

② Rodman H.，“Marital Power and the Theory of Resources in Cultural Context”，*Journal of Comparative Family Studies*，Vol. 3，No. 1，1972.

《礼经》中确立了三从的理论基础。在《礼记·昏礼》中写道：“妇人，从人者也。幼从父兄、嫁从夫、夫死从子。”“古者妇人先嫁三月……教以妇德、妇言、妇容、妇功。”之后，各朝代对于女性行为的著述从未间断，大到女子一生的各阶段，小到每天的举手投足，都有具体规定。为了培养女性柔顺贞专的性格，使女性严守三从四德的道德规范以维护男性利益，古代女性的现实生活和日常行为受到了严格的限制，女性活动范围囿于家庭。“女子年及八岁者，不许随母到外家，余虽至亲之家亦不许往”，而“女子无才便是德”“妇人识字多诲淫”几乎成为千古不易的训诫，封建礼教规定“妇人只许粗识柴米鱼肉数百字，多识字，无益有损也”。造成中国古代女性文化素质普遍低下，有利于男性愚化教育的实行而不利于女性自我意识的自觉。

三从四德是女性最高的性别修为。“三从四德”是我国传统文化对女性修身养性的最高要求，女性自觉不自觉地总将其作为完善自我的尺度。而古代女性政治权利被剥夺，经济上处于不独立的地位，没有参与社会管理的可能，造成女性从现实生存到自我心理意识对男性的依附。女性从出生直到死亡，其生命的一切几乎都掌握在男性手中。“在家从父，既嫁从夫，夫死从子”，一个“从”字，道尽了古代女性对男性的人身依附及女性是如何听任男性摆布的。儒家孝道作为家庭组织最重要的基本原则，在幼辈和长辈之间建立起了强调前者对后者的绝对服从和不可推卸的赡养责任的道德纽带。从根本上讲，这种以男性原则为基础的男性本位文化，不仅从理念上，也通过社会制度、生活方式实现对女性全方位的控制与贬损，形成中国男尊女卑的传统性别文化。①

“男主内，女主外”的性别分工模式。“公、私、内、外”本是描述空间的中性方位词，但与性别联系在一起后，便具有了深层次的价值评判意义。② 早在《周易·家人》中就有“家人，女正位乎内，男正位乎外，男女正，天地之大义也”③ 的条文将两性活动空间及工作位置进行了规范。在《诗·大雅·瞻仰》中，则用“妇无公事”限制女性介入“公

① 孙桂燕：《社会性别视角下中国妇女权利》，江西人民出版社 2013 年版，第 231 页。

② 王晶、师吉：《女性主义对构建和谐家庭性别分工模式的思考》，《中华女子学院学报》2008 年第 4 期。

③ http：//baike. baidu. com/link？url2016 - 2 - 18。

事”。宋司马光在诠释“男不言内，女不言外”时，将男性负责的“外”指代为读书、做官、经商、种田、对外交往联络、挣钱养家及光宗耀祖等活动场所主要在家外之事；而女性负责的“内”则指以家族繁衍为目的的抚育孩子、侍奉公婆、照顾丈夫等行为，其活动场所限于家内。通过内外的分工赋予男女两性劳动以“高低”不同的价值。传统父权文化极度贬抑女性家内劳动致使女性的劳动价值永远低于男性，使人们相信男性是社会发展的主要推动力，而女性则沦为被扶养者与依附者。男尊女卑的文化与男人的扶养角色相结合，给予男人更多掌控家庭经济和决策的权力。所以，费孝通指出“分工的用处并不只视为经济上的利益，而时常用以表示社会的尊卑”①。内外之分在导致女性的社会网络更封闭，交往空间变小，可利用的社会资源变少的同时，也使得女性的依赖性增强、独立性变弱而很少有求变意识。

贤妻良母是传统女性形象。中国女性历来把婚姻视为自己最重要的人生目标，将家庭视为自己生活的重心，贤妻良母是中国女性传统形象和生活的基本范式。在传统家庭范围内，女性的身份有三种：女儿、妻子与母亲。贤妻良母基本概括了传统社会与家庭对女性的最高要求，女性的社会价值并不是由其自身来实现和衡量，而是通过儿子与丈夫的社会地位与价值来定位，这也是儒家文化中对妇女道德规范的一项重要内容。在父权制社会下，这种意识一代代地积淀，在人们深层意识中，成为天经地义的规范，就连女性自己也在维护这一规范，成为自觉的受害者与施害者。这一规范剥夺了妇女应有的主体意识与自主精神，从行为范式上将女性束缚在狭小天地里，所以，毛泽东在《湖南农民考察报告》中指出，中国女子所受的是政权、族权、夫权和神权的约束与支配，它使中国妇女沦为社会最底层。

隐秘压抑是传统女性的情感特征。在传统社会中，妇女对待性的态度是最敏感和隐秘的，中国传统社会实行的是最严厉的禁欲主义，无论是在精神上还是在肉体上，性文化被严格禁锢起来。尤其是宋明理学兴起之后，性欲被视为和封建伦理道德规范势不两立的对立面。正常的性观念、性行为被视为淫，女性深受其害。在传统思想中，年轻夫妇应该更多地通

① 费孝通：《乡土中国　生育制度》，北京大学出版社 1998 年版，第 122 页。

过对家庭的共同责任而不是彼此之间的亲密来保持夫妻纽带。所以，在婚姻上讲究父母之命，媒妁之言。在严酷的礼教中，女性个人意志与自主权以及人性的因素完全被抹杀，倡导自我牺牲精神与服从。男子可以好色多妻，但女性只能守贞，从一而终。离婚对女性是有失贞操遭人唾弃之事。妇女宁可承受死亡婚姻的痛苦折磨也要维护“家庭”的外壳，不愿意走出离婚这步。“嫁鸡随鸡，嫁狗随狗”的逆来顺受心态及性压抑心理成为这种文化下女性心理结构的一部分。为有效地维持男性继承家庭，儒家思想赋予男性更多的权威，强调男尊女卑，“夫为妻纲”，形成了夫妇间的不平等性别关系。

2. “父权、守家、厌女”的苗族传统文化女性规范

一生以家庭为中心的苗族女性。在张晓、李廷贵等人的研究中，普通苗族妇女的一生通常都是围绕家庭展开的。

“六七岁开始帮助妈妈带弟弟妹妹，并干一些简单的家务，到十二三岁开始学刺绣，仍然带着弟弟妹妹，并帮父母做家务兼一些农活。到十五六岁就跟着姐姐们去游方，开始涉足情场。这时她们已经要与大人一起上山干农活，农闲时就赶制嫁妆。以往的苗族姑娘一般在十七八岁就已出嫁。刚成亲的妇女‘不落夫家’，会在娘家和夫家两边生活。农忙时在夫家生活，农闲时回娘家居住。在夫家期间，要在家人起床之前，梳妆完毕；在天亮之前舂好米，挑满缸。怀上孩子后，新娘就结束其在娘家常住的日子，成为真正的家庭妇女。做了母亲之后，苗家妇女大多与丈夫从公婆家分离出来（最小的儿子跟父母居住），自己经营小家庭。待儿女长大后，又开始操持儿女的婚配，帮助儿子带孩子，直到老年，仍坚持干农活直至体力不支。”① 这段文字表现了西江千户苗寨女性从小便接受“三从四德”的教育，与汉族妇女不同的是，由于生存环境恶劣，她们在很早就已经开始跟随男性在田间一起劳作，性别分工有着很强的弹性。

男权为主的社会。虽由母系氏族社会过渡而来，但苗族仍是一个强调男权，突出父系权威的社会，父子联名制就是这种社会的体现。从蚩尤起，直到清朝乾隆年间实行编户籍清政府强行给他们加上汉姓之前，西江千户苗寨与白碧村家谱与历史的记载均使用这种父子联名制，即使现在他

① 张晓：《西江苗族妇女口述史研究》，贵州人民出版社 1997 年版，第 39 页。

们仍以此方式给孩子取乳名。父子联名制，有两种连法，一是父子相连，二是祖父子三代相连。如西江苗族祖先“引虎飞”，其“引”是本人名，“虎”是父名，“飞”是祖父名。在苗族的“父子联名制”中，只有男性的名字可以在家族内形成一条完整的链条，这就反映了苗族悠久的历史是以男性为中心来记载与保存的，其中没有女性的地位。

传统文化中的“厌女”现象严重。在苗族诸多的仪式与礼仪中，对女性尤其是怀孕的女性有着诸多禁忌。怀孕的女性忌跨越绳子，认为跨越绳子以后生下的孩子脐带太长。孕妇更忌去看人家劈柴，认为看了别人劈柴自己怀着的小孩将来出生后也玩弄斧子，那可不得了（因为孩子的灵魂可以自由出入）……总之，只要意念上让人担心的事物，她们都避之而不及，怕累及自己的小孩。结婚时新娘进门之际，新郎不能留在家中，免得新娘踩着他的灵魂，其健康受到损害。[①] 建房时妇女不仅不允许跨过横梁，即使参与劳动也不能上到房上，怕她们的晦气会让新家不吉利。有蛊毒之人全是女性，她们小气、恶毒，一旦惹上就会致死。这样的厌女文化实质是贬抑妇女的一种做法。

汉族文化中苗族女性的越位形象。要讨论苗族的性别意识，必须要考虑强势的汉文化及其他少数民族文化对其同化及影响。[②] 路易莎认为，在汉文化中，苗族女性是性别越位的代表，因为“她们不缠足，穿着窄小的服装，不缠足表明劳动中的性别分工不明确，妇女和男人一起从事狩猎与农活；而窄小的服装则充分展现出她们身体的魅力。这种越位深深威胁到儒家道德秩序”。[③] 在与汉族的接触中，传统儒家文化中“男主外，女主内”、男尊女卑、三从四德等性别意识深刻影响了她们。男人是家庭的领导及主要养家者，男性社会角色通常被看得比女性重要，也成为其性别文化的重要部分。

（二）旅游社区：文化规范与女性家庭权力

旅游对传统文化规范的突破推动女性获得家庭权力。旅游参与后，当

---

① 张晓：《西江苗族妇女口述史研究》，贵州人民出版社 1997 年版，第 249 页。

② Oakes S. T.，“The Cultural Space of Modernity：Ethnic Tourism and Place Identity in China”，*Environment and Planning D：Society and Space*，Vol. 11，No. 1，1993.

③ 路易莎：《少数的法则》，贵州大学出版社 2013 年版，第 58 页。

地人对社区传统文化的突破主要通过旅游直接与间接影响人的行为而产生。在传统文化规范中女性在家庭中的权力是通过性别、年龄与辈分确立起来的。性别原则确定了其从属地位，所以在家中男性的权力总是大于女性。在亲属的等级秩序中，母亲的身份是第二位的，她虽然被排除在财产的继承之外，但她与丈夫一样享有子女的孝敬，不同的是，儿子对母亲的孝敬更多的是建立在情感与道德之上，而儿子对父亲的孝敬还牵扯了经济，即财产继承的因素。辈分与年龄的原则，确立了女性在老年阶段能够获得小辈不同程度的尊敬及赡养。这套体系的执行建立在传统的财产家长支配与中国传统孝文化的双元制度之上，这两个制度通过经济的控制与文化的教化将子辈限定在年龄与辈分的秩序之中，保障了在家庭中长辈对子辈的权力。在旅游发展后，传统农业在家庭经济中的重要性被降低，年轻人在旅游中获得收入，传统财产继承对子辈的重要意义降低，双元制中的经济依赖被首先打破。子辈逃离对父辈的经济依赖后家庭核心化趋势明显，子辈与父辈在居住空间上隔离，夫妻间亲密关系得以发展，父子关系弱化，传统孝文化及亲属关系弱化，给年轻一辈家庭权力发展提供了基础。而老年女性在旅游中获得收入，保障了老年女性可以无须将儿子牢牢困住，也能解决养老问题，传统孝文化松绑，推动了婆媳关系向平权的方向发展。但因为没有地理边界的穿越，意味着旅游对传统文化的突破是有限的，它或许对个体摆脱男性家长的控制与习俗的强制规范有显著作用，但对于性别文化中最根本的部分却难以撼动，如财产的分配制度、男尊女卑的观念等。所以在某种程度上旅游弱化了传统文化中的继承制度及其年龄秩序，推动了女性家庭权力的获得，但却无法摆脱男性利益优先的文化规则。

传统文化规范对女性行为的牵制。无论是中国的传统文化还是苗族的族群文化，对女性都有一系列规定与规范，以家庭为核心是其思想精华，以丈夫为主导是其行为准则。就像 LZH、LWF、LM 等女性，是当地妇女主任、政府工作人员及其他受访者一直向我推荐的村里女性能人代表。但 LZH 这样告诉我：“别人都说我很强，说我老公是吃我的软饭。刚开始我老公也有些想不开，有点难过，有时还给我脸色看，我曾一度把店交给他管理，但客人一多，他就管理不来了。很多时候客人来了还要等桌子，到有客人都不满意，有一部分导游提意见的时候，告诉我，姐，我们就认你。慢慢接触的人多了，很多人也鼓励我。还有店里也曾来过很多明星，男助理帮着跑前跑后的很多。后来我家这个才慢慢地不把这件事放在心上了，我也经常告诉他，你不要在乎别人怎么看，一个家庭，也不存在谁强，大家只是分工不同，我对导游及经营这一块要熟悉一点，后来他把这块还是交给我管理。外面的采买以及账目的管理也都交给了他在管。其实我老公是高中毕业的，人聪明得多，能力也比我强。这些事后，我也想，还是应该多给老公些面子，要不他在这边抬不起头来，对我也没什么好处。(LZH)”旅游发展后，有着酒店打工经历的LZH很快发挥出她在餐饮经营与管理方面的才能，让她的农家乐在短短几年内迅速发展，傲人的经营业绩与游客的认可度是LZH说服老公并让其参与家庭决策与分工的重要理由。LZH敢于突破传统文化对性别行为的某些规范，但传统社会中“女主内，男主外”的性别分工及男强女弱的意识让LZH并不能完全按照自己的心愿经营农家乐，采买与账目管理仍是丈夫在负责。透过LZH的话语与行为，我们可以看到两种文化对她的影响，外来文化推动她争取家庭中属于自己的权力，但传统性别文化规范则将她牵制住并将她拉回到传统的性别角色与分工体系中。所以，传统性别文化规范在旅游社区中对女性行为有牵制作用，在某种程度上限制了女性家庭权力的实现。

旅游参与后社区传统文化松而不散，也限制女性家庭权力的快速增长。传统文化也被部分消解，但村落共同体仍在，族群边界也尚明晰，文化并未出现断裂，所以，一旦有人想突破传统，社区中各种文化与关系就像散开渔网捕鱼一样，迅速收拢，而使越规者无法逃离，这种规范下，女性自主性成长艰难，限制了女性家庭权力的增长。

（三）非旅游社区女性家庭权力：无法逾越的文化藩篱

传统文化规范决定了两性分工。“男主外、女主内”的性别分工模式深烙于白碧村两性意识中并在社区中传承。就像村中年龄较长、结婚多年的受访者所说，“家务嘛，就应该是妇女做的（LZHQ）”“男人做，人家会讲他没出息，别个也会笑他管不住老婆（LZHZ）”。在深信男女有别、对两性行为有不同规范的社会中，个体行为受他人期望影响。尤其是在白碧村这种宗族制度仍具较强凝聚力与整合性的民族社区中，社会对个人行为取向的预期更为明显，族群对个体具有更强制约力，个人以族群所能接纳的方式来表现自己，以获得他人认同，并透过社区监督和族群意识来强化这一角色认知。因此，在家务劳动分工上，虽然有变动，但男主外及女主内的核心不变。对于外出打过工的年轻女性来说，她们会更多鼓励男性参与家务，就像上文中提到的 YYF，她婆婆就很落寞地告诉笔者，“我们这些年纪大的，不像她们年轻的，会指挥老公干家务，我们搞不成（LYF）”。但是由于男性常年在外，对家务的参与总是有限，更多男性回家后的家务参与，只是一种对妻子情感的补偿。如若男性回家后决定不再外出，他们的家庭还是会恢复到传统的“男耕女家”，传统性别分工准则得以延续。

传统性别文化刻板化了女性对家庭决策的参与。在传统文化中，女性一生都围绕着家庭，但其外来者身份及传统文化对“女子无才便是德”的宣扬，使得她们虽以家庭作为其倾注一生心血与精力的地方，却无法获得在家庭重大事务上的决策与管理权。就像已 60 岁的 YDY 说：“我们女的在家里那也是得听老公的，你不听，你觉得你比他强又能怎么呢？有时你觉得他不对，多说两句，他就会打你，你还要忍着。你要是强了人家要笑话，到了房族中，还是要老头子说了才算，你说了定不下来，说你做不了这个主，把你家老头子叫来。别人笑他，他就打人，后面我也就不管这些事了，打了之后，日子还不是那种一样的过，我老公就不是那种不打人的人。（YDY）”从这段话可以看出，YDY 曾经试图想要争取家庭权力，但恐被嘲笑的丈夫用武力，宗亲用否认其话语的方式让其决策不被认可。所以，在抗争无效后 YDY 放弃，妇女的自主性与社区文化对其束缚密不可分。在村庄里，妇女不仅是既定规则、共识和道德伦理的接受者与内化者，而且往往是这些规范的遵守者和实施者，更为重要的是她们还是村落价值和意义系统的能动生产者与创造者。[①] 老年一代女性无法在村落文化束缚下获得权力，但她们却尽量维护这种规范，并尽力阻碍年轻一代对文化规范突破。

传统社区文化消解了女性自主性。在非旅游社区中，外出就业也许会带来女性家庭权力与自主性的增加，但一旦她们回到乡村，就会迅速回归

① 杨华：《绵延之维——湖南宗族性村落的意义世界》，山东人民出版社 2009 年版，第 55 页。

乡村本位，所以传统地域文化对女性在外所获得的思想具有解构作用。在谭深的研究中指出，这种变化是女性个人主义和自主性代替群体取向，成就去向取代归属取向的个体化过程。[①] 但金一虹却认为这是女性个体化重新嵌入家庭和家庭关系之时，带来了个人本位对家庭本位的复归，女性个人主体向男性本位的复归。[②] 所以，传统文化对女性现代思想有着很强的消解作用。但这种消解始终以维系家庭中的等级制度及性别角色规范为准绳。

三　性别意识与女性家庭权力

性别意识作为两性对自身角色、价值及关系的一种认知，源于两性的生理差异，是随着社会性别分工的出现而产生的。在传统农业社会中，农业为主的生存方式及农业生产对劳动力的需求，形塑了男强女弱、男优女劣、男尊女卑的性别意识，也提供了一种“男主外，女主内”的性别分工模式。但随着现代旅游业与工业的兴起，传统的性别分工被打破，传统农业没落，传统性别意识会如何面对分工的变化，它又会如何影响两性在家庭中的权力关系，在下文中，将通过西江千户苗寨与白碧村来作一探讨。

（一）旅游社区：性别意识与女性家庭权力

男性传统性别意识的弱化，推进了女性对传统性别角色的突破。刚结婚的MWY与妻子在同一农家乐打工，他认为，“家务是两人的事，现在讲究男女平等。也没规定男的不能做家务，那些不做的是老观念（MWY）”。拥有较平等性别角色意识的他不仅平时做家务，在妻子生理期时“家务也全是他做（LXY）”，在旅游发展后，游客的到来，不仅改变了社区传统的性别分工模式，也带来了观念的变化，年轻男性对做家务并不感到羞耻，甚至抚育孩子，这一原先由女性承担的事务他们也

---

① 谭深：《家庭策略，还是个人自主？——农村劳动力外出决策模式的性别分析》，《浙江学刊》2004年第5期。

② 金一虹：《流动的父权：流动农民家庭的变迁》，《中国社会科学》2010年第4期。

能“欣然接受”。就像LJM在与妻子交换养家和带孩子的角色后，他认为，“没什么稀奇的，家里谁有本事，谁就去挣钱养家，也没有人规定男生不能带娃”（LJM）。虽然在实际中，LJM与LX在家庭中角色的互换与LJM在旅游中无法实现自己的就业与角色认知有关，其传统性别意识在家庭生存策略前的松动，给妻子LX带来了突破传统性别角色的某种机会与可能性。所以，在年轻一代中，传统性别意识及角色规范有变化。这种变化同样影响了社区中的中年男性群体，但在接受程度上会小于年轻男性，性别角色意识的松动使中年男性不反感参与家务，但其家务的参与通常与女性家外劳动增加相联系，隐性的不平等依然存在。但就老年男性群体而言，其传统性别意识仍较为牢固。在HCM及JH等看来，“家务生来就是妇女做的（HCM）”。66岁的HM，在每天上午、下午的迎宾表演完后都要赶着回家给71岁的JBB做饭，她的收入对这个家庭极其重要，她也会抱怨累，但她却不认为JBB该做家务“因为几十年都是这么过的（HM）”。而作为丈夫的JBB则认为HM外出工作，其实是一种无奈的选择。“我高不高兴她去表演都无所谓了，我年纪大了，做不动了，家里没有经济（来源）也不行，景区又没有适合我们干的事，她去表演还可以赚点盐巴钱，旅游开发后我们这里郎样（什么）都贵，不得收入买不起。（JBB）”尽管景区在提供表演机会时，同样也提供给老年男性，但JBB始终认为那是女人干的事情。所以，在年纪较大的夫妻中，传统性别意识仍较牢固，但这种传统的性别角色意识对男女显然有着双重标准，形成了一种潜在的并倾斜于男性的权力，使老年夫妻在家务分配上仍以“女性为主”，家内性别意识无法突破，在外的角色上却可以突破传统的界限。

女性自主意识的觉醒推动男性参与家务。女性在旅游就业中获得稳定收入在很大程度上促进了女性自我意识的增强，丈夫开始承担更多的家务。LX、LWF、LZH等，由于忙生意，没有时间照顾家，其丈夫虽不太情愿，但不得不承担家务。LX作为两个孩子的母亲，为了让自己的生活更好，让自己能有自由支配的收入，她每天从八点半开始上班到晚上十一点半收摊，极端忙碌与辛苦。但她很享受自己现在这样的忙碌，不仅自己有了收入，不用看丈夫脸色，也可以给自己父母一些资助。在旅游经营中她认识了很多人，她有了来自五湖四海的朋友，她的很多想法和原来都不一样了，她认为“只有自己劳动所得，才不会受别人限制，现在我养家，他当然要在家带孩子。……如果西江不开发旅游，我也只能在家受气，要么就去省外打工，也管不了孩子（LX）”。很明显，旅游带给LX的绝不仅是经济上的自主，还包括对传统性别分工的协商，主体意识的觉醒是其与丈夫进行家务协商，提升其家庭权力的重要因素。

（二）非旅游社区：性别意识与女性家庭权力

传统性别意识在农业社区仍然根深蒂固，两性间文化规范的藩篱难以突破。虽然男性大量外出迫使很多女性在男性外出期间不仅要承担家里的所有劳动，也要对家庭中很多事务进行决策，看似家庭权力得到提升，然而，初级产业的低报酬特性，使妇女对家庭的经济贡献被严重低估。所以，在男性回归家庭后，家庭中大小事务的决策仍是男性为主，女性在家庭中的依附及从属地位并未发生多大改变。就像LCHY，在丈夫外出期间，她独立承担起家中及农田里的所有事务，因为舍不得（0.4元/分钟）电话费，除非是非常重要的事件，否则她绝不轻易给丈夫打电话，家中看似她在做主，权力较大，但她作出的所有决定几乎都始终无法跳脱传统的框架，这时候她更像是男性在家庭与乡村中的角色代言人。性别作为一种与阶级、民族相类似的分析概念，性别意识并不是一种被明确意识到的观点或理论，而是深嵌于结构与行动中的不自觉的理念。在这样的理念浸润下，LCHY能站在丈夫的角度作决定与处理事务，所以，在丈夫回家后很多女性就会回归文化所规定的本位，丈夫仍是家庭中的权威。

年轻女性性别意识有所上升，女性代际间的权力转换遮蔽了性别间的冲突。在年轻夫妻逃离地方时，现代性别意识对他们的影响不容忽视，外出的夫妻可以在某种程度上践行夫妻平等理念。但当他们回到原生文化中时，却又很难突破传统文化对性别角色的规定。近年来乡村男性在婚姻市场的双边缘地位，让深受德、孝文化影响的老年女性不得不将自己在家庭中的权力让渡给媳妇，以获得家庭在劳动力再生产及家庭生产资料生产持续发展的机会。但这种让渡在形式上表现出年轻女性家庭权力的增加，掩盖了性别间的权力关系其实并未改变。

四　小结

（一）资源与文化形塑的西江千户苗寨性别关系

旅游参与后，经济资源与传统文化仍是形塑当下西江千户苗寨性别关系的主要因素。在家务分配上，当妻子收入是家庭主要经济来源，如果没有其外出工作，家庭生计将会受到影响时，妻子较容易通过自己经济上的优势换取丈夫较多的家务参与。而这种参与很大程度有赖于丈夫性别理念与父权文化规范的调和，以男性时间的可用为前提。在妻子收入对家庭生活水平没有显著影响时，夫妻家务的分配则要复杂得多，有依照传统性别角色意识分配家务的，也有依据夫妻时间的可用性来进行分配的。在丈夫职业地位较高时，职业地位成为重要影响因素。当然，我们也要看到，时间及精力对女性家务参与的限制，推动了男性的家务参与；家务技术的改善，使男性的家务劳动参与变得易行。而从自主权与决策权来看，旅游使女性从家庭走向社会并获得收入及生存性资源，打破了传统社会原有的经济结构，也严重冲击了父权制亲属制度之下的经济基础与结构，为女性摆脱对男性的依附地位提供了物质上的准备。女性在旅游参与中获得的对自我劳动价值的认知及自我的认同则为其角色转变提供了意识上的准备，女性在家外的发展，为女性发现自我，协商两性分工提供了社会性支持。两性平等的性别角色意识在社区中的萌芽，使传统上“男外女内”的分工模式出现松动，两性共担家务的形式开始出现，两性共同决策也开始成为一种趋势。

西江千户苗寨婚姻变动是有限的，更多年轻人有了决定自己婚姻的权力，但对于离婚却是艰难的事。虽然社区网络被扰动，亲属关系被消解，但以宗族和血缘关系建立的社区文化体系却不容易崩塌，父权制在个体权威方面，仍保留有一定的影响力。小花在婚姻中的矛盾与无奈就是掺杂了太多文化、家族与地方的因素，这严重阻碍了意识的转变。改变上层结构是一个缓慢的过程①，深受文化影响的她认知与处事方式并非那么容易

① Wolf, M., “Marriage, Family, and the State in Contemporary China”, *Pacific Affairs*, Vol. 57, No. 2, 1984.

改变。

家庭不是一个完全理性的效用单位，也不可能只依据经济的效用来对家庭中的事务进行决策与分配。传统性别文化虽然是两性不平等的阻碍因素，但策略的选择并非一定由文化规范所决定。资源的欠缺会影响家庭中的决策，文化的规范亦会产生影响，甚至社会制度亦然。但是，在西江千户苗寨的案例中，我们看到资源与文化仍是形塑当地两性关系的重要因素，但这两个因素是如何作用的，则要牵涉当地人在旅游中所发生的意识变化，下文还会详述。

（二）传统性别文化主导下的白碧村性别关系

白碧村的现状展示了根植于其社会中的传统性别观念才是形成两性在家庭生活中不平等的关键。在短短几十年之间，妇女经历了从家务到家务、农活一肩挑，但始终没有逃脱从属的命运，当传统耕作只需要男性时，女性通常被排除在农业生产之外。然而，当农业需要女性，男性可从事具有更高技能的工作时，女性则又变成了农业的生力军，还必须既担家务又做农活。以父权思想为指导的传统两性分工及家庭发展策略提供了农村家庭无偿占有女性劳动的依据与借口，影响着农业生产中的两性关系，使得妇女价值在家庭中受到贬抑。而这样的贬抑也影响了女性对自己在农业中贡献的认知偏差，即使她们明明清楚自己对农事参与程度很高，却可能因传统观念的束缚，仍愿意臣服于被附属的工作或家庭角色之中。[①] 在笔者所调查的白碧村女性中，95%以上的女性（包括年轻女性）都指出家里权力最大的人是男人，但她们并未对此有质疑，也未对家庭生活不满意。在传统价值观念的指引下，任劳任怨地忙碌于家务与农业之间的女性，在传统的熟人社会与闭塞的生活环境中，形成同质性高的群体。狭小的交往圈子，相似的生命历程及生活模式使她们互为参照，彼此认同，产生一种"生活就是这样"的认知，很少去思考"为什么"。即使生活困苦也只会怨命运而不会主动思考根源，封闭的稳定感在传统的白碧村延续。

---

① Whatmore, Sarah, Phillip Lowe, Terry Marsden, "Artisan or Entrepreneur? Refashioning Rural Production", In Sarah Whatmore, Phillip Lowe, and Terry Marsden *eds*. "*Rural Enterprise: Shifting Perspectives on Small Scale Production*", London: Davis Fulton Press, 1993, pp. 1 – 11.

她们是远离都市职业妇女争取女权思潮影响的一个群体，她们几乎无法意识到甚或不在乎自己的地位是如何低落。所以，在整个社会化的过程里，传统性别文化借着各种道德规范、法律及社会制度内化于个人价值观念里，并最终在人们对两性角色的认同、人格及日常行为上表现出来。要让女性在农业生产过程中的角色得到认同，不仅要改变妇女本人在价值观念上对两性平等的认知，也应对其丈夫给予同样的价值关照。

在丈夫外出打工时，家庭的维系更多是依靠经济联系，因而更多地呈现出经济共同体的特征。[①] 这种家庭具备现代家庭核心化、小型化的结构特征，却保留了传统家庭的文化与价值内涵。传统性别文化作为行为规范，经过世代相传已内化成其行为准则，即便男性身处城市，因为距离感和陌生感使其难以真正融入城市并被城市接受，其观念与行为也很难在短期内发生变化。在某种程度上，正如美国社会学家理查德·谢弗所言："他们会把社会中的文化习俗视为理所当然。"[②] 城市文明可能会使农民在流动中提高自身素质，但经济上的弱势、社会底层及"外来者"的身份，决定了其在社会结构中的地位仍较低。激烈的职业竞争、较低的教育水平、不公的生活待遇、陌生又难以真正融入的城市，使身处城市中的他们只能更多地依靠乡村血缘、地缘、姻缘关系来支撑自己的流动，混迹于自己原有的熟人"圈子"抱团生活。就像JFS说："我们进厂一般都是跟着老乡一起进，先去的带后去的，一般都是亲戚或是朋友，我们的休息时间本来也很少，休息了，有时就和同去的老乡聚在一起，喝喝酒，有时玩玩牌。我们很少和当地人打交道，城里人也很傲的，看不起我们这些农村去的，你看不起我，我也不会和你做朋友的。(JFS)"这种流动虽然改变了务工人员的生活状况、获取了外部信息，但城市融入的困难，很难让他们的传统观念获得较大变化。因此，即使男性外出，也未能改变他们根深蒂固的传统性别观；相反，在城市中所闻所见会让他们对自己两地分居的婚姻颇感忧虑，但与在农村照顾家相比，他们更害怕女性外出获得经济独立。所以，将妻子留在家里照顾老人、孩子及农田，通过经济的控制来保

① 潘鸿雁：《国家与家庭的互构：河北翟城村调查》，上海人民出版社2008年版，第8—10页。

② ［美］理查德·谢弗：《社会学与生活》，刘鹤群、房智慧译，世界图书出版公司2006年版，第85页。

持家庭稳定也是他们为农村妻子提供经济支持的原因之一。两性的规范通常束缚着女性追求家庭以外之经济独立与平等的机会，而男人却可以拥有相对充分的权力与自由，去追求独立的经济权与自己的利益。

（三）农村女性家庭权力：资源、文化到意识

国内关于家庭的研究多以西方文献为基础，在西方的理论架构上发展假设，进行验证，这种研究取向虽然符合逻辑实证主义所强调的科学精神，但实证主义所追求的“纯粹”客观事实的做法，否定人类非理性与偏见的存在，不免因此窄化了其对社会现象的解释。源于 20 世纪中叶的资源理论及美国家庭研究首先将人假设为理性、利己的人，它以市场经济高度发达的美国与欧洲社会为蓝本，以交换中均为实现个人利益最大化为终极目标的原则建立。这样的理论建立在经济学的理论基础之上，把所有的事物都理解成资源要素，包括人的情感、性别等。人变成实现社会经济发展的工具与手段，人的本质属性被要素掩盖，人成为失去主体意识的客体对象。在该理论中普遍认为家庭中妻子之所以处于权力的劣势，是因为她们的职业、教育及收入低于丈夫，而不得不在经济上依赖丈夫造成的。这类话语自然就会将女性放在弱势的位置，忽略了无论妻子还是丈夫包括父母与孩子都是家庭中具有能动性的主体。由于虚化与搁置了女性的主体意识，难免滑向物本主义。当我们用西方的理论架构来分析中国家庭时，其实是承认了西方理论中关于妇女理性人及主体意识的预设。但研究表明，无论是从外部的文化环境还是从妇女个体而言，这样的假设是有失偏颇的，中国乡村女性性别意识的缺乏情形更为复杂。

自布拉德与沃尔夫用相对资源论解释家庭中的夫妻权力关系以来，诸多的研究不断地对该理论进行验证并获得支持。但罗德曼在南斯拉夫及希腊等国的研究，却无法获得同样的解释，于是文化的规范理论就更多地运用于解释父权制国家与区域的情形。但是，通过对资源的分类与识别，本研究发现，在西江千户苗寨，经济收入作为重要的资源其对家庭权力的影响在部分家庭中得到了验证。但在另一部分家庭中，女性即使在旅游参与中获得的收入远超过丈夫，其相对资源占优的情形下，却仍然处于家庭权力结构中较低的位置，文化的规范理论则更有说服力。然而文化的规范理论却无法解释西江千户苗寨与白碧村的女性在获得资源后家庭权力所表现

出来的差异。立基于理性人假设基础之上的西方资源理论始终无法更贴切地解释中国夫妻的家庭生活，这一切还必须回到中国的情境中来解释。

马克思和恩格斯指出，在妇女的社会地位由高变低，由与男性一样平等的主体变成被压迫的对象的历史过程中，妇女自主独立及自我意识的丧失，其实质是妇女主体性的丧失。因此，要改变妇女在家庭中受压迫的地位，就要充分发挥妇女的自主性、能动性和创造性，提升女性的主体性。女性自主权的增长既是一个结果也是一个过程，从结果看，性别文化或性别角色规范作为一种社会建构构建了女性的自我定位，表现为女性对传统角色的自觉认同，带有两性不平等的色彩；它同时也是一个过程，是在动态的结构变化中不断改变，当女性的地位发生改变时，对自我的定位就会相应地发生改变，改变的程度与女性参与社会劳动的程度有关，个体在社会结构中的位置决定了个体自主性的程度。

中国妇女的解放与世界上很多国家的妇女解放都不相同。中国妇女的解放运动一开始就是由男性所倡导，是中国民族革命的附属物，所以这场革命最后的结果形成了中国女性主体意识的缺乏，中国女人若要享受男人的特权，必须以男性价值准则来要求自己，同男人一样在社会领域里运作。[①] 所以中国两性的平等更多的是义务平等和贡献平等，[②] 是一种男女都一样的诉求。它与西方建立在对女性排斥基础上既不让女人享受男人的特权，也不要女人做男人的启蒙运动并不相同。在中西方的文化中，人们对家庭婚姻及相互之间关系定位也不同，西方对家庭的理解是建立在个人主义基础之上的，它鼓励和发展个人自主、独立、自由的精神。这样的差异导致了西方理论并不能完全解释中国现象。所以，女性主体意识的觉醒与获得才是解开这一切的关键，而意识的引入也是避免西方物本主义的一种尝试。西江千户苗寨与白碧村女性的不同大抵在于在以男性为主的社会结构中，女性个人的主体性及意识被唤醒的程度不同。在西江千户苗寨，女性通过与游客的交流，通过在旅游中获得收入，逐渐增加了自信及自主

---

① 王政：《国外学者对中国妇女和社会性别研究的现状》，《山西师大学报》（社会科学版）1997 年第 4 期。

② Jiping Zuo , Yanjie Bian, "Beyond Resources and Patriarchy: Marital Construction of Family Decisiong - Making Power in Post - Mao Urban China", *Journal of Comparative Family Studies*, Vol. 36, No. 4, 2005.

意识，促进了她们对家务及家庭事务决策与协商能力的提升，家庭权力慢慢上升。社区作为妇女社会化的场所，在西江千户苗寨，由于旅游对传统文化的不断突破，社区文化对女性自主性的束缚减弱，虽然，现在女性的旅游参与并不能扭转女性的从属地位，但就增强女性主体性而言，旅游具有积极的正效应。

第八章 结论与讨论

旅游开发对西江千户苗寨的家庭生活产生了重大影响，在传统文化还有着很深影响的西江千户苗寨，旅游发展后，它表现出与过去的多重密切联系，也有旅游发展后表现出来的不安与躁动。旅游对目的地的无论是宏观的社会、经济、文化影响，还是微观的主客互动与主客关系的研究都已颇丰。家庭作为目的地社会组成的基本单元，其在旅游中受到的影响也有诸多研究者关注，而受旅游深深影响的当地女性在回到其家庭中，其日常生活会受到何种影响，两性在家庭中会如何互动，这些影响对乡村女性在家庭中的权力地位变化可有裨益等方面却鲜有关注。所以，为解答上述疑惑，本书选取家庭生活的主要面向——家庭权力作为研究主题，并将上述问题聚焦到“参与旅游后，民族旅游地的家庭及女性家庭权力发生了什么样的变化？影响这些变化的因素是什么？它反映了什么样的两性关系？”三个问题进行研究，并得出以下结论。

一 结论

（一）旅游参与推动了当地女性家庭权力的提升

旅游参与推动了旅游社区女性家庭权力的获得与增加。通过对自主权、家庭事务决策权及家务分配等维度的检视表明，西江千户苗寨女性家庭权力在参与旅游后均有不同程度提升。虽然老年女性家庭权力的提升程度小于年轻女性，但女性家庭权力的增加已是旅游参与后不可忽略的趋势。旅游中获得的收入作为最直接的影响因素，让女性从传统社会中家庭经济的依附者变成家庭经济共同的承担者甚至是扶养者。而旅游就业中女性性别优势及文化刻板印象，为女性从家内走向家外提供了行为规范的准则，在时间与精力限制下，女性无法兼顾原有的家务与旅游经营，男性不得不参与到家务中。另外，女性在旅游中获得收入，不仅为女性独立与自主提供经济支撑，也让其摆脱了家庭中男性对她的经济控制，获得与男性进行家务协商及家庭中重大事务决策的资源。最后，在旅游参与中通过与游客不断接触与交往，大量外来信息及游客行为深深影响了当地女性，使其主体意识获得发展，产生“男女平等”思想萌芽，为其在家庭中争取权力提供了心理准备。

（二）旅游参与拓展了女性家庭权力提升的自致性路径

中国女性的解放一直都是民族革命的附属物，使她们被认为是缺乏主体性的群体。所以有研究者指出她们的解放“完全或甚至主要是靠自上而下的策略，要使中国农村妇女地位发生革命性的变化，从本质上讲，始终是不可能的”[①]。改革后，国家经济建设的压倒性导向，将很多复杂的过程简化成简单的经济主导模式及经济主导型，遮蔽了诸多社会现象背后的深邃逻辑。虽然旅游对社区妇女赋权的作用，在以往的研究中已被广泛研究与确认，但由于现代旅游是在利益交换的逻辑中展开的，[②] 掩盖了女性权力获得的复杂过程及真正逻辑。

女性在旅游工作中获得的好处，可以增加其在家庭中讨价还价的能力，但这种能力是通过多条路径实现的。首先，参与旅游后，女性在旅游中获得的经济收入不仅直接促进了其自身自主性、决策能力及在家庭中与男性协商能力的提升，还为小家庭摆脱父辈经济控制，发展夫妻间的亲密关系提供了物质条件，这些无疑有利于女性家庭权力的提升。其次，旅游对当地传统文化及价值观念的突破打开了束缚于女性身上传统的性别、辈分及伦理枷锁，个体意识得到彰显，家庭权力地位获得提升。最后，在与游客的接触中，游客行为的示范效应，潜移默化地改变了当地人对于性别、传统文化的认知，也激发了女性的自我认知，自我反思而引致个体意识凸显，获致家庭权力地位提升（见图8－1）。诚然

---

① ［加拿大］朱爱岚：《中国北方村落的社会性别与权力》，胡玉坤译，江苏人民出版社2010年版，第166页。

② 李春霞：《好客的东道主：旅游人类学“主—客”范式反思》，《广西民族大学学报》2012年第5期。

这些女性在旅游参与中还不是平等地获得并享有自主权，旅游也不是一场符合妇女利益的产物。但这种在旅游中获得的权力是通过主体对自我的认知获得，这种“权力”更多是自己争取的而不是别人给予的。[①] 所以，这是一种自致而相对较稳定的权力，随着认知的加深，女性也许能够一点一点地向平权迈进。

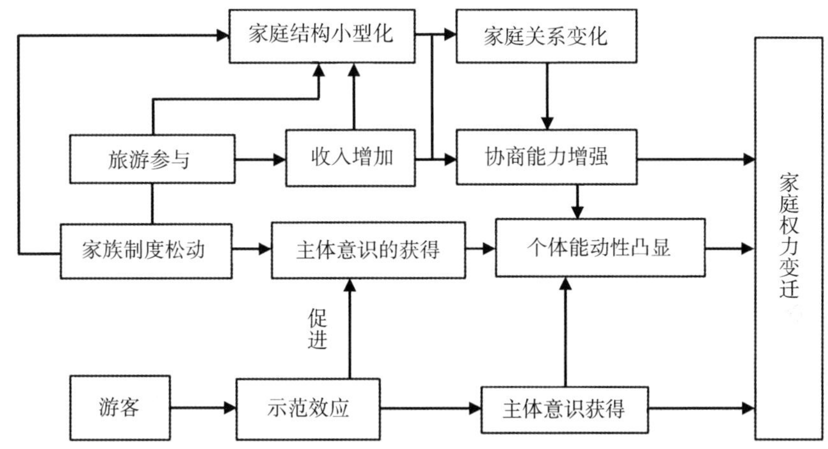

图 8－1　旅游参与后女性家庭权力获致路径

白碧村作为一个农工产业结合的村，向我们展示了不同的情形。男性大量外出及在家庭中的缺位，使女性不得不承担起家庭中几乎所有的责任与义务，包括部分的家庭决策，如果仅看结果，我们会得出白碧村女性家庭权力增加的结论。但透过前文的分析，白碧村与西江千户苗寨女性家庭权力的增加在原动力上是不同的。如果男性未外出，也缺乏男性在经济上的支持，女性至少很难实现她对家庭经济的支配与家庭事务的决策，所以白碧村女性的家庭权力是否获得提升，在更大的程度上是由男性决定的，不是女性对自我的认知及意识觉醒而争取的。它以婚姻关系为基础，女性以丈夫依附者的身份参与到财产的管理和农业生产中。它是一种义务与责任型的家庭权力，是一种他致性权力，极不稳定。

① McGregor S.，“Sustainable Consumer Empowerment Through Critical Consumer Education：A Typology of Consumer Education Approaches”，*International Journal of Consumer Studies*，Vol. 29，No. 5，2005.

（三）旅游参与使女性家庭权力发生代际转换

父辈权力的衰弱已经成为一种必然[①②]，年长男性显然已无法支配家庭中每一个人。在20世纪80年代前，两村都属于传统农业社区，社区中的人相互认识，有着共同祖先，多年形成的价值、规范与习俗代代相传。因为缺乏地理上的流动及社会经济的变动，人们秉持着相当一致的生活方式与认知，“家产归家长管辖，小辈只有遵从家长之命，分配职务，所有利润，纳于家长”[③] 等规则使得老年男性在家庭中拥有较高的权力。但随着多元时代的到来，西江千户苗寨与白碧村案例向我们展示了权力关系并非仅存在于性别间。

在西江千户苗寨，参与旅游后年轻女性的家庭权力增加，年轻男性的权力并未减少，父亲的权力与子辈相比衰弱了，但与其妻子相比却没有变弱。但婆婆与媳妇对比，儿媳的权力上升了，婆婆的权力下降了。所以，年轻女性家庭权力的上升，有赖于同性代际间家庭权力的变化。这种现象在白碧村表现得尤为明显，婆婆大多成了家庭中权力最小之人，年轻妻子的权力不仅有丈夫离家的他致性权力，也有婆婆权力的让渡。因而，如果仅描述女性家庭权力是上升或下降了，并不能真正了解两地家庭中的权力关系图谱。两性是处在复杂的社会关系结构中的行动者，他们之间的关系是多层次的。通过旅游经营，我们看到女性不再是束缚于性别关系和社会网络结构中的被动客体，而是随着社会变迁不断作出调整的性别关系中的主体。这个主体虽然在根本上受制于性别关系的潜规则，但同时也在动态的实践过程中不断冲破规则和契约、制造弹性和机会，代际间家庭权力的转换就是调整的产物。

（四）资源、文化与意识是旅游社区女性家庭权力变迁的促因

在旅游社区中，女性家庭权力的变化受资源、文化与意识的共同作

---

① 金一虹：《父权的式微：江南农村现代化进程中的性别研究》，四川人民出版社2000年版，第7—9页。

② ［美］阎云翔：《私人生活的变革：一个中国村庄里的爱情、家庭与亲密关系1949—1999》，龚小夏译，上海书店出版社2006年版，第261页。

③ ［美］林耀华：《金翼——中国家族制度的社会学研究》，庄孔韶、林宗成译，生活·读书·新知三联书店1989年版，第76页。

用。女性在旅游中获致的资源为女性获得自主权、决策权提供了物质条件，也为两性分工提供协商的物质基础。从家庭权力分配格局来看，在家庭事务决策领域，妻子和丈夫共同决策已成为一种趋势。但妻子与丈夫各自侧重不同领域；在家庭日常事务中，妻子是主要决策人，而在家庭重大事务方面则主要以丈夫意见为主。在涉及个人收入方面，大部分人能自己做主。两性家务分工以夫妻共担代替了原来的女性承担。所以，在个人自主权方面，个体资源的作用似乎较为突出。在家庭决策方面，传统性别文化的影响更加明显，住房、建房作为人生的大事及其所蕴含的丰富文化内涵，对女性一直保持着应有的隔离。在两性的分工上则传统性别意识与资源共同嵌套形塑了现有的两性分工。换句话说，资源为女性家庭权力的获得提供物质基础，拉动着女性家庭权力向着平权的方向迈进，传统文化却极力维持传统权力秩序不被破坏，资源的获取打破原有的性别秩序，而最终能否胜利取决于两性意识的觉醒，意识的变化才是女性获得家庭权力的关键。所以在有旅游参与的村落中性别关系是在一种传统与现代意识交锋的往返过程中螺旋上升的，意识是关键。

（五）旅游参与重塑两性家内与家外性别关系

旅游参与一方面消解了女性家内性别从属关系，另一方面却将其推向更大范围的性别从属关系，卷入了更大范围的性别不平等关系之中。由于性别优势及文化的刻板印象，在诸多旅游地女性都有较高就业率，她们参与旅游经营、餐饮、服务及其他工作，尽力为游客提供一个方便、温暖、舒适、美好的旅游目的地。在旅游中从事服务的女性每天从早上七八点甚至更早就开始忙碌直至深夜。受时间与精力的限制，她们虽然在家务劳动上有所减轻，获得了家庭权力的提升，但为游客服务的家庭之外的劳动剧增。所以，从更广泛的范围与意义来考察，参与旅游的女性通过旅游获得家内权力的同时，也通过旅游进入了一个更大尺度的性别不平等体系当中。当消费逻辑中的“主—客”框架将旅游“漂白”为一种健康、必备的现代生活方式时，[①] 这种剥削与性别不平等就被掩盖了。

---

① 李春霞：《好客的东道主：旅游人类学“主—客”范式反思》，《广西民族大学学报》2012 年第 5 期。

（六）旅游社区性别关系以男性利益优先为原则进行重构

地方旅游发展后，旅游把在农业社会中已然成为女性家庭生活一部分的家务通过与家庭的分离而变成独立的外部活动，在客观上促进了女性人力资本的提升并进而影响与改造了女性的性别认知及主体意识获致家庭权力，产生了一个经济价值观占支配地位的社会秩序。在国家、市场、社会和家庭交织作用下“传统性别观念”被部分消解，推动了旅游社区性别关系的部分重构。但建立在土地、财产私有和父系继承等基础上的传统性别制度，在父权制，家庭、家族、宗族和地方社会制度保证下，实现了有弹性的变化。西江千户苗寨女性能否与丈夫进行家务及家庭事务决策的协商，全有赖于男性的选择，白碧村女性在丈夫离家与在家时的权力变化也有赖于男性的行为选择。所以，女性可能通过“场景界定”进行有选择地关注和有系统地忽视，在互动中形塑出有利于自己的关系定式去突破某些方面的性别界限，但这一切并不足以冲破传统的束缚，因而，在更完整的意义上社区性别关系的重构仍遵循男性利益优先的原则。

二　讨论

（一）中国情境下的家庭权力

对于谁是家庭中最有权力的人并不容易评估，因为它还取决于我们在哪个层面对其进行考察。如果从个体层面进行考察，家庭权力的变化并非仅仅是资源交换或文化规范导致的结果，家庭权力主要受资源、文化及意识的作用，意识是关键。在女性主体意识未发生变化时，物质资源的获得对家庭权力的改变是有限的，两个案例的研究都证实了这点。资源增加与权力的提升间并没有一种密切的必然联系，旅游发展也许可以在一个狭窄的领域重构社会性别权力关系。在旅游中，原先所固有的性别偏见也可能会被旅游进程推动，但大多数家庭在面对社会变革时，并不是被动接受，而是以一种关系、事件的流动形态来进行适应与调整，这种调整既有赖于家庭策略、文化观念、个体选择，也有赖于社会上所盛行的制度与经济结构等的影响，所以对家庭权力的考察，还应该放在一个更深远的社会文化背景中进行。

如果在社会结构中对这些问题进行讨论，则发现，财产继承制度、土地制度及国家不同时期对妇女的政策等对其都有着影响。在中国的乡村，某些法律效应通常只适用于家庭之外，与欧美国家相比，中国法律与体制建立的背景与西方国家不同。在西方，其法律建立的社会单位是个体不是家庭，这种社会的思想出发点是个体不应该因其选择的生活方式不同而被区别对待，所以个体可以直接进入公共领域，这是市民社会在微观领域的扩展，所以性别平等就成为可以超越公私边界的价值。但在中国，家庭一直被看成社会的基本单位，而不是个体，所以法律通常所面对的是家庭而不是个人，家庭作为基本单位，将个体隐匿其中，个体被家庭边界阻挡，尤其是女性。还必须要说明的是，即使中国法律的建设试图以个体为单位，但在执行过程中，缺乏个体本位思想的中国人也会在家庭主义思想的教化下将个体拉回家庭中，这其实也是国家对家庭支持缺位带来的影响。所以，两性的平等应该放置在一个更大的背景中进行考虑，家庭中的权力是两性平等的第一步。它绝不是像女性主义者所认为的那样只要从家务劳动中摆脱，在外获得职业女性就能获得解放与平等。

在中国，由于特殊的历史与现实原因，中国女性与西方女性有着明显差异，没有经历过意识觉醒与抗争，强国家话语易造成个体性的丧失，表现在其行为中则为主体性及主体意识缺乏。传统文化中所宣扬的“三从四德”在农村女性思想中尤其根深蒂固，在这样的情形下用西方理论与观点解释中国现象难免会遇到困境，所以，中国情境是不可忽略的因素。

（二）两性分工及其机制

性别分工既有强制性又有弹性。如果仅从劳动分配来看，并不能完全反映两者间的性别关系，隐匿在两性分工后面的社会机制才是考察两性关系的关键。在西江千户苗寨，女性家内劳动有所减轻，女性家庭权力得到提升，如果仅从结果考察会隐匿更多的事实，女性家务劳动的减轻还是增加有赖于男性的选择，性别的不平等更多是体现在谁主导了劳动的分配。在白碧村男性外出后，在城与在村的高与低、高技术与低技术的二元模式，将女性排除在一种较好的发展机会之外，不平等的性别关系一开始便已经受男性主宰。两性分工在“男主外，女主内”的分配原则下表现出一种强制性，但受经济和其他社会因素影响时又会在不同时间与地域空间呈现出不同的类型。当男性在家务农时，女性是适合干家务的，家是“内”；而当男性外出时，田里的活自然演变成“家内”的活。当男性无法在旅游经营中取得较好的效益时，女性在家外的经营则变成了家务的延伸，所以在西江千户苗寨出现的男性负担家务而女性养家，以及在白碧村出现的男性外出女性担负家庭中家务与劳务的事实从某种角度说明，男女的角色分工并非是与生俱来的生理差异决定，性别分工是流行于社会中的各种力量综合作用的结果，两性分工有边界，但边界是模糊的、可变的，是社会依照男性利益优先建构的产物。当两性利益格局需要重新调整时，一种秩序与潜规则仍在操纵着女性命运。两性总在不断博弈，某一时刻，女性也许可以获得某些利益与胜利，某些规范被打破，但两性之间的利益结构在博弈之后，在新的地方或许会以一种新的等级制形式出现，性别是这种利益较量和协调过程中的一个筹码，女性是否争取仍是关键。

（三）平等、公正与关怀

离乡务工或是在地发展或许都能带来主体意识的觉醒，但离乡农民传统价值观被现代性逻辑解构和重构，使农民缺乏历史感，使一直构成人们安身立命基础的家庭的功能丧失，最终导致农民的传统意义系统解体，在农村出现“伦理性危机”[①] 已成为当前农村一个较严重的问题。2015 年贵州毕节农村孩子自杀事件震撼了很多人，父母在外打工无暇顾及孩子，致使孩子长期不能正常成长是对该事件讨论最多的话语。旅游开发，会带来一些负面效应，它也不一定是适合每个地方发展的产业，但这种离土不离家的就业方式，不仅关乎中国 4051 万[②]留守儿童的健康成长，更关系到国家的未来。旅游在某种程度上解决了资源丰富而被排斥在工业化进程之外的乡村地区的生计，作为一种重要的市场因素，旅游在渗透进人们的日常生活中时也按照自己的运作逻辑塑造新的性别观念。在给农村妇女带来前所未有机遇的同时，却又加剧了男女之间及女性之间的经济分化与不平等，从而使某些女性群体不成比例地承担了发展的代价。[③] 旅游也许提

① 贺雪峰：《什么农村，什么问题》，法律出版社 2008 版，第 268 页。

② 联合国儿童基金会，“2015 年中国儿童人口状况——事实与数据”，2017 - 09 - 27。

③ 胡玉坤：《国家、市场与中国农村妇女的经济参与》，载谭琳、蒋永萍、吴菁《建设社会主义新农村与性别平等：多学科和跨学科的研究》，中国妇女出版社 2007 年版，第 71—87 页。

供了一条乡村女性获得平等的路径，但也许更应该反思我们需要的是“平等”还是“公正”？

三　研究贡献

（一）深化并拓展了对旅游地家庭的研究

本书是对旅游影响前沿议题的开拓，在以往对旅游目的地的研究中，研究者大多将目光放在主客交往之上，而忽略了目的地居民，尤其是目的地居民在受到旅游影响之后家庭生活的变化。本书以家庭日常生活事件为依托，将女性置于旅游发展的大背景下。通过对两个文化上同源、地域上相隔较近，生存环境相似的苗族村寨中的女性家庭权力的对比研究，以透视旅游对女性家庭权力的影响及旅游对目的地两性关系的影响，丰富与拓展了旅游对目的地的研究。

（二）检视西方资源、文化研究框架，构建适合中国社会的分析框架

本书以旅游发展后家庭权力变化为切入点，构建资源、文化规范到意识的分析框架，分析家庭在旅游影响下两性家庭权力的变化，从而回应西方学者关于家庭权力研究的相对资源理论及文化规范理论。本书还站在宏观的角度解释了两性的不平等是如何通过资源、文化规范、意识及社会结构进行形塑及达成一致，并引致当地女性不平等的现状，以此来深入挖掘乡村社会中的性别权力张力，以为后续西南旅游社区社会文化与女性发展的研究提供实证参考。

（三）拓展了家庭社会学的研究

本书继承与发展家庭社会学的既有研究成果。一方面，不仅从决策结果也从家庭权力互动过程对家庭权力进行研究，并尝试着通过对前人成果的借鉴与研究主体认同相结合，选择家庭权力的表征内容，避免以决策结果考察家庭权力所带来的困境，弥补了以往单一决策结果或过程研究的不足。另一方面，在“资源”“文化规范”等外部因素分析之上，尝试着寻找中国语境下影响女性家庭权力的核心要素“意识”以解释在旅游中出现的种种现象。

四 研究不足

（一）案例地的旅游开发时间跨度较短。本书的案例地虽说早在2000年左右就已经有了旅游的萌芽，但其真正的旅游大开发却始于2008年。即使至今开发时间也不算长，很多影响还未充分体现出来。随着旅游的深入，可能会有新的现象不断涌现，所以，结论也许会有不完整与不充分的地方。

（二）人类学研究方法的应用有待加强。本书借鉴了人类学的研究方法，但由于时间及精力的限制，并没有完成人类学田野调查所要求的一年时间。虽然在研究中与村民同吃、同住、同劳动，但是66天的田野调查毕竟是有限的，尤其是对于家庭这种私密性较强的话题，这也在某种程度上影响了调研的深入，对于夫妻间的冲突和一些更深层的两性问题的了解流于表层，在后续的研究中还有待进一步的完善。

（三）对于多元化现象的描述需要进一步条理化。家庭权力是一个多维的概念，本书从自主权、家庭事务决策权与两性分工等方面描绘了其变迁，但是，对于这种现象更加清晰的条理化还有待于进一步的思考。

参考文献

一　中文著作

鲍晓兰主编:《西方女性主义研究评介》,生活·读书·新知三联书店 1995 年版。

陈向明:《质的研究方法与社会科学研究》,教育科学出版社 2000 年版。

邓伟志、徐新:《家庭社会学导论》,上海大学出版社 2006 年版。

费孝通:《乡土中国 生育制度》,北京大学出版社 1998 年版。

费孝通:《江村经济:中国农民的生活》,商务印书馆 2005 年版。

贵州省雷山县志编纂委员会编: 《雷山县志》,贵州人民出版社 1992 年。

贵州省雷山县旅游局:《雷山县旅游志》,2007 年。

贺雪峰:《什么农村,什么问题》,法律出版社 2008 年版。

胡玉坤:《国家、市场与中国农村妇女的经济参与》,载谭琳、蒋永萍、吴菁《建设社会主义新农村与性别平等:多学科和跨学科的研究》,中国妇女出版社 2007 年版。

黄华:《权力,身体与自我》,北京大学出版社 2005 年版。

黄瑞祺:《社会理论与社会世界》,北京大学出版社 2005 年版。

金一虹:《女性叙事与记忆》,九州出版社 2007 年版。

金一虹:《妇联组织:在挑战与回应之间》,载荒林《中国:与女性主义亲密接触》,九州出版社 2004 年版。

金一虹:《父权的式微:江南农村现代化进程中的性别研究》,四川人民出版社 2000 年版。

雷洁琼主编:《改革以来中国农村婚姻家庭的新变化》,北京大学出版社 1994 年版。

李军：《“家”的寓言》，作家出版社 1996 年版。

李廷贵、张山、周光大：《苗族历史与文化》，中央民族大学出版社 1996 年版。

李霞：《娘家与婆家：华北农村妇女的生活空间与后台权力》，社会科学文献出版社 2010 年版。

李银河主编：《妇女：最漫长的革命》，中国妇女出版社 2007 年版。

李银河：《后村的女人们》，内蒙古大学出版社 2009 年版。

马春华主编：《家庭与性别评论（第四辑）》，社会科学文献出版社 2013 年版。

《毛泽东选集》第 1 卷，人民出版社 1991 年版。

《毛泽东选集》第 6 卷，人民出版社 1999 年版。

麻国庆：《家与中国社会结构》，文物出版社 1999 年版。

潘鸿雁：《国家与家庭的互构：河北翟城村调查》，上海人民出版社 2008 年版。

单艺斌：《女性社会地位评价方法研究》，九州出版社 2004 年版。

沙吉才：《当代中国妇女家庭地位研究》，天津人民出版社 1995 年版。

沈崇麟、杨善华主编：《当代中国城市家庭研究》，中国社会科学出版社 1995 年版。

石茂明：《跨国苗族研究：民族与国家的边界》，民族出版社 2004 年版。

孙桂燕：《社会性别视角下中国妇女权利》，江西人民出版社 2013 年版。

谭琳、陈卫民：《女性与家庭》，天津人民出版社 2001 年版。

陶春芳、蒋永萍主编：《中国妇女社会地位概观》，中国妇女出版社 1993 年版。

王铭铭：《村落视野中的文化与权力——闽台三村五论》，生活·读书·新知三联书店 1997 年版。

韦荣慧、侯天江：《西江千户苗寨的历史与文化》，中央民族大学出版社 2006 年版。

吴小英：《方法论的女性主义及其对中国本土研究的启示》，载吴小英《回归日常生活：女性主义方法论与本土议题》，内蒙古大学出版社2011年版。

吴育标、冯国荣：《西江千户苗寨研究》，人民出版社2014年版。

谢立中：《西方社会学名著提要》，江西人民出版社1998年版。

徐安琪编：《中国家庭研究（第七卷）》，上海社会科学院出版社2012年版。

杨华：《绵延之维——湖南宗族性村落的意义世界》，山东人民出版社2009年版。

杨懋春：《一个中国村庄：山东台头》，张雄等译，江苏人民出版社2001年版。

杨善华、沈崇麟：《城乡家庭市场经济与非农化背景下的家庭变迁》，浙江人民出版社2000年版。

杨善华、程为敏、罗沛霖主编：《当代中国农村家庭的社会关系》，中国社会科学出版社2005年版。

伊庆春、陈玉华：《华人妇女家庭地位》，社会科学文献出版社2006年版。

伊庆春、蔡瑶玲：《台湾地区夫妻权力分析，以家庭决策为例》，载伊庆春、朱瑞玲《台湾社会现象的分析——家庭、人口、政策与阶层》，“中央研究院三民主义研究所”1989年。

张厚安、徐勇：《中国农村政治制度稳定与发展》，武汉出版社1995年版。

张文：《旅游影响——理论与实践》，社会科学文献出版社2007年版。

张晓：《西江苗族妇女口述史研究》，贵州人民出版社1997年版。

张晓：《西江苗族：妇女与文化互动关系的个例》，载李小江、朱虹、董玉秀《主流与边缘》，生活·读书·新知三联书店1999年版。

章黎明主编：《上海妇女社会地位调查》，中国妇女出版1994年版。

郑丹丹：《中国城市家庭夫妻权力研究》，华中科技大学出版社2005年版。

周大鸣：《 凤凰村的变迁》，社会科学文献出版社2006年版。

周颜玲：《有关妇女、性和社会性别的话语》，载王政、杜芳琴《社会性别研究选译》，生活·读书·新知三联书店 1998 年版。

二　中文译著

［英］阿伯特·P.、瓦拉斯·C. 泰勒：《女性主义社会学》，郑玉清译，巨流图书股份有限公司 2008 年版。

［英］艾华：《中国的女性与性相：1949 年以来的性别话语》，施施译，江苏人民出版社 2008 年版。

［英］艾略特·F. R.：《家庭：变革还是继续》，何世念等译，中国人民大学出版社 1992 年版。

［美］埃什尔曼：《家庭导论》，潘允康等译，中国社会科学出版社 1991 年版。

［法］安德烈·比尔基埃：《家庭史：现代化的冲击》，袁树仁等译，生活·读书·新知三联书店 1998 年版。

［英］安东尼·吉登斯：《社会学（第四版）》，赵旭东等译，北京大学出版社 2003 年版。

［德］奥古斯特·贝贝尔：《妇女与社会主义》，葛斯、朱霞译，中央编译出版社 1995 年版。

［加拿大］宝森：《中国妇女与农村发展：云南禄村六十年的变迁》，胡宝坤译，江苏人民出版社 2005 年版。

［加拿大］大卫·切尔：《家庭生活的社会学》，彭铟旎译，中华书局 2005 年版。

［美］丹尼尔·哈里森·葛学溥：《华南的乡村生活——家族主义社会学》，周大鸣译，知识产权出版社 2012 年版。

［德］恩格斯：《家庭、私有制和国家的起源》，人民出版社 1972 年版。

［澳］盖尔·詹宁斯：《旅游研究方法》，谢彦君、陈丽主译，旅游教育出版社 2007 年版。

［美］高彦颐：《闺塾师：明末清初江南的才女文化》，李志生译，江苏人民出版社 2005 年版。

［美］理查德·谢弗：《社会学与生活》，刘鹤群、房智慧译，世界图书出版公司 2006 年版。

［中］林耀华：《金翼——中国家族制度的社会学研究》，庄孔韶、林宗成译，生活·读书·新知三联书店 1989 年版。

［澳］克里斯·库珀主编：《旅游研究经典评论》，钟林生、谢婷译，南开大学出版社 2006 年版。

［美］路易莎：《少数的法则》，校真、张辉译，贵州大学出版社 2013 年版。

［美］罗丽莎：《另类的现代性——改革开放时代中国性别化的渴望》，黄新译，江苏人民出版社 2006 年版。

［德］马克思、恩格斯：《马克思恩格斯选集》（第 4 卷），人民出版社 1995 年版。

［美］曼索恩：《缀珍录——十八世纪及其前后的中国妇女》，定宜庄、颜宜葳译，江苏人民出版社 2005 年版。

［法］孟德拉斯：《农民的终结》，李培林译，社会科学文献出版社 2005 年版。

［法］米歇尔·福柯：《必须保卫社会》，钱翰译，上海人民出版社 1999 年版。

［美］明恩溥：《中国乡村生活》，陈午晴、唐军译，中华书局出版 2006 年版。

［法］皮埃尔·布迪厄：《 实践与反思：反思社会学导引》，李猛、李康译，中央编译局 1998 年版。

［美］佩吉·麦克拉肯主编，艾晓明、柯倩婷副主编：《女权主义理论读本》，广西师范大学出版社 2007 年版。

［美］乔纳森·H. 特纳：《社会学理论的结构》邱泽奇译，华夏出版社 2006 年版。

［英］史蒂文·卢克斯：《权力——一种激进的观点》，彭斌译，江苏人民出版社 2008 年版。

［德］韦伯：《经济与社会》（上卷），林荣远译，商务印书馆 1997 年版。

［美］威廉·J. 古德：《家庭》，魏章玲译，社会科学文献出版社 1986 年版。

［美］瓦伦·L. 斯密斯：《东道主与游客——旅游人类学研究》，张

晓萍、何昌邑译，云南大学出版社 2002 年版。

［美］许烺光：《祖荫下：中国文化与人格》，王芃、徐隆德译，南天书局有限公司 2001 年版。

［美］阎云翔：《私人生活的变革：一个中国村庄里的爱情、家庭与亲密关系 1949－1999》，龚小夏译，上海书店出版社 2006 年版。

［加拿大］朱爱岚：《中国北方村落的社会性别与权力》，胡玉坤译，江苏人民出版社 2010 年版。

三 中文期刊

保继刚、孙九霞：《社区参与旅游发展的中西差异》，《地理学报》2006 年第 4 期。

保继刚、孙九霞：《雨崩村社区旅游：社区参与方式及其增权意义》，《旅游论坛》2008 年第 4 期。

曹端波：《苗族文化的社会控制》，《中央民族大学学报》2008 年第 1 期。

陈炳辉：《福柯的权力观》，《厦门大学学报（哲学社会科学版）》2002 年第 4 期。

陈丽坤：《离析现代化与旅游对民族社区的文化影响——西双版纳三个傣寨的比较研究》，《旅游学刊》2011 年第 11 期。

陈丽文：《两性平权在家庭：婚姻与家庭涉入的省思》，《女学学志：妇女与性别研究》2002 年第 14 期。

陈午晴：《试论“家”对于中国人的精神价值》，《人民论坛》2014 年第 34 期。

陈文联：《民主革命时期中共妇女政策演变的历史考察》，《湖南涉外经济学院学报》2011 年第 3 期

陈向明：《从“范式”的视角看质的研究之定位》，《教育研究》2008 年第 5 期。

陈向明：《质性研究的新发展及其对社会科学研究的意义》，《教育研究与实验》2008 年第 2 期。

陈玉华、伊庆春、吕玉瑕：《妇女家庭地位之研究：以家庭决策模式为例》，《台湾社会学刊》2000 年第 24 期。

陈志光、杨菊华：《农村在婚男性流动对留守妇女家庭决策权的影响》，《东岳论丛》2012 年第 4 期。

陈志勇、李乐京、李天翼：《郎德苗寨社区旅游：组织演进、制度建构及其增权意义》，《旅游学刊》2013 年第 6 期。

杜芳琴：《一部应时而生、独具特色的百年运动史力作——《20 世纪中国妇女运动史》述评》，《妇女研究论丛》2013 年第 6 期。

丁延龄：《权力的第四种面向——福柯权力观探讨》，《湖南师范大学社会科学学报》2013 年第 1 期。

费孝通：《三论中国家庭结构的变动》，《北京大学学报（哲学社会科学版）》1986 年第 3 期。

费孝通：《家庭结构变动中的老年赡养问题——再论中国家庭结构的变动》，《北京大学学报》1983 年第 3 期。

冯淑华、沙润：《乡村旅游中农村妇女就业与发展研究——以江西婺源为例》，《妇女研究论丛》2007 年第 1 期。

冯淑华、沙润：《从混沌理论哲学观对旅游学混沌态及学科体系探讨》，《旅游学刊》2006 年第 9 期。

谷志军、晏妮：《当代西方权力理论主要论争述评》，《云南民族大学学报（哲学社会科学版）》2012 年第 4 期。

郝凤梅：《古代婆媳关系与弃妇》，《沧桑》2008 年第 5 期。

贺萧、王政：《中国历史：社会性别分析的一个有用的范畴》，《社会科学》2008 年第 12 期。

何景明：《边远贫困地区民族村寨旅游发展的省思——以贵州西江千户苗寨为中心的考察》，《旅游学刊》2010 年第 2 期。

胡幼慧、周雅容：《代际的交换与意涵：台湾老年妇女的家务变迁研究》，《台湾社会学刊》1996 年第 20 期。

慧英：《我国社会性别研究的发展及其意义》，《妇女研究论丛》1999 年第 1 期。

姜辽、苏勤、杜宗斌：《21 世纪以来旅游社会文化影响研究的回顾与反思》，《旅游学刊》2013 年第 12 期。

金一虹：《“铁姑娘”再思考——中国文化大革命期间的社会性别与劳动》，《社会学研究》2006 年第 1 期。

金一虹：《离散中的弥合——农村流动家庭研究》，《江苏社会科学》2009 年第 2 期。

金一虹：《流动的父权：流动农民家庭的变迁》，《中国社会科学》2010 年第 4 期。

亢林贵：《从父权到平权——中国家庭中权力变迁问题探讨》，《山西青年管理干部学院学报》2011 年第 1 期。

利翠珊：《夫妻互动历程之探讨：以台北地区年轻夫妻为例的一项初探性研究》，《本土心理学研究》1995 年第 4 期。

李春霞：《好客的东道主：旅游人类学“主－客”范式反思》，《广西民族大学学报》2012 年第 5 期。

李东山：《工业化与家庭制度变迁》，《社会学研究》2000 年第 6 期。

李培林：《现代性与中国经验》，《社会》2008 年第 3 期。

李星群：《民族地区乡村微型旅游企业对家庭的影响研究》，《广西民族研究》2011 年第 2 期。

李元书、李宏宇：《试论权力的实质、渊源和特性》，《学习与探索》2001 年第 6 期。

稂丽萍：《民族旅游时空中的少数民族女性社会角色的嬗变——以山江苗族女性为例》，《贵州民族学院学报》2008 年第 1 期。

林卡、唐琳：《论女性主义研究的方法论意义》，《妇女研究论丛》2007 年第 1 期。

林雅容：《经济变动中女性养家者的夫妻权力：以东石渔村为例》，《台大社工学刊》2006 年第 11 期。

刘爱玉、佟新、付伟：《双薪家庭的家务性别分工：经济依赖、性别观念或情感表达》，《社会》2015 年第 2 期。

刘成斌：《农民经商与市场分化》，《社会学研究》2011 年第 5 期。

刘金海：《社会化小农的历史进程：中国的经验》，《华中师范大学学报（人文社会科学版）》2007 年第 4 期。

刘启明：《中国妇女家庭地位研究的理论框架及指标建构》，《中国人口科学》1994 年第 6 期。

刘迎华、朱竑：《海陵岛旅游的社会文化影响研究》，《旅游学刊》2006 年第 11 期。

卢彦红、徐升艳、吴忠军：《女性参与民族旅游发展的障碍因素分析——以贵州岜沙景区为例》，《民族论坛》2008 年第 9 期。

罗蔚、赵勤：《马克思主义女性主义的伦理批判：唯物史观的视角》，《 广东教育学院学报》2005 年第 1 期。

罗章、司亦含：《交换权利与冲突：对西南民族地区群体性事件的新阐释——以贵州 XJ 苗寨为例》，《广西民族研究》2014 年第 1 期。

麻国庆：《社会结合和文化传统——费孝通社会人类学思想述评》，《广西民族学院学报（哲学社会科学版)》2005 年第 3 期。

马凌：《旅游社会科学中的建构主义范式》，《旅游学刊》2011 年第 1 期。

南波：《马克思主义妇女解放理论的几个基本观点》，《中国妇女报》1990 年 8 月 17 日。

潘鸿雁：《农村分离的核心家庭与社区支持》，《甘肃社会科学》2005 年第 4 期

潘锦棠：《 我看“社会性别理论”及其流行》，《中国妇女报》2002 年 12 月 2 日。

彭斌：《卢克斯的三维权力观》，《读书》2015 年第 4 期。

［日］秋山洋子：《女性主义分析与父权制概念》，《妇女研究论丛》1995 年第 1 期。

沈奕斐：《个体化与家庭结构关系的重构——以上海为例》，博士学位论文，复旦大学，2010 年。

施仲军：《旅游发展中的白族农村女性家庭角色的变迁——以云南省鹤庆县新华村为例》，《云南财贸学院学报》2005 年第 6 期。

孙九霞、马涛：《旅游对目的地社会文化影响研究新进展与框架》，《求索》2009 年第 6 期。

孙九霞：《旅游对目的地社区族群认同的影响——基于不同旅游作用的案例分析》，《中山大学学报（社会科学版)》2010 年第 1 期。

孙九霞、陈浩：《旅游对目的地社区族群认同的影响——以三亚回族为例》，《地理研究》2012 年第 4 期。

孙庆忠：《 杨庆堃的社会学研究及对中国社会学发展的贡献》，《河北学刊》2012 年第 6 期。

孙淑清：《妇女婚姻生活中的三维权力》，《人口与经济》1994 年第 4 期。

孙雪梅：《对男女就业不平等现象的思考》，《长沙铁道学院学报（社会科学版）》2008 年第 3 期。

谭深：《家庭策略，还是个人自主？——农村劳动力外出决策模式的性别分析》，《浙江学刊》2004 年第 5 期。

唐灿、陈午晴：《中国城市家庭的亲属关系——基于五城市家庭结构与家庭关系调查》，《江苏社会科学》2012 年第 2 期。

唐雪琼、朱竑：《旅游发展对云南世居父权制少数民族妇女社会性别观念的影响——基于撒尼、傣和哈尼三民族案例的比较研究》，《人文地理》2010 年第 1 期。

唐雪琼、和亚珺、黄和兰：《旅游发展对少数民族妇女家庭地位变迁的影响研究——基于云南石林五棵树村和月湖村的对比分析》，《云南地理环境研究》2011 年第 5 期。

唐雪琼、朱竑：《旅游研究中的性别话题》，《旅游学刊》2007 年第 2 期。

唐雪琼、朱竑、薛熙明：《旅游发展对摩梭女性的家庭权力影响研究》，《旅游学刊》2009 年第 7 期。

童梅：《社会网络与女性职业性别隔离》，《社会学研究》2012 年第 4 期。

王绯：《世纪一瞥：女性游戏小说艺术小史》，《 艺术广角》2004 年第 1 期。

王金玲：《性别文化及其先进性别文化的构建》，《浙江学刊》2003 年第 4 期。

王晶、师吉：《女性主义对构建和谐家庭性别分工模式的思考》，《中华女子学院学报》2008 年第 4 期。

王兰：《民族旅游对少数民族妇女的影响》，《经济师》2006 年第 3 期。

王涛：《“社会劳动”与“妇女解放”——50 年代中国社会主义运动中的妇女政策评析》，载《中国国际共运史学会 2009 年年会暨学术讨论会论文集》。

王旭科、张宪玉:《重视旅游学学科范式的建构》,《旅游学刊》2010年第11期。

王跃生:《20世纪三四十年代冀南农村分家行为研究》,《近代史研究》2002年第4期。

王政:《“女性意识”“社会性别意识”辨异》,《妇女研究论丛》1997年第1期。

王政:《国外学者对中国妇女和社会性别研究的现状》,《山西师大学报(社会科学版)》1997第4期。

王子新、王玉成、邢慧斌:《旅游影响研究进展》,《旅游学刊》2005年第2期。

王稚林、张汝立:《农村家庭功能与家庭形式——昌五社区研究》,《社会学研究》1995年第1期。

翁时秀:《权力关系对古镇旅游地的社会影响研究——以江南古镇群和楠溪江古村落群为例》,博士学位论文,中山大学,2011年。

吴巧红:《从社会学理论的发展看旅游研究范式的确立》,《旅游学刊》2010年第11期。吴小英:《探寻性别关系和性别研究的潜规则》,《社会学研究》2005年第3期。

吴小英:《当知识遭遇性别——女性主义方法论之争》,《社会学研究》2003年第1期。

肖百灵:《对村民自治中妇女参与问题的探讨——以湖南“农村妇女参与村级治理”项目实施为例》,《湖南社会科学》2006年第6期。

肖巍:《“社会性别”概念研究新倾向》,《中国妇女报》2013年10月8日。

笑冬:《一个基本的看法:妇女与农村工业化》,《社会学研究》1999年第5期。

笑冬:《最后一代传统婆婆?》,《社会学研究》2002年第3期。

谢彦君、李拉扬:《旅游学的逻辑:在有关旅游学科问题的纷纭争论背后》,《旅游学刊》2013年第1期。

谢彦君:《旅游与接待业研究:中国与国外的比较——兼论中国旅游学科的成熟度》,《旅游学刊》2003年第5期。

徐安琪:《中外妇女家庭地位的比较——中国城市家庭“阴盛阳衰”

的深层剖析》,《社会》1992 年第 1 期。

徐安琪:《夫妻权力和妇女家庭地位的评价指标：反思与检讨》,《社会学研究》2005 年第 4 期。

徐安琪:《家庭结构与代际关系研究——以上海为例的实证分析》,《江苏社会科学》2001 年第 3 期。

徐安琪:《夫妻权力模式与女性家庭地位满意度研究》,《浙江学刊》2004 年第 2 期。

徐安琪、刘汶蓉:《家务分配及其公平性——上海市的经验研究》,《中国人口科学》2003 年第 3 期。

徐安琪、叶文振:《婚姻质量：婚姻稳定的主要预测指标》,《上海社会科学院学术季刊》2002 年第 4 期。

许传新、王平:《“学历社会”中的妇女家庭权利研究——以武汉为例试析学历对妇女家庭权利的影响》,《中华女子学院学报》2002 年第 1 期。

许敏敏:《走出私人领域——从农村妇女在家庭工厂中的作用看妇女地位》,《社会学研究》2002 年第 1 期。

阎云翔:《家庭政治中的金钱与道义：北方农村分家模式的人类学分析》,《社会学研究》1998 年第 6 期。

杨会清、吴晓敏:《土地革命时期江西苏区妇女生活变革研究》,《求实》2004 年第 2 期。

杨菊华、李路路:《代际互动与家庭凝聚力》,《社会学研究》2009 年第 3 期。

杨婉莹、林婷:《当“男女有别”变成“男女不平等”——性别角色认知与政治效能感》,《女学杂志：妇女与性别研究》2011 年第 29 期。

杨子慧、沙吉才:《早恋早婚早育回升原因及对策研究》,《人口研究》1990 年第 5 期。

伊庆春、吕玉瑕:《妇女家庭地位之研究：以家庭决策为例》,《台湾社会学刊》2000 年第 24 期。

余达忠:《旅游时代：一座苗族村寨的演变史——以千户苗寨西江为例》,《凯里学院学报》2011 年第 4 期。

於嘉:《性别观念、现代化与女性的家务劳动时间》,《社会》2014 年第 2 期。

章锦河：《 古村落旅游地居民旅游感知分析——以黟县西递为例》，《 地理与地理信息科学》2003 年第 2 期。

张瑾：《民族旅游发展对少数民族妇女影响的人类学探讨——以贵州肇兴侗寨为例》，《 桂林旅游高等专科学校学报》2008 年第 4 期。

张晋芬、李奕慧：《“女人的家事”，“男人的家事”：家事分工性别话的持续与解释》，《人文及社会科学集刊》2006 年第 2 期。

张继涛：《乡村旅游社区的社会变迁》，博士学位论文，华中师范大学，2009 年。

张其学：《对几种典型权力观的评析——兼论马克思主义的权力观》，《广州大学学报》2008 年第 8 期。

张晓：《西江苗寨传统文化的内在结构》，《中央民族大学学报（哲学社会科学版）》2008 年第 2 期。

张永：《当代中国妇女家庭地位的现实与评估》，《妇女研究论丛》1994 年第 2 期。

张志尧：《双薪家庭中阶级与夫妻权力关系之探讨》，《应用心理研究》2003 年第 17 期。

赵巧艳：《布迪厄实践理论视角下民族旅游与社会性别的互动——以龙胜金坑红瑶为例》，《人文地理》2011 年第 6 期。

郑丹丹、杨善华：《夫妻关系”定势”与权力策略》，《社会学研究》2003 年第 4 期。

郑祖泉：《社会主义本质与妇女解放》，《道德与文明》1995 年第 4 期。

钟洁：《中国民族旅游与少数民族女性问题研究进展》，《妇女研究论丛》2010 年第 2 期。

［日］植野弘子、乔天碧：《 妻子的父亲和母亲的兄弟——关于台湾汉人社会姻亲关系的分析》，《民间文化论坛》1995 年第 3 期。

朱梅，应若平：《农村“留守妻子”家务劳动经济价值的社会学思考》，《湖南农业大学学报》2005 年第 6 期。

左际平：《从多元视角分析中国城市的夫妻不平等》，《妇女研究论丛》2002 年第 1 期。

左际平：《从婚姻历程看中国传统社会中家庭男权的复杂性》，《妇女研究论丛》2012 年第 3 期。

四 英文文献

Alesina A. , Giuliano P. , "The Power of the Family", *Journal of Economic Growth*, Vol. 15, No. 2, 2010.

Armstrong K. , "Rural Scottish Women: Politics without Power", *Ethnos: Journal of Anthropology* , Vol. 43, No. 1 –2, 1978.

Bannet, Eve Tavor. , "Transcending Boundaries: Multi – disciplinary Approaches to the Study of Gender", *Womens Studies International Forum*, Vol. 15, No. 4. , 1992.

Becker H . , Geer B. , "Participant Observation and Interviewing: A Comparison", *Human Organization*, Vol. 16, No. 3, 1957.

Brougham J. E. , Butler R. W. , "A Segmentation Analysis of Resident Attitudes to the Social Impact of Tourism", *Annals of Tourism Research*, Vol. 8, No. 4, 1981.

Buric O. , Zecevic A. , "Family Authority, Marital Satisfaction, and the Social Network in Yugoslavia", *Journal of Marriage and Family*, Vol. 29, No. 2, 1967.

Cater, Erlet. , "Gender, Work and Tourism", *Tourism Management*, Vol. 19, No. 5, 1998.

Chant, Sylvia, "Gender and Tourism Employment in Mexico and the Phillipines", in Sinclair eds. , *Gender, Work and Tourism*, London: Routledge Press, 1997.

Cohen M. L . , "Family Management and Family Division in Contemporary Rural China", *The China Quarterly*, Vol. 130, No. 7, 1992.

Cohen E. , "Toward a Sociology of International Tourism", *Social Research* , Vol. 39, No. 1, 1972.

Collins B. E. , Raven B. H. , "Group Structure: Attraction, Coalitions, Communication and Power", in Gardner, L. and Aronson E. eds. , *The Handbook of Social Psychology* , Reading, Massachusetts: Addison – wesley

Press, 1969.

Cressey P. F., Pruitt I., "A Daughter of Han The Autobiography of a Chinese Working Woman", *American Sociological Review*, Vol. 11, No. 6, 1946.

Cromwell R. E., D. Klein, S. Wieting, "Family Power: A Multitrait – multimethod Analysis" in R. Cromwell and D. Olson eds., *Power in families*, New York: John Wiley and Sons Press, 1975.

Cynthia Abbott Cone, "Crafting Selves: The Lives of Two Mayan Women", *Annals of Tourism Research*, Vol. 22, No. 2, 1995.

Dahl R. A., "Power as the Control of Behavior", in Steven Lukes eds., *Power*, New York: New York University Press, 1986.

Dahles H., Bras K., "Entrepreneurs in Romance Tourism in Indonesia", *Annals of Tourism Research*, Vol. 26, No. 2, 1999.

Diane E. Levy, Patricia B. Lerch, "Tourism as a Factor in Development: Implications for Gender and Work in Barbados", *Gender and Society*, Vol. 5, No. 1, 1991.

Diefenbach, H., "Gender Ideologies, Relative Resources, and the Division of Housework in Intimate Relationships: A Test of Hyman Rodman's Theory of Resources in Cultural Context", *International Journal of Comparative Sociology*, Vol. 43, No. 1, 2002.

Dorothy Smith, R. W. Connell, Chris Weedon, "The Everyday World as Problematic: A Feminist Sociology", *Social Forces*, Vol. 68, No. 4, 1990.

Ferguson L., "Analysing the Gender Dimensions of Tourism as a Development Strategy", Policy Papers del Instituto Complutense de Estudios Internacionales 09 – 03, Universidad Complutense de Madrid, Instituto Complutense de Estudios Internacionales.

Figueroa – Domecq C., Pritchard A., Segovia – Pérez, Mónica., "Tourism Gender Research: A Critical Accounting", *Annals of Tourism Research*, Vol. 52, No. 5, 2015.

Fuwa M., "Macro – Level Gender Inequality and the Division of Household Labor in 22 Countries", *American Sociological Review*, Vol. 69,

No. 6, 2004.

Garcia – Ramon M. D., Canoves G., Valdovinos N., "Farm Tourism, Gender and the Environment in Spain", *Annals of tourism Research*, Vol. 22, No. 2, 1995.

Gentry M. K., "Belizean Women and Tourism Work: Opportunity or Impediment?", *Annals of Tourism Research*, Vol. 34, No. 2, 2007.

Goode W. J., *World Revolution and Family Pattern*, New York: Free Press of Glence, 1963.

Greenhalgh S., "Sexual Stratification: The Other Side of 'Growth with Equity' in East Asia", *Population and Development Review* , Vol. 11, No. 2, 1985.

Grimes M., "Investigating Gender: Developing a Feminist Sociological Imagination", *Gender and Education*, Vol. 24, No. 6, 2012.

Haj – Yahia M. M., "A Patriarchal Perspective of Beliefs About Wife Beating Among Palestinian Men From the West Bank and the Gaza Strip", *Journal of Family Issues*, Vol. 19, No. 5, 1998.

Hallenbeck P. N., "An Analysis of Power Dynamics in Marriage", *Journal of Marriage and Family*, Vol. 28, No. 2, 1966.

Harding Sandra, "Introduction: Is There a Feminist Method?", in Harding Sandra eds., *Feminism and Methodology: Social Science Issues*, Indiana: Indiana University Press, 1987.

Harvey M. J., Hunt J., Harris C. C., "Gender and Community Tourism Dependence Level", *Annals of Tourism Research*, Vol. 22, No. 2, 1995.

Heer, David M., "The Measurement and Bases of Family Power: An Overview", *Marriage and Family Living*, Vol. 25, No. 2, 1963.

Hess B. B., Ferree M. M., *Analyzing Gender: A Handbook of Social Science Research*, Newbury Park: Sage Press, 1987.

Heyzer N., "Daughters in Industry : Work, Skills and Consciousness of Women Workers in Asia", *Journal of Comparative Neurology*, Vol. 228, No. 1, 1984.

Hook J. L. , "Gender Inequality in the Welfare State: Sex Segregation in Housework, 1965 - 2003", *American Journal of Sociology*, Vol. 115, No. 5, 2010.

Ireland M. , "Gender andClass Relations in Tourism Employment" *Annals of Tourism Research*, Vol. 20, No. 4, 1993.

Ishii K. , "TheImpact of Ethnic Tourism on Hill Tribes in Thailand", *Annals of Tourism Research*, Vol. 39, No. 1, 2012.

Jiping Zuo, "Marital Construction of Family Power Among Male - Out - Migrant Couples in a Chinese Village", *Journal of Family Issues*, Vol. 29, No. 5, 2008.

Jiping Zuo , Yanjie Bian, "Beyond Resources and Patriarchy: Marital Construction of Family Decision - Making Power in Post - Mao Urban China", *Journal of Comparative Family Studies*, Vol. 36, No. 4, 2005.

Keiser R. , Lincoln P. , Bachrac M. S. , "Power and Poverty: Theory and Practice", *Man*, Vol. 7, No. 3, 1972.

Keller, E. Fox, *Reflections on Gender and Science* , New Haven: Yale University Press, 1985.

Kenkel W. F. , "Influence Differentiation in Family Decision - making", *Sociology and Social Research*, Vol. 42, No. 1, 1957.

Kim S. , Littrell M. A. , "Predicting Souvenirs Purchase Intentions", *Journal of Travel Research*, Vol. 38, No. 2, 1999.

Kinnaird V. , Hall D. , "Tourism: Gender Perspective", in Kinnaird V. , Hall D. eds. , *Tourism: A Gender Analysis*, Chichester: John Wiley Press, 1994.

Kinnaird V. , Hall D. , "Understanding Tourism Processes: A Gender - aware Framework", *Tourism Management*, Vol. 17, No. 2, 1996.

Kousis M. , "Tourism and the Family in a Rural Cretan Community", *Annals of Tourism Research*, Vol. 16, No. 3, 1989.

Kung L. , "Factory Work and Women in Taiwan: Changes in Self - Images and Status", *Signs Journal of Women in Culture and Society*, Vo2, No. 1, 1976.

Kranichfeld M. L. , "Rethinking Family Power", *Journal of Family Issues*, Vol. 8, No. 1, 1987.

Lever A.，"Spanish Tourism Migrants：The Case of Lloret de Mar"，*Annals of Tourism Research*，Vol. 14，No. 4，1987.

Leontidou L.，"Gender Dimensions of Tourism in Greece：Employment，Subcultures and Restructuring"，in Kinnaird V.，Hall D. eds.，*Tourism：A Gender Analysis*，Chichester：Wiley Press，1994.

Ling R. S，Wu B，Park J.，"Women's Role in Sustaining Villages and Rural Tourism in China"，*Annals of Tourism Research*，Vol. 43，No. 10，2013.

Lin Y.，"The Incidence of Sexual Harassment of Students While Undergoing Practicum Training Experience in the Taiwanese Hospitality Industry—individuals Reactions and Relationships to Perpetrators"，*Tourism Management*，Vol. 27，No. 1，2006.

Lim L. Y.，"Women's Work in Export Factories：The Politics of a Cause"，in Tinker eds.，*Persistent Inequalities：Women and World Development*，New York：Oxford University Press，1990.

Liu J. C.，Sheldom J.，Var T.，"Resident Perceptions of the Environmental Impacts of Tourism"，*Annals of Tourism Research*，Vol. 14，No. 1，1987.

Maria L.，Domenico D.，Miller G.，"Farming and Tourism Enterprise：Experiential Authenticity in the Diversification of Independent Small - scale Family Farming"，*Tourism Management*，Vol. 33，No. 2，2012.

Mary Evans，Beth B. Hess，Myra MarxFerree，"Analysing Gender，a Handbook of Social Science Research"，*British Journal of Sociology*，Vol. 40，No. 1，1989.

Mbaiwa J. E.，"Changes on Traditional Livelihood Activities and Lifestyles Caused by Tourism Development in the Okavango Delta，Botswana"，*Tourism Management*，Vol. 32，No. 5，2011.

Mcdonald G. W.，"Decade Review：Family Power：The Assessment of a Decade of Theory and Research，1970 - 1979"，*Journal of Marriage and Family*，Vol. 42，No. 4，1980.

McDonough，R.，Harrison，R.，"Patriarchy and Relations of Production"，in Annette Kuhn and Ann Marie Wolpe eds.，*Feminism and Materialism*，London：Routledge and Kegan Paul Press，1978.

McGregor S. , "Sustainable Consumer Empowerment through Critical Consumer Education: A Typology of Consumer Education Approaches", *International Journal of Consumer Studies*, Vol. 29, No. 5, 2005.

Medlik S. , "The Golden Hordes: International Tourism and the Pleasure Periphery", *International Affairs*, Vol. 51, No. 4, 1975.

Merriam S. B. , *Qualitative Research and Case Study Applications in Education*, San Francisco: Jossey base Press, 1998.

Michel A. , "Comparative Data Concerning the Interaction in French and American Families", *Journal of Marriage and the Family*, Vol. 29, No2, 1967.

Miller, D. B. , Branson, J. , "Pollution in Paradise: Hinduism and the Subordination of Women in Bali", in Alexander, P. eds. , *Creating Indonesian Cultures*, Oceania: Sydney Press, 1989.

Mirowsky J. , "Depression and Marital Power: An Equity Model", *American Journal of Sociology*, Vol. 91, No. 3, 1985.

Momsen J. , "Tourism, Gender and Development in the Caribbean", in Kinnaird V. , Hall D. eds. , *Tourism: A Gender Analysis*, Chichester : Wiley Press, 1994.

Monk J. , Alexander C. S. , Free Port Fallout, "Gender, Employment, and Migration on Margarita Island", *Annals of Tourism Research*, Vol. 13, No. 3, 1986.

Mowforth M. , Lan Munt, *Tourism and Sustainability*, *New Tourism in the Third World*, London: Routledge, 2003.

Neil Carr, "AStudy of Gender Differences: Young Tourism Behavior in a UK Coastal Resort", *Tourism Management*, Vol. 20, No. 2, 1999.

Nicholas B. , "The Evolving Canadian Definition of the Family: Towards a Pluralistic and Functional Approach", *International Journal of Law Policy and the Family* , Vol. 8, No. 3, 1994.

Nilsson P. A. , "Staying on Farms: An Ideological Background", *Annals of Tourism Research*, Vol. 29, No. 1, 2002.

Noonan M. C. , "The Impact of Domestic Work on Men's and Women's Wages", *Journal of Marriage and the Family*, Vol. 63, No. 4, 2001.

Oakes S. T., "The Cultural Space of Modernity: Ethnic Tourism and Place Identity in China", *Environment and Planning D: Society and Space*, Vol. 11, No. 1, 1993.

Ortner S. B., "*Resistance and the Problem of Ethnographic Refusal*", *Comparative Studies in Society and History*, Vol. 37, No. 1, 1995.

Parsons T., "On the Concept of Political Power", *Proceedings of the American Philosophical Society*, Vol. 107 No. 3, 1963.

Petrzelka P., Bell M., "Rationality and Solidarities: The Social Organization of Common Property Resources in the Imdrhas Valley of Morocco", *Human Organization*, Vol. 59, No. 3, 2000.

Pinto, K. M., Coltrane, S., "Divisions of Labor in Mexican Origin and Anglo Families: Structure and Culture", *Sex Roles*, Vol. 60, No. 7, 2009.

Rai, Shirin M., "Gendering Global Governance", *International Feminist Journal of Politics*, Vol. 6, No. 4, 2004.

Reuben Hill, "ModernSystems Theory and the Family: A Confrontation", *Social Science Information*, Vol. 10, No. 5, 1971.

Risman B. J., "Gender As a Social Structure Theory Wrestling with Activism", *Gender and Society*, Vol. 18, No. 4, 2004.

Robert E. Wood, "Tourism, Culture, and the Sociology of Development", in Michael Hitchcock, Victor T. King, Michael J. G. Pamivell eds., *Tourism in South East Asia*, London: Routledge, 1993.

Rodman H., "Marital Power in France, Greece, Yugoslavia, and the United States: A Cross – National Discussion", *Journal of Marriage and Family*, Vol. 29, No. 2, 1967.

Rodman H., "Marital Power and the Theory of Resources in Cultural Context", *Journal of Comparative Family Studies*, Vol. 3, No. 1, 1972.

Rothman R. A., "Residents and Transients: Community Reaction to Seasonal Visitors", *Annals of Tourism Research*, Vol. 16, No. 3, 1978.

Ruijter T. E. D., "Earnings and Expenditures on Household Services in Married and Cohabiting Unions", *Journal of Marriage and Family*, Vol. 70, No. 3, 2008.

Safiliosrothschild C. , "A Comparison of Power Structure and Marital Satisfaction in Urban Greek and French Families" , *Journal of Marriage and Family*, Vol. 29, No. 2, 1967.

Safiliosrothschild C. , "The Study of Family Power Structure: A Review 1960 - 1969" , *Journal of Marriage and the Family*, Vol. 32, No. 4, 1970.

Samarasuriya S. , *Who Needs Tourism? Employment for Women in The Holiday Industry of Sudugama, Sri Lanka*, Leiden: Research Project Women and Development, Instituut voor Culturele Antropologie en Sociologie der Nier - Westerse Volken Press, 1982.

Sprey J . , "Family Power Structure: A Critical Comment", *Journal of Marriage and Family*, Vol. 34, No. 2, 1972.

Scott J. W. , *Gender and the Politics of History*, New York: Columbia University Press, 1988.

Sinclair M. T. , "The Structure of International Tourism and Tourism Development in Kenya" , In D. Harrison eds. , *Tourism and the Less Developed Countries*, London: Belhaven, 1992.

Skalpe O. , "The CEO Gender Pay Gap in the Tourism Industry: Evidence from Norway" , *Tourism Management*, Vol. 28, No. 3, 2007.

Straus C. M. A. A. , " 'Final say' Measures of Marital Power: Theoretical Critique

and Empirical Findings From Five Studies in the United States and India" , *Journal of Comparative Family Studies*, Vol. 15, No. 3, 1984.

Swain M. B. , "Women and Ethnic Tourism: A Way to Persist and an Avenue to Change" , in Valen Smith, eds. , *Hosts and Guests: The Anthropology of Tourism*, Pennsylvania: University of Pennsylvania Press, 1990.

Swain M. B. , "Women Producers of Ethnic Arts" , *Annals of Tourism Research*, Vol. 20, No. 1, 1993.

Swain M. B. , "Gender in Tourism", *Annals of Tourism Research*, Vol. 22, No. 2, 1995.

Tao T. C. H. , Wall G. , "Tourism as a Sustainable Livelihood Strategy" , *Tourism Management*, Vol. 30, No. 1, 2009.

Tinker, Irene, "Empowerment Just Happened: The Unexpected Expansion of Women's Organizations", in Jane S., Jaquette, Gale Summerfield eds., *Women and Gender Equity in Development Theory and Practice: Institutions, Resources, Mobilization*, Durham: Duke University Press, 2006.

Turner L., Ash J., *The Golden Hordes: International Tourism and the Pleasure Periphery*, London: Constable Press, 1975.

Walker A. J., "Couples Watching Television: Gender, Power, and the Remote Control", *Journal of Marriage and Family*, Vol. 58, No. 4, 1996.

Warner R. L., Lee L. J., "Social Organization, Spousal Resources, and Marital Power: A Cross – Cultural Study", *Journal of Marriage and the Family* Vol. 48, No. 1, 1986.

Whatmore, Sarah, Phillip Lowe, Terry Marsden, "Artisan or Entrepreneur? Refashioning Rural Production", in Whatmore Sarah, Phillip Lowe, Terry Marsden eds., *Rural Enterprise: Shifting Perspectives on Small Scale Production*, London: Davis Fulton Press, 1993.

Wayne, Hill, John, "An Approach for Assessing Marital Decision – Making Processes", *Journal of Marriage and Family*, Vol. 44, No. 4, 1982.

Whyte M. K., "Changes in Marital Relations in Chengdu, China", in D. Davis, E. Vogel eds., *Chinese Society on the Eve of Tiananmen Cambridge*, MA: Harvard University Press, 1990.

Wilkening E. A., Morrison D. E., "A Comparison of Husband and Wife Responses Concerning Who Makes Farm and Home Decisions", *Marriage and Family Living*, Vol. 25, No. 3, 1963.

Wilkinson P. F., Pratiwi W., "Gender and Tourism in an Indonesian Village", *Annals of Tourism Research*, Vol. 22, No. 2, 1995.

Wolf M., *Women and the Family in Rural Taiwan*, California: Stanford University Press, 1979.

Wolf M., "Women and Suicide in China", in Margery Wolf and Witke, Roxane eds., *Women in Chinese Society*, CA: Stanford University Press, 1975.

Wolf M., "Marriage, Family, and the State in Contemporary China", *Pacific Affairs*, Vol. 57, No. 2, 1984.

Xianghong Feng, "Women's Work, Men's Work: Gender and Tourism among the Miao in Rural China", *Anthropology of WorkReview*, Vol. 34, No. 1, 2013.

附录1　受访者基本信息表

附表1　　西江千户苗寨受访者信息一览

序号	姓名	性别	年龄	文化程度	婚姻状况	职业
1	YJ	男	28	高中	已	景区零工
2	WDL	女	23	初中	已	无
3	YZF	女	47	初中	已	客栈经营者
4	YYL	男	48	初中	已	景区执法
5	YH	男	23	本科	未	学生
6	LZS	女	34	小学	已	农家乐经营者
7	YJM	男	52	高中	已	农家乐经营者
8	YSJ	女	59	文盲	已	公厕看守员
9	YSJH	男	63	小学	已	零售业
10	LX	女	29	初中	已	讲解员
11	LJM	男	40	大专	已	无
12	LZH	女	41	初中	已	农家乐经营者
13	YJZ	男	47	高中	已	农家乐经营者
14	LBB	男	76	中师	已	教师
15	SH	女	50	小学	已	零售
16	JH	男	36	大专	已	保安
17	LWF	女	44	初中	已	工艺品店
18	LXH	男	48	高中	已	村委会
19	LCF	女	66	初中	已（夫亡）	餐饮
20	HCY	女	35	初中	已	农家乐服务员

续表

序号	姓名	性别	年龄	文化程度	婚姻状况	职业
21	MHY	女	31	小学	已	农家乐服务员
22	YSC	女	25	小学	离异	农家乐服务员
23	TSY	女	31	初中	已	农家乐服务员
24	BXF	女	28	小学	已	农家乐服务员
25	M01	男	25	初中	已	迎宾
26	M02	男	26	初中	已	迎宾
27	JYS	男	48	初中	已	运输
28	YP	男	49	大专	已	事业单位
29	LCHF	男	30	初中	已	务农
30	MZR	男	53	初中	已	村主任
31	LBC	男	35	初中	已	在外打工
32	LTK	男	52	电大	已	教师
33	HCH	男	37	初中	已	务农
34	Fe01	女	28	初中	已	农家乐服务员
35	M03	男	22	中专	未	酒店
36	LYJ	男	51	高中	已	务农
37	Fe02	女	50	文盲	已	咖啡馆员工
38	Fe03	女	23	高中	未	讲解员
39	Fe04	女	26	大专	未	讲解员
40	Fe05	女	19	初中	未	服务员
41	Fe06	女	27	初中	未	讲解员
42	Fe07	女	19	初中	已	店员
43	YXM	女	34	初中	已	农家乐经营者
44	SYH	女	45	小学	已	客栈经营者
45	PGM	女	76	文盲	已（夫亡）	表演队
46	LM	女	40	初中	已	农家乐经营者
47	HLT	男	83	文盲	已	寨老（已故）

续表

序号	姓名	性别	年龄	文化程度	婚姻状况	职业
48	LS	女	45	中师	已	小学校长
49	HT	女	38	师专	已	教师
50	WT	男	32	本科	已	教师
51	LMA	男	46	专科	已	中学校长
52	RXY	女	30	本科	已	教师
53	AN	女	37	初中	已	银饰店老板
54	M04	男	50		已	村会计
55	M05	男	48		已	出纳
56	M06	男	43		已	调解
57	DYZ	女	35	初中	已	农家乐老板
58	TDG	男	60	初中	已	寨老
59	M07	男	28	专科	已	旅游公司销售部
60	LGX	男	52	初中	已	银饰店老板
61	LMH	男	25	本科	未	农家乐老板
62	YBN	男	39	初中	已	零工
63	TXF	男	40	初中	已	家庭博物馆
64	YAL	女	36	初中	已	妇女主任
65	YFL	男	87	中师	已	教师（已故）
66	HDF	女	49	小学	已	饮食摊
67	HB	女	42	小学	已	饮食摊
68	TD	女	47	小学	已	饮食摊
69	JBB	男	71	小学	已	寨老
70	ZY	女	69	文盲	已（夫亡）	租衣服
71	HX	女	48	小学	已	照相
72	M08	男	50	小学	已	务农
73	LJM02	女	63	文盲	已（夫亡）	景区环卫
74	LY	男	23	本科	未	学生（LWF 儿子）

续表

序号	姓名	性别	年龄	文化程度	婚姻状况	职业
75	LH	女	19	高中	未	学生（LWF 女儿）
76	M08	男	27	本科	未	公务员（LCF 儿子）
77	Fe08	女	23	本科	未	学生（LCF 女儿）
78	Fe09	女	19	初中	已	（LXH 堂哥儿媳）
79	M09	男	26	初中	已	（LXH 堂哥儿子）
80	LQ	女	22	初中	未	零售店店主
81	WXF	女	27	高中	已	餐饮经营者
82	MXH	男	49	初中	已	无（房租）
83	LXY	女	19	初中	已	农家乐员工
84	MWY	男	23	初中	已	景区运输
85	HM	女	66	文盲	已	表演

附表 2　　白碧村受访者信息一览

序号	姓名	性别	年龄	文化程度	婚姻状况	职业
1	LZHZ	男	74	小学	已	农业
2	LYCH	男	67	小学	已	农业
3	LL	女	37	小学	已	农业
4	LFY	男	30	高中	已	外出务工
5	YSHF	女	30	小学	已	外出务工
6	LXY2	女	25	高中	已	农业（曾外出）
7	WWT	女	55	文盲	已	农业
8	YYF	女	25	初中	已	农业（曾外出）
9	JFS	男	28	初中	已	外出务工
10	JWL	男	50	小学	已	农业
11	LYF	女	51	小学	已	农业
12	JDL	女	40	高中	已	农业
13	WXM	女	47	文盲	已	农业

续表

序号	姓名	性别	年龄	文化程度	婚姻状况	职业
14	YDM	女	61	文盲	已	农业
15	YDY	女	60	文盲	已	农业
16	ZHXY	女	77	文盲	已	农业
17	LZHH	男	39	小学	已	农业
18	LZHW	男	56	初中	已	农业
19	LZHX	男	59	高中	已	农业
20	LZQ	男	53	小学	已	农业
21	WXH	女	47	小学	已	农业
22	LZY	男	59	小学	已	农业
23	LZHG	男	39	初中	已	农业
24	ZHXY	女	60	文盲	已	农业
25	LYC	男	63	小学	已	农业
26	WYG	男	60	小学	已	农业
27	WBX	女	39	小学	已	农业
28	LSM	男	63	小学	已	农业
29	WJX	男	42	初中	已	外出务工
30	LCHY	女	44	小学	已	农业
31	LGH	男	34	初中	已	外出务工
32	PSJ	女	23	初中	未	外出务工
33	JFY	男	35	初中	未	外出务工
34	BFe01	女	27	小学	已	外嫁
35	BFe02	女	26	初中	已	外嫁
36	LFJ	男	46	初中	已	外出务工

附表 3　　雷山县及旅游公司相关受访者信息

序号	姓名	性别	文化程度	职业及职位
1	YSY	男	本科	旅游公司商品部经理

续表

序号	姓名	性别	文化程度	职业及职位
2	ZXM	女	本科	人力资源部经理
3	ZM	女	中专	西江旅游公司副总经理
4	LANR	男	本科	西江旅游景区执法队
5	OSP	男	本科	西江镇政府农技人员
6	LJ	男		西江镇园区办主任
7	LYQ	女	本科	县妇联主任
8	HTJ	男	本科	非遗中心
9	JMQ	女	本科	农业局
10	YJ	男		雷山县文广局局长

附录2　白碧村李氏家谱

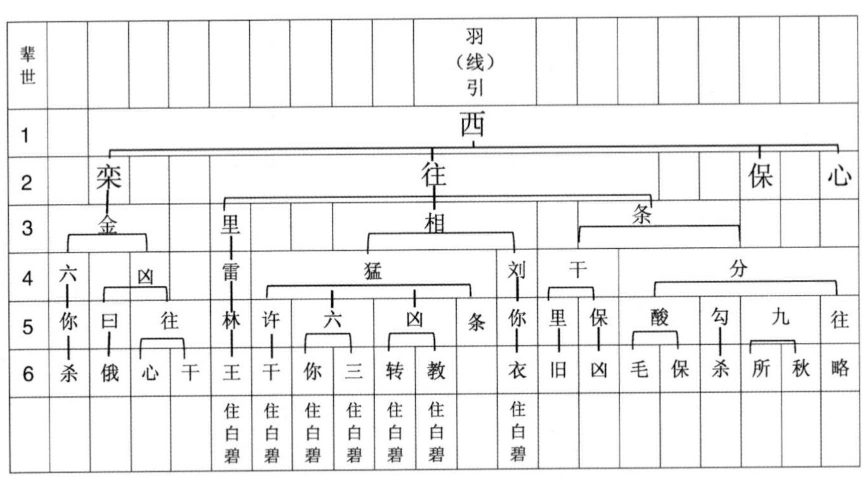

辈世
羽（线）引
1
西
2
栾
往
保
心
3
金
里
相
条
4
六
凶
雷
猛
刘
干
分
5
你
曰
往
林
许
六
凶
条
你
里
保
酸
勾
九
往
6
杀
俄
心
干
王
干
你
三
转
教
衣
旧
凶
毛
保
杀
所
秋
略
住白碧
住白碧
住白碧
住白碧
住白碧
住白碧
住白碧

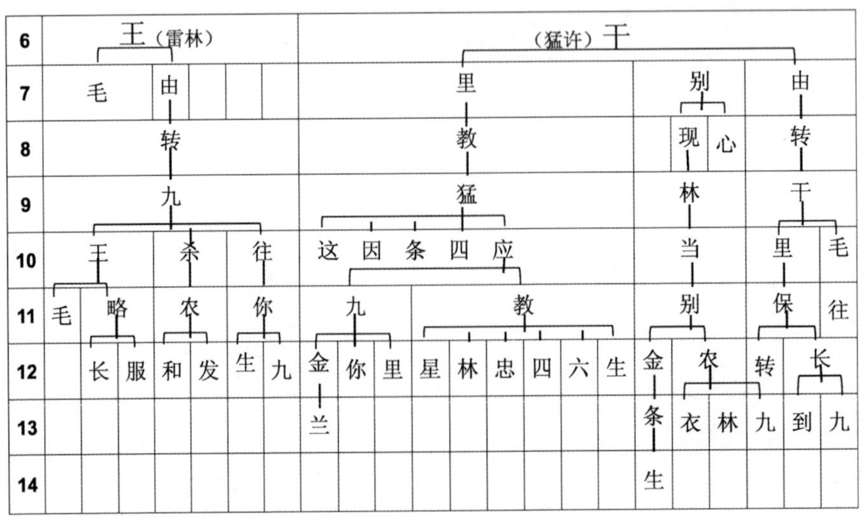

6
王（雷林）
（猛许）干
7
毛
由
里
别
由
8
转
教
现
心
转
9
九
猛
林
干
10
王
杀
往
这
因
条
四
应
当
里
毛
11
毛
略
农
你
九
教
别
保
往
12
长
服
和
发
生
九
金
你
里
星
林
忠
四
六
生
金
农
转
长
13
兰
条
衣
林
九
到
九
14
生

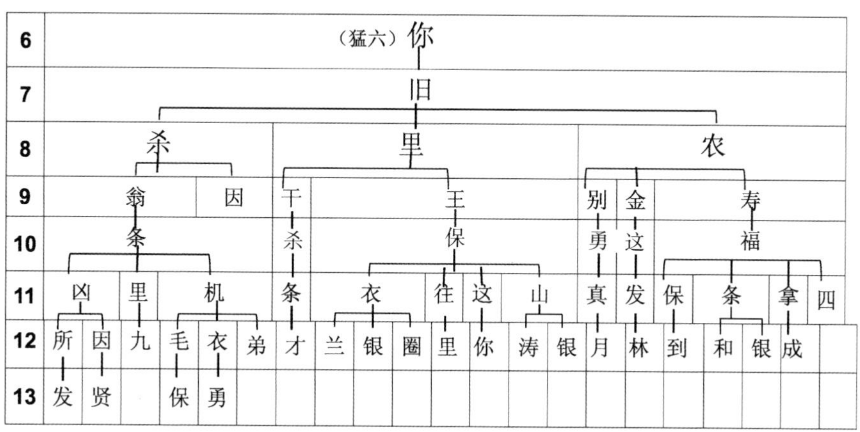

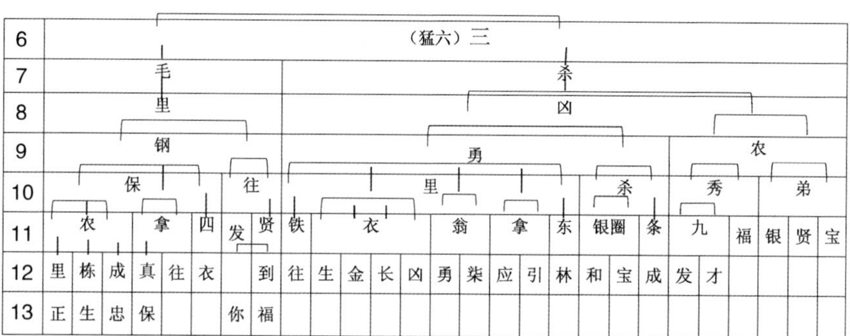

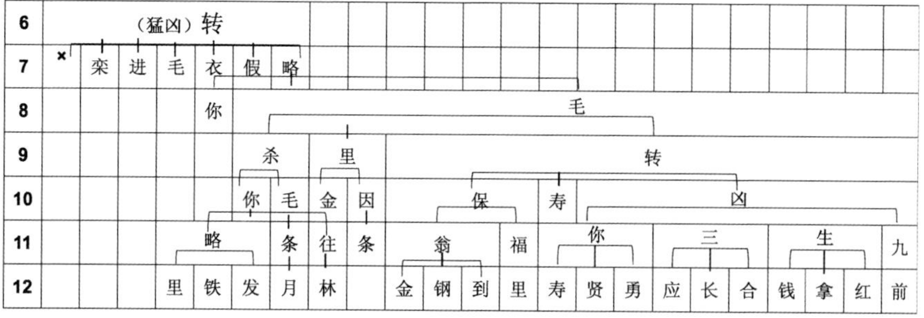

代	
6	（猛凶）教
7	所　九
8	王
9	这　九
10	更　万　将　西　翁　所　三
11	应　衣　里　毛　王　科　寿　确　保　德　四
12	金　寅　铁　所　三　金　九　金　往

后　记

本书是在博士学位论文基础上修改而成的，能够付梓，唯有感谢与感恩能表达内心所想。

首先，感谢我的博士导师孙九霞教授。于我而言，老师不仅有一般女人渴望的知性优雅气质，也有研究者羡慕的敏锐洞察力与学术敏感性。在学术上，老师是严谨的；在生活中，老师是精致的。无论是在校期间还是在毕业后，老师从未放弃敦促“纠结”的我，亦师亦友般为我解心中疑惑。本书即将付梓，有太多感谢的话想对老师说，却发现它无法在笔端完整呈现，只有心中铭记，感怀至深。

感谢中山大学旅游规划研究中心、旅游学院、地环院及其他学校的各位老师。他们是中山大学的保继刚教授、徐红罡教授、王宁教授、罗秋菊教授、左冰教授、彭青教授、曾国军教授、杨云副教授、饶勇副教授、翁时秀副教授、张骁鸣副教授、赵莹副教授，还有广州大学的朱竑教授、厦门大学的林德荣教授，他们都曾无私地为本书的初稿提出宝贵的修改意见。

感谢与我一同奋斗的同门。苏静、刘相军、张蔼恒、张士琴、王学基、李毓、黄秀波、黄凯洁、王心蕊、魏雷、吴炆佳、杨莹、李怡飞、许泳霞、吴美玲等，虽然我与你们年龄差距较大，但在读书会上的“拍砖”，你们一点都不留情，也正是你们的不留情面，才让我今天有勇气将此书面世。

感谢旅游中心的各位同学。孙晓霞、朱丹、崔庆明、杨昀、孟凯、卢凯祥，林敏慧、罗鲜荣、胡宪洋、陈宵、陆依依等，大家一起走过一段艰苦而又难忘的日子，相互支撑，相互鼓励，一路向前。

感谢在我为本书写作而调研时曾给予我帮助的人。黔东南州文物局徐德海局长、雷山县袁刚县长、县办张主任、茶办蒋明秋主任、文管局侯天江老师、农业局的小吴、县妇联的李亚琼、县志办的吴主任、统计局及旅游局的工作人员、西江政府园区办李军主任及政府相关工作人员，旅游公司周贤敏、袁银及相关部门工作人员以及挂村干部欧世鹏。感谢我的大学同学杨绍营，学生刘安荣与蒋洪给我提供了西江调研期间的诸多帮助。感谢我的受访者杨夫林（已故）、李玉成、李伯伯、蒋伯伯（已故）等人，是你们对村寨的介绍让我快速地了解案例，尤其是李玉成老人。我在白碧调研期间，虽然腿脚不便，但是老人家都坚持带我走访了多个受访者。感谢我所有的受访者，阿依、阿幼、小敏、雪花等，谢谢你们对我的信任，愿将你们的故事与人生经历与我分享，我感觉自己像个盗贼，偷取了你们的故事，完成了这本书，而我却无以回报，愿我们的友谊常在，愿你们一生平安。

感谢中国社会科学出版社的卢小生主任、王莎莎老师及其他编辑，没有你们，我的书至今只能搁置于书架上蒙灰。

最后要感谢我的家人，没有他们的爱与支持，我无法经历这一段人生，也无法体验这沿途的风景。感谢丈夫苏跃，在我博士期间，你的爱是我坚持的动力。感谢我的母亲，我最亲爱的母亲，如果不是您默默为我承担了家务与照顾孩子的重任，我终将只能与博士学位失之交臂。感谢我的女儿小钰，作为“留守儿童”，在我读博期间，你很少出去旅游，甚至没有妈妈陪伴，你不仅没有责怪妈妈，你还经常在电话中安慰与鼓励妈妈，不时给妈妈加油。感谢我的哥哥、姐姐、嫂嫂、姐夫，虽然你们也很忙，但你们无私地将母亲“给了我”，还常在周末跑到我家去帮忙，帮我尽女儿之孝及母亲之责。

言有尽而意无穷。想说的太多却终究不能穷尽，我此刻心中充满各种感激与爱，希望所有关心与帮助我、爱护我的人都能感受得到，我也诚挚地祝福你们。

谨以此书献给我深爱及深爱我的父亲！

廖婧琳

2019 年 5 月于贵阳